29,90

***ACCESO GRATIS** a la Lectura en la Nube*

Para visualizar el libro electrónico en la nube de lectura envíe junto a su nombre y apellidos una fotografía del código de barras situado en la contraportada del libro y otra del ticket de compra a la dirección:

ebooktirant@tirant.com

En un máximo de 72 horas laborales le enviaremos el código de acceso con sus instrucciones.

La visualización del libro en **NUBE DE LECTURA** excluye los usos bibliotecarios y públicos que puedan poner el archivo electrónico a disposición de una comunidad de lectores. Se permite tan solo un uso individual y privado

LA UNIÓN EUROPEA Y LA PROMOCIÓN DE SUS VALORES Y OBJETIVOS A TRAVÉS DE LOS ACUERDOS CON TERCEROS

Procedimiento de selección de originales, ver página web:
www.tirant.net/index.php/editorial/procedimiento-de-seleccion-de-originales

LA UNIÓN EUROPEA Y LA PROMOCIÓN DE SUS VALORES Y OBJETIVOS A TRAVÉS DE LOS ACUERDOS CON TERCEROS

Autor:
EDUARDO JIMÉNEZ PINEDA

tirant lo blanch
Valencia, 2024

En caso de erratas y actualizaciones, la Editorial Tirant lo Blanch publicará la pertinente corrección en la página web www.tirant.com.

La presente obra ha sido sometida a la revisión de pares ciegos según el protocolo de publicación de la editorial a efectos de ofrecer el rigor y calidad correspondiente tanto en su contenido como en su forma, aplicándose los criterios específicos aprobados por la Comisión Nacional E 016 (BOE num. 286, de 26 de noviembre de 2016).

© TIRANT LO BLANCH
EDITA: TIRANT LO BLANCH
C/ Artes Gráficas, 14 - 46010 - Valencia
TELFS.: 96/361 00 48 - 50
FAX: 96/369 41 51
Email: tlb@tirant.com
www.tirant.com
Librería virtual: www.tirant.es
DEPÓSITO LEGAL: V-199-2024
ISBN: 978-84-1197-202-4

Si tiene alguna queja o sugerencia, envíenos un mail a: *atencioncliente@tirant.com*. En caso de no ser atendida su sugerencia, por favor, lea en *www.tirant.net/index.php/empresa/politicas-de-empresa* nuestro procedimiento de quejas.

Responsabilidad Social Corporativa: http://www.tirant.net/Docs/RSCTirant.pdf

Índice

Abreviaturas

AAE- Acuerdo de Asociación Económica

ACP- Estados de África, el Caribe y el Pacífico (por sus siglas en inglés, *African, Caribbean, and Pacific States*)

ADPIC- Convenios sobre los aspectos de los derechos de propiedad intelectual relacionados con el comercio

ALC- Acuerdos de Libre Comercio

AOD- Ayuda Oficial al Desarrollo

APPRI- Acuerdos para la Promoción y Protección Recíproca de Inversiones

ASEAN- Asociación de Países del Sudeste Asiático (por sus siglas en inglés, *Association of Southeast Asian Nations*)

BOE- Boletín Oficial del Estado

CAD- Comité de Ayuda al Desarrollo

CARIFORUM- Foro del Caribe (por sus siglas en inglés, *Caribbean Forum*)

CDI- Comisión de Derecho Internacional

CE- Comunidad Europea

CEDH- Convenio Europeo para la Protección de los Derechos Humanos y de las Libertades Fundamentales

CELAC- Comunidad de Estados Latinoamericanos y Caribeños

CETA- Acuerdo Económico y Comercial Global de la Unión Europea y sus Estados miembros con Canadá (por sus siglas en inglés, *Comprehensive Economic and Trade Agreement*)

CMNUCC- Convención Marco de las Naciones Unidas sobre el Cambio Climático

COP- Conferencia de las Partes (por sus siglas en inglés, *Conference of the Parties*)

DOCE- Diario Oficial de la Comunidad Europea

DOUE- Diario Oficial de la Unión Europea

DUE- Derecho de la Unión Europea

ECOSOC- Consejo Económico y Social de las Naciones Unidas (por sus siglas en inglés, *Economic and Social Council of the United Nations*)

ECOWAS- Comunidad Económica de Estados de África Occidental (por sus siglas en inglés, *Economic Community of West African States*)

EEMM- Estados Miembros de la Unión Europea

FAO- Organización de las Naciones Unidas para la Agricultura y la Alimentación

GATS- Acuerdo General sobre el Comercio de Servicios (por sus siglas en inglés, *General Agreement on Trade in Services*)

GATT- Acuerdo General sobre Aranceles Aduaneros y Comercio (por sus siglas en inglés, *General Agreement on Tariffs and Trade*)

MERCOSUR- Mercado Común del Sur

OCDE- Organización para la Cooperación y el Desarrollo Económico

OI- Organización Internacional

OMC- Organización Mundial del Comercio

OMI- Organización Marítima Internacional

OTAN- Organización del Tratado del Atlántico Norte

PESC- Política Exterior y de Seguridad Común

PEV- Política Europea de Vecindad

PIB- Producto Interior Bruto

SADC- Comunidad para el Desarrollo del África Meridional (por sus siglas en inglés, *Southern African Development Community*)

TFUE- Tratado de Funcionamiento de la Unión Europea

TJUE- Tribunal de Justicia de la Unión Europea

TUE- Tratado de la Unión Europea

UE- Unión Europea

UPM- Unión Por el Mediterráneo

WAEMU- Unión Económica y Monetaria del Oeste Africano (por sus siglas en inglés, *West African Economic and Monetary Union*)

A la profesora Eva Vázquez,
querida compañera y amiga,
gran europeísta e internacionalista,
in memoriam

Prólogo

La Unión Europea se fundamenta en los valores (que son comunes a los Estados miembros) del respeto de los derechos humanos, de la democracia y del Estado de Derecho, valores que la Unión, en sus relaciones con el resto del mundo, viene obligada constitucionalmente a afirmarlos y promoverlos. En esta acción exterior, por otra parte, la Unión también viene obligada constitucionalmente, en particular, a prestar su contribución a la erradicación de la pobreza mediante la cooperación al desarrollo y a la protección y mejora de la calidad del medio ambiente y de la gestión sostenible de los recursos naturales mundiales.

A este planteamiento obedece la monografía que tengo el honor de prologar, cuya estructura responde cabalmente al objetivo que se marca, el de evaluar la acción exterior de la Unión Europea en estos ámbitos. Tras abordar en el capítulo primero la dimensión exterior de la Unión Europea (en especial, la amplia capacidad que tiene para celebrar tratados como elemento definidor de su personalidad jurídica internacional), esta obra se centra en la promoción de los valores y objetivos de esta organización internacional a través de los acuerdos (tratados) con terceros: los derechos humanos, la democracia y el Estado de Derecho (capítulo segundo) y la cooperación al desarrollo y la protección y mejora de la calidad del medio ambiente (capítulo tercero y último). Apoyada en una extensa y escogida doctrina, en la pertinente jurisprudencia y en los convenientes documentos e instrumentos normativos, la monografía termina con unas excelentes consideraciones finales que ponen de manifiesto la gran aportación a la cuestión estudiada que ha realizado el autor.

En la escena internacional, la labor y los esfuerzos de la Unión Europea para hacer frente al subdesarrollo de los países menos adelantados y al deterioro del medio ambiente deben ser calificados de encomiables, esfuerzos que no encuentran parangón en los que despliegan otras grandes potencias mundiales, muy volcadas en sus intereses económicos, estratégicos y de poder. Algo similar cabe afirmar de la promoción que la Unión lleva a cabo en el mundo de los valores en los que se funda toda auténtica democracia. Auténtica porque cuesta concebir que existan distintos modelos de democracia que respondan a diferentes interpretaciones de la dignidad humana, de la libertad, de la igualdad, del Estado de Derecho, de los derechos de las minorías, del pluralismo, de la no discriminación, de la tolerancia, de la justicia, de la solidaridad o de la igualdad entre hombres y mujeres.

El fomento de esos valores ha encontrado un lugar preferente en la intensa y variada actividad convencional que la Unión Europea desarrolla con Estados de todos los continentes. Para ello, desde 1989 (Convenio de Lomé IV), en sus acuerdos con terceros, ya sean de asociación, comerciales, de cooperación o más específicos, como los celebrados en el ámbito pesquero, la UE viene utilizando el mecanismo de las cláusulas atinentes al respeto de los derechos humanos, de la democracia y (con el tiempo) del Estado de Derecho, que, configurándose como elemento esencial de dichos acuerdos, permite la suspensión de la aplicación de éstos si en los Estados parte se producen violaciones manifiestas de los valores en cuestión.

Se trata, sin duda, de un mecanismo digno de elogio. Su mera existencia es testimonio de que las relaciones comerciales o de toda otra índole entre sujetos de derecho internacional no deben aislarse del respeto a ciertos valores jurídicos esenciales. Pero, al mismo tiempo, se trata de un mecanismo ambicioso y, desgraciadamente, de compleja aplicación, no solo en el contexto de la actual política exterior de la UE, sino sobre todo en un mundo como el de hoy. Prueba de ello es la reducida invocación que, en la práctica, han tenido las citadas cláusulas a pesar —como señala el autor de esta obra— de las violaciones a los derechos humanos, la democracia y el Estado de Derecho "que acaecen en una cantidad no despreciable de los terceros Estados parte en esos acuerdos". ¿Se comprende que, con la no estricta aplicación de estas cláusulas, la Unión Europea no quiera correr el riesgo de perder peso en la escena internacional?

La mención al Estado de Derecho en estas cláusulas, que se inicia en el año 2000, evidencia el renovado interés de la Unión Europea por este valor. Sin embargo, aparte de no incluirse en significativos acuerdos recientemente concluidos, la invocación de su violación ha sido aún más tacaña, lo que puede resultar paradójico al tratarse de un valor más omnicomprensivo y sin cuyo respeto el de los derechos humanos y la democracia tampoco encuentra traducción. Ahora bien, con ciertos elementos que definen al Estado de Derecho, como son, por ejemplo, el de la prohibición de la arbitrariedad de los poderes ejecutivos, el de la existencia de tribunales independientes e imparciales o el de la igualdad ante la ley, la Unión Europea, además de promoverlos en sus relaciones con el resto del mundo, debe reafirmarlos en su propia casa. La deriva que se aprecia hoy en algunos Estados miembros, aparte de dar argumentos a los no respetuosos terceros países, puede menoscabar la confianza mutua en el seno de la Unión y poner en duda sus más importantes cimientos. Como recuerda el autor, la existencia de unos valores comunes a la Unión y a sus Estados miembros "es la razón de ser del sistema de integración europeo".

Con esta nueva monografía, el profesor Eduardo Jiménez Pineda demuestra una vez más su extraordinaria capacidad investigadora. Desde la primera etapa de su periplo universitario, Eduardo Jiménez ha sido siempre capaz de abordar con mucha solvencia temas muy variados (derecho de los tratados, derecho de la Unión Europea, derecho del arreglo pacífico de controversias internacionales, derecho del mar, derechos humanos, derecho del medio ambiente, etc.), todos ellos básicos para la adecuada y necesaria formación de un profesor de derecho internacional. Esto induce a creer que su futuro profesional es verdaderamente prometedor.

Confieso que me siento muy orgulloso del equipo que en la Universidad de Córdoba se ha preocupado durante estas últimas décadas del estudio, docencia, divulgación y enriquecimiento del derecho internacional. Pero los años pasan para todos y, desgraciadamente, los vacíos llegan, como el enorme que, prematuramente, nos ha dejado nuestra querida Eva, a la que se dedica esta obra, una dedicatoria que vierte un sentimiento de cariño y de reconocimiento que es compartido por todo el equipo. A pesar de ello, estoy muy confiado en el mañana por el convencimiento que tenemos sus miembros menos jóvenes de que sus actuales miembros más jóvenes continuarán —y dándole esplendor —la labor desarrollada hasta hoy.

RAFAEL CASADO RAIGÓN
Catedrático de Derecho internacional público

Palabras previas

La investigación conducente a la presente obra encuentra su punto de partida en el Trabajo de Fin de Máster, titulado *La celebración de tratados internacionales por la Unión Europea*, dirigido por la profesora María Cruz Arcos Vargas, que para la obtención del Máster Oficial en Estudios Europeos fue defendido por quien suscribe en la Facultad de Derecho de la Universidad de Sevilla en septiembre de 2017, obteniendo la máxima calificación. Posteriormente, publiqué un artículo en la *Revista de Estudios Europeos* (vol. 76, 2020, pp. 3-19) parcialmente relacionado con el objeto de esta monografía que lleva por título "La Unión Europea, sus Estados Miembros y la utilización creativa del Derecho delos Tratados".

Estos antecedentes despertaron mi interés por el estudio de los valores de la Unión Europea, por sus objetivos (que constituyen la razón de ser del proyecto de integración) y, particularmente, por la proyección y por la persecución en el ámbito exterior de unos y de otros. Dicho interés me ha llevado a analizar los instrumentos jurídicos del Derecho de los Tratados de los que la Unión Europea se sirve para tratar de conseguir que estos valores y objetivos se realicen en los Estados terceros partes en acuerdos comerciales, de cooperación o de asociación celebrados con la Unión. Entre dichos instrumentos sobresalen las cláusulas convencionales que forman parte de tales acuerdos, como las cláusulas de derechos humanos y democracia, las cláusulas de Estado de Derecho o las que se articulan para satisfacer los objetivos de la Unión Europea.

El interés de los valores y de los objetivos de la Unión, amén de la vigencia y aplicación que ambos tienen de acuerdo con el Derecho de la Unión Europea, se evidencia en las prioridades de la presidencia española del Consejo de la Unión Europea durante la segunda mitad del año 2.023, que coincide con el momento de cierre de la primera edición de esta obra, entre las que se encuentran "avanzar en la transición ecológica y la adaptación medioambiental", que conecta directamente con uno de los objetivos de la UE escogidos para este estudio, o "reforzar la unidad europea" (que incluye "el desarrollo de nuestra identidad y valores compartidos"), que de igual modo está estrechamente relacionado con el objeto de esta obra[1].

No puedo terminar estas palabras previas sin expresar mi más sincero agradecimiento a mi maestro, el profesor Rafael Casado Raigón, por sus ánimos constantes y por haber prologado esta obra, a la profesora María Cruz Arcos Vargas, por haber dirigido *in illo tempore* mi trabajo de fin de máster, a la editorial Tirant Lo Blanch, por sus facilidades en la publicación de esta monografía, a los compañeros de la Biblioteca de la Facultad de Derecho y Ciencias Económicas y Empresariales de la Universidad de Córdoba, por su ayuda en la búsqueda de material bibliográfico y, en fin, a mi familia, por estar a mi lado y por apoyarme en este duro pero bonito camino en que consiste la carrera académica.

---

1 Las prioridades de la presidencia española del Consejo de la Unión Europea pueden consultarse en el enlace siguiente: https://spanish-presidency.consilium.europa.eu/es/programa/prioridades/, última consulta 17/07/2023.

Introducción

Los valores y objetivos de la Unión Europea y su proyección exterior

La Unión Europea es uno de los actores que contribuye más activamente al desarrollo del Derecho Internacional General a través de sus acuerdos con terceros, toda vez que la Unión Europea es parte en más de 1.000 tratados internacionales. Como es sabido, la Unión Europea es una organización internacional -a pesar de su carácter de organización internacional de integración y de las consecuencias que de ello se derivan-, por lo que sus normas fundacionales son tratados internacionales.

Uno de estos tratados, el Tratado de la Unión Europea, establece unos valores en los que se fundamenta la Unión que, en virtud de su artículo segundo, son el respeto de la dignidad humana, la libertad, la democracia, la igualdad, el Estado de Derecho y el respeto de los derechos humanos, incluidos los derechos de las personas pertenecientes a minorías. Dicho precepto prosigue declarando que tales valores son comunes a los Estados miembros en una sociedad *europea* "caracterizada por el pluralismo, la no discriminación, la tolerancia, la justicia, la solidaridad y la igualdad entre mujeres y hombres". Por consiguiente, estos valores son reflejo del contrato político-social entre pueblos y Estados y constituyen el fundamento último de la Unión, por cuanto la existencia de unos valores comunes a la Unión y a sus Estados Miembros es la razón de ser del sistema de integración europeo[2].

---

2 MANGAS MARTÍN, A., LIÑÁN NOGUERAS, D. J., *Instituciones y Derecho de la Unión Europea*, Tecnos, Madrid, 2020, p. 51.

A este respecto, el propio artículo 3 del TUE, en su apartado primero, configura la promoción de sus valores como uno de los objetivos de la Unión Europea, junto con la promoción de la paz y del bienestar de sus pueblos[3]. Precisamente, este precepto regula igualmente cuáles son los *objetivos* de esta Organización Internacional, entre los que se encuentran, como se desarrollará, la creación de un espacio de libertad, seguridad y justicia sin fronteras interiores (que acredite la libre circulación de personas) o el establecimiento de un mercado interior (*obrando en pro del desarrollo sostenible de Europa basado,* entre otros factores, *en un nivel eleado de protección y mejora de la calidad del medio ambiente*). Además, de acuerdo igualmente con dicho precepto, "en sus relaciones con el resto del mundo, la Unión afirmará y promoverá sus valores e intereses y contribuirá a la protección de sus ciudadanos" y "contribuirá a la paz, la seguridad, el desarrollo sostenible del planeta, la solidaridad y el respeto mutuo entre los pueblos, el comercio libre y justo, la erradicación de la pobreza y la protección de los derechos humanos, especialmente los derechos del niño, así como al estricto respeto y al desarrollo del Derecho internacional, en particular el respeto de los principios de la Carta de las Naciones Unidas". Dichos objetivos, que la Unión perseguirá por los medios apropiados y de acuerdo con las competencias atribuidas en los Tratados, constituyen los fines a perseguir por esta organización internacional, dan sentido a su existencia y sirven como referencia para la interpretación teleológica del Derecho de la Unión Europea.

De este modo, estos valores -y, en menor medida, los objetivos- representan los presupuestos esenciales del ordenamiento

---

[3] Véase KLAMERT, M., "Article 3", en KELLERBAUER, M., KLAMERT, M., TOMKIN, J. (eds.), *The EU Treaties and the Charter of Fundamental Rights: A Commentary*, Oxford University Press, Oxford, 2019, pp. 31-34.

jurídico europeo, a los cuales se debe subordinar, y cuyo respeto supone una obligación común para las instituciones europeas y para todo Estado miembro de la Unión Europea[4]. Por tanto, la observancia de los valores es exigible tanto por las instituciones de la Unión como por los Estados miembros durante toda su permanencia en esta organización internacional de integración.

Como es sabido, el respeto del artículo 2 del TUE es un doble requisito que debe reunir un Estado miembro[5]. De un lado, constituye una condición de ingreso en la Unión Europea por cuanto, de acuerdo con el artículo 49 del TUE, el candidato a la adhesión puede ser "cualquier Estado europeo que respete los valores mencionados en el artículo 2 y se comprometa a promoverlos". Del otro, supone un requisito de permanencia en esta organización internacional, toda vez que el riesgo claro de violación grave o la violación grave y persistente de los valores pueden conllevar la apertura del procedimiento de sanción según lo previsto en el artículo 7 del TUE[6].

Además de la evidente repercusión interna de los valores de la Unión, la proyección exterior de los mismos es de enorme relevancia, por cuanto las actuaciones externas de la Unión pueden contrastarse jurídicamente a la luz de sus valores[7]. Así, en sus relaciones con el resto del mundo, "la Unión

---

4 WEATHERILL, S., *Law and Values in the European Union*, Oxford University Press, Oxford, 2016, pp. 393-420.

5 CABRERA GIRÁLDEZ, M., *Hacia una ciudadanía compartida en la Unión Europea basada en sus valores*, Tesis Doctoral, Universidad Nacional de Educación a Distancia, 2021, pp. 184 ss.

6 Véase FLORIN JURJE, V., "La defensa del Estado de Derecho en la Unión Europea: la reforma judicial de Polonia", *CEFLegal: Revista práctica de Derecho*, vol. 227, 2019.

7 Véase, además del conjunto de bibliografía que se citará en esta obra, SANTAOLALLA MONTOYA, C., "Tratados de libre comercio y afección a derechos fundamentales, ¿mito o realidad?", en SALINAS DE FRÍAS, A., y MARTÍNEZ PÉREZ, E. J. (dirs.), *La Unión Eu-*

afirmará y promoverá sus valores". En este sentido, los artículos 21, 32 y 42.5 del Tratado de la Unión Europea explicitan los valores comunes europeos, adaptándolos a la acción exterior de la Unión. Así, en el marco de las *disposiciones generales relativas a la acción exterior de la Unión*, el artículo 21 del TUE establece (en su apartado primero) que "la acción de la Unión en la escena internacional se basará en los principios que han inspirado su creación, desarrollo y ampliación y que pretende fomentar en el resto del mundo: la democracia, el Estado de Derecho, la universalidad e indivisibilidad de los derechos humanos y de las libertades fundamentales, el respeto de la dignidad humana, los principios de igualdad y solidaridad y el respeto de los principios de la Carta de las Naciones Unidas y del Derecho internacional" y, en su apartado segundo, que "la Unión definirá y ejecutará políticas comunes y acciones y se esforzará por lograr un alto grado de cooperación en todos los ámbitos de las relaciones internacionales con el fin de: a) *defender sus valores*, intereses fundamentales, seguridad, independencia e integridad"[8]. Por su parte, el artículo 32 del TUE dispone que "los Estados miembros garantizarán, mediante la convergencia de su actuación, que la Unión pueda defender sus intereses y valores en la escena internacional" y el artículo 42, en su apartado quinto, determina que "el Consejo podrá encomendar la realización de una misión, en el marco de la Unión, a un grupo de Estados miembros a fin de defender los valores y favorecer los intereses de la Unión".

La proyección exterior de los valores de la Unión también se pone de manifiesto con especial énfasis en las relaciones preferentes que mantiene la Unión con sus países vecinos. En este orden de ideas, el artículo 8 del TUE señala que la

---

ropea y la protección de los derechos fundamentales, Tirant Lo Blanch, Valencia, 2018, pp. 139-148.

8 La cursiva es mía.

"Unión desarrollará con los países vecinos relaciones preferentes, con el objetivo de establecer un espacio de prosperidad y de buena vecindad basado en los valores de la Unión y caracterizado por unas relaciones estrechas y pacíficas fundadas en la cooperación".

Como ha reiterado en numerosas ocasiones el Parlamento Europeo, el fundamento último del compromiso de la Unión Europea con los valores reside en la creación de un espacio de paz y no se limita solamente al progreso económico de la sociedad europea[9]. A mayor abundamiento, en una resolución de 7 de octubre de 2020 el Parlamento Europeo ha reconocido "que la Unión sigue estando estructuralmente mal equipada para abordar las violaciones de la democracia, los derechos fundamentales y el Estado de Derecho, así como el retroceso en los Estados miembros; lamenta la incapacidad del Consejo para lograr avances significativos en el respeto de los valores de la Unión en los procedimientos en curso del

---

9 Recientemente, el Parlamento Europeo ha destacado que "el mecanismo de condicionalidad del Estado de Derecho debe aplicarse tanto al presupuesto de la Unión como a NextGenerationEU; destaca asimismo que la aprobación de los planes nacionales en el marco del Mecanismo de Recuperación y Resiliencia debe supeditarse al cumplimiento de los once criterios establecidos en el artículo 19 y en el anexo V del Reglamento sobre el Mecanismo de Recuperación y Resiliencia; espera que la Comisión excluya todos los riesgos de que los programas de la política de cohesión contribuyan al uso indebido de los fondos de la Unión o a violaciones del Estado de Derecho antes de aprobar los acuerdos de asociación y los programas de la política de cohesión; pide a la Comisión que aplique el Reglamento sobre Disposiciones Comunes y el Reglamento Financiero de manera más rigurosa a fin de luchar contra la utilización discriminatoria de los fondos de la Unión, en particular toda utilización de carácter político", *Resolución del Parlamento Europeo, de 10 de marzo de 2022, sobre el Estado de Derecho y las consecuencias de las resoluciones del TJUE (2022/2535(RSP)).*

artículo 7 del TUE; observa que la ausencia de eficacia en la aplicación del artículo 7 del TUE por el Consejo está permitiendo, en la práctica, una divergencia continuada respecto a los valores que se establecen en el artículo 2 del TUE; constata con preocupación el carácter inconexo del conjunto de medidas de la Unión en este ámbito y pide que se racionalicen y apliquen de forma adecuada"[10]. En consecuencia, como afirman Mangas Martín y Liñán Nogueras, la obligación consistente en el respeto de los valores y la de su promoción activa son obligaciones jurídicas expresas que representan una condición esencial del éxito del proyecto europeo[11].

A mayor abundamiento, los valores de la Unión Europea enunciados en el artículo 2 de su Tratado son exigibles también a la acción autónoma de los Estados miembros, al tratarse de valores comunes y no propios o exclusivos de esta organización internacional. En realidad, como afirma el Preámbulo del Tratado de la Unión Europea, estos valores se inspiran en "los valores universales de los derechos inviolables e inalienables de la persona, así como la libertad, la democracia, la igualdad y el Estado de Derecho"[12].

El propio *Tribunal de Justicia de la Unión Europea* ha subrayado en su jurisprudencia reciente la importancia de los valores de la Unión. Así, en su sentencia de 15 de septiembre de 2015 en el asunto *Klyuyev/Consejo*, el Tribunal de Justicia ha

---

10 *Resolución del Parlamento Europeo, de 7 de octubre de 2020, sobre el establecimiento de un mecanismo de la UE para la democracia, el Estado de Derecho y los derechos fundamentales (2020/2072(INI)).*

11 MANGAS MARTÍN, A., LIÑÁN NOGUERAS, D. J., *Instituciones y Derecho de la Unión Europea, op. cit.*, p. 51.

12 La cuestión del Estado de Derecho en la Unión Europea ha estado de actualidad recientemente, en particular con relación a los casos polaco y húngaro. En este sentido, véase TORRECILLAS MARTÍNEZ, A., *La crisis del Estado de Derecho en la Unión Europea: el caso polaco*, Tirant Lo Blanch, Valencia, 2023.

recordado que "*el respeto del Estado de Derecho es uno de los valores primordiales en los que se fundamenta la Unión, tal como se desprende del artículo 2 TUE y de los preámbulos del Tratado UE y de la Carta de los Derechos Fundamentales.* El respeto del Estado de Derecho constituye, además, una condición previa para la adhesión a la Unión, en virtud del artículo 49 TUE"[13]. En una sentencia de la misma fecha en el asunto *Yanukovych/Consejo,* el Tribunal de Justicia de la Unión Europea, trayendo a colación su jurisprudencia previa y apelando a la del Tribunal Europeo de Derechos Humanos, ha puesto de manifiesto la existencia de una "lista no exhaustiva de los principios y normas que pueden inscribirse dentro del concepto de Estado de Derecho. Entre ellos se encuentran *los principios de legalidad, de seguridad jurídica y de prohibición de la arbitrariedad del poder ejecutivo; órganos jurisdiccionales independientes e imparciales; una tutela judicial efectiva, incluido el respeto de los derechos fundamentales, y la igualdad ante la ley*"[14]. A mayor abundamiento, de manera muy interesante a los efectos de esta obra, el TJUE en la última sentencia citada ha afirmado que, "*dentro del contexto de la acción exterior de la Unión, determinados instrumentos jurídicos mencionan, en particular, la lucha contra la corrupción como principio incluido dentro del concepto de Estado de Derecho*"[15].

En su sentencia de 27 de septiembre de 2018, en el asunto entre Ezz y otros contra el Consejo de la Unión Europea, el Tribunal ha reafirmado la importancia de los valores de la Unión Europea, en particular el relativo al respeto del Estado de Derecho. En este sentido, el TJUE, reiterando la jurisprudencia referida, ha subrayado "que los principios de indepen-

---

13 Sentencia de 15 de septiembre de 2016, Klyuyev/Consejo, T-340/14, EU:T:2016:496, para. 87. La cursiva es mía.

14 Sentencia de 15 de septiembre de 2016, Yanukovych/Consejo, T-346/14, EU:T:2016:497, para. 98. La cursiva es mía.

15 *Ibidem.* La cursiva es mía.

dencia y de imparcialidad de la Justicia, así como el derecho al control jurisdiccional efectivo constituyen normas fundamentales para el respeto del Estado de derecho, que es, a su vez, uno de los valores primordiales en los que se fundamenta la Unión, tal como resulta del artículo 2 TUE, de los preámbulos del Tratado UE y de la Carta"[16]. Por su parte, el Tribunal General ha reiterado esta línea jurisprudencial sobre la relevancia de los valores, con particular significación del Estado de Derecho, en distintas sentencias como la de 8 de noviembre de 2017 en el asunto Klymenko/Consejo[17], la de 22 de marzo de 2018 en el asunto Stavytskyi/Consejo[18], la de 11 de julio de 2018 en el asunto Klyuyev/Consejo[19], la de 22 de noviembre de 2018 en el asunto Saleh Thabet/Consejo[20] o la de 30 de enero de 2019 en el asunto Stavytskyi/Consejo[21].

Además, el Tribunal de Justicia de la Unión Europea ha señalado la virtualidad del respeto de los valores de la Unión como condición que debe reunir un Estado europeo para solicitar el ingreso como miembro de la Unión en el sentido de lo dispuesto en el artículo 49 del TUE. A este respecto, el Tribunal de Luxemburgo, recordando que el artículo 49 del TUE "establece la posibilidad de que cualquier Estado euro-

---

16 Sentencia de 27 de septiembre de 2018, Ezz y otros/Consejo, T-288/15, EU:T:2018:619, para. 61.

17 Sentencia del Tribunal General de 8 de noviembre de 2017, Klymenko/Consejo, T-245/15, EU:T:2017:792, en particular paras. 73-75.

18 Sentencia del Tribunal General de 22 de marzo de 2018, Stavytskyi/Consejo, T-242/16, EU:T:2018:166, en particular paras. 68-70.

19 Sentencia del Tribunal General de 11 de julio de 2018, Klyuyev/Consejo, T-240/16, EU:T:2018:433, en particular paras. 62, 63.

20 Sentencia del Tribunal General de 22 de noviembre de 2018, Saleh Thabet/Consejo, T-274/16 y T-275/16, EU:T:2018:826, en particular para. 95.

21 Sentencia del Tribunal General de 30 de enero de 2019, Stavytskyi/Consejo, T-290/17, EU:T:2019:37.

peo solicite el ingreso como miembro de la Unión, precisa que esta reúne a Estados que, libre y voluntariamente, hayan hecho suyos, respeten y se comprometan a promover los valores comunes mencionados en el actual artículo 2 TUE", ha declarado que "*se desprende del artículo 2 TUE que la Unión se fundamenta en valores,* tales como el Estado de Derecho, *que son comunes a los Estados miembros en una sociedad caracterizada, entre otras cosas, por la justicia.* A este respecto, ha de señalarse que la confianza mutua entre los Estados miembros —en particular, entre sus juzgados y tribunales respectivos— se asienta en la premisa fundamental de que los Estados miembros comparten una serie de valores comunes en los que se fundamenta la Unión, como se precisa en dicho artículo"[22]. En palabras del Tribunal, de ello "se sigue que *el respeto por un Estado miembro de los valores consagrados en el artículo 2 TUE constituye un requisito para poder disfrutar de todos los derechos derivados de la aplicación de los Tratados a dicho Estado miembro.* Por lo tanto, un Estado miembro no puede modificar su legislación de modo que dé lugar a una reducción de *la protección del valor del Estado de Derecho, valor que se concreta, en particular, en el artículo 19 TUE*"[23].

Como señalaba, los valores de la Unión Europea, cuya relevancia ha sido reafirmada por la jurisprudencia del Tribunal

---

22 Sentencia de 20 abril de 2021, Repubblika, C-896/19, EU:C:2021:311, paras. 61 y 62. La cursiva es mía. En este orden de ideas, en esta sentencia el Tribunal ha señalado igualmente que "la exigencia de independencia de los tribunales, inherente a la función jurisdiccional, está integrada en el contenido esencial del derecho fundamental a la tutela judicial efectiva y a un proceso equitativo recogido en el artículo 47 de la Carta, que reviste una importancia capital como garante de la protección del conjunto de los derechos que el Derecho de la Unión confiere a los justiciables y de la salvaguarda de los valores comunes de los Estados miembros proclamados en el artículo 2 TUE, en particular el valor del Estado de Derecho" (para. 51).

23 *Ibidem*, para. 63. La cursiva es mía.

de Justicia, y también sus objetivos se proyectan en las relaciones de la Unión Europea con terceros Estados a través de su política comercial. De este modo, la celebración de acuerdos comerciales por parte de la UE se ha ido configurando progresivamente como un instrumento de su política exterior y, a su vez, como un medio para el fomento de los principios y valores europeos, desde la democracia y los derechos humanos hasta los derechos sociales y la defensa del medio ambiente[24].

Las más de seis décadas de integración europea evidencian que la política comercial común de la Unión Europea ha traído consigo unos resultados sobresalientes, con el crecimiento de las exportaciones e importaciones de casi un 10% de media anual acumulativa hasta la actualidad, convirtiéndose la UE tras sus diversas ampliaciones en el bloque comercial más importante del mundo[25]. A título ilustrativo puede ponerse de manifiesto que más de 30 millones de empleos dependen de las exportaciones de la UE y que se prevé que el 90% del crecimiento mundial futuro tendrá lugar fuera de las fronteras europeas, por lo que el comercio es una prioridad fundamental para la Unión Europea a través de su política comercial[26].

---

24 BLANC ALTEMIR, A., "Introducción: la Unión Europea, adalid del libre comercio ante el neoproteccionismo de la era Trump", en BLANC ALTEMIR, A. (ed.), *La Unión Europea, promotora del libre comercio. Análisis e impacto de los principales acuerdos comerciales*, Thomson Reuters Aranzadi, Pamplona, 2020, pp. 23-48, p. 26.

25 HURTADO OCAÑA, I., "La Política Comercial Común", en BENEYTO PÉREZ, J. M. (ed.), *Tratado de Derecho y Políticas de la Unión Europea. Tomo IX. Acción exterior de la UE*, Thomson Reuters Aranzadi, Pamplona, 2017, pp. 189-253.

26 Datos extraídos del documento CONSEJO, *Política comercial de la UE*, que puede consultarse en https://www.consilium.europa.eu/es/policies/trade-policy/, última consulta 23/02/2023. En este sentido, puede señalarse que la teoría económica internacional parece estar bastante de acuerdo en que los acuerdos comerciales (zonas de libre comercio o uniones aduaneras) producen una ex-

En este sentido, la Unión Europea es uno de los principales actores comerciales a nivel mundial, como demuestra el hecho de que sus exportaciones de bienes representan más del 16% de las mundiales y las exportaciones de servicios de la Unión suponen más del 25% de las mismas a nivel mundial[27]. De manera similar, en lo que respecta a las importaciones, la UE comprende en torno al 15% de las importaciones mundiales de bienes y el 20,4% de los servicios[28].

Por tanto, la política comercial común constituye uno de los principales instrumentos de la acción exterior de la Unión Europea, en la cual deben respetarse y proyectarse sus principios, *objetivos* y *valores.* Así lo dispone el artículo 207, apartado primero del Tratado de Funcionamiento de la Unión Europea, en virtud del cual la "política comercial común se basará en principios uniformes, en particular por lo que se refiere a las modificaciones arancelarias, la celebración de acuerdos arancelarios y comerciales relativos a los intercambios de mercancías y de servicios, y los aspectos comerciales de la propiedad intelectual e industrial, las inversiones extranjeras directas, la uniformización de las medidas de liberalización, la política de exportación, así como las medidas de protección comercial, entre ellas las que deban adoptarse en caso de dumping y subvenciones. *La política*

pansión del comercio como resultado de la eliminación progresiva de las barreras arancelarias, provocando una rebaja del precio de los bienes con la consiguiente mayor demanda de productos y el resultante aumento de la renta real (*ibidem*).

27 Dato extraído de "EU position in world trade", que puede consultarse en https://policy.trade.ec.europa.eu/eu-trade-relationships-country-and-region/eu-position-world-trade_en#:~:text=The%20EU%20is%20the%20world's%20largest%20trader%20of%20manufactured%20goods,a%20little%20over%2020%20countries., última consulta 24/02/2023.

28 *Ibidem.*

comercial común se llevará a cabo en el marco de los principios y objetivos de la acción exterior de la Unión"[29].

Esta política comercial común -que aspira a la consecución de los fines referidos- está establecida como una competencia exclusiva de la Unión Europea de acuerdo con lo dispuesto en el artículo tercero, apartado primero, letra e, del Tratado de Funcionamiento de la Unión Europea[30]. De este modo, la UE (y no sus Estados miembros) celebra los acuerdos comerciales internacionales, si bien, en caso de que estos acuerdos incorporen ámbitos de competencia compartida con los Estados miembros la entrada en vigor de dichos acuerdos requerirá a su vez de su ratificación por todos estos. A este respecto, debe tenerse igualmente presente el apartado segundo del recientemente mencionado artículo tercero del TFUE, según el cual la "Unión dispondrá también de competencia exclusiva para la celebración de un acuerdo internacional cuando dicha celebración esté prevista en un acto legislativo de la Unión, cuando sea necesaria para permitirle ejercer su competencia interna o en la medida en que pueda afectar a normas comunes o alterar el alcance de las mismas". En consecuencia, la Unión Europea actúa con una sola voz en la escena internacional, gestionando sus relaciones comerciales con terceros países mediante acuerdos comerciales celebrados a los efectos de remover los obstáculos comerciales y de mejorar sus oportunidades comerciales, de manera que los

---

29 La cursiva es mía. Véase sobre este particular MANERO SALVADOR, A., *Los tratados de libre comercio de Estados Unidos y de la Unión Europea*, JM Bosch Editor, Barcelona, 2018.

30 El artículo 3, apartado primero, del TFUE dispone: "La Unión dispondrá de competencia exclusiva en los ámbitos siguientes: a) la unión aduanera; b) el establecimiento de las normas sobre competencia necesarias para el funcionamiento del mercado interior; c) la política monetaria de los Estados miembros cuya moneda es el euro; d) la conservación de los recursos biológicos marinos dentro de la política pesquera común; e) la política comercial común".

mismos impacten positivamente en el nivel de vida de los ciudadanos de la Unión y permitan proyectar hacia el exterior los valores y objetivos en los que ésta se fundamenta[31].

En el marco de la política comercial común, la Unión Europea ha liderado recientemente una significativa red de relaciones comerciales con terceros Estados mediante la negociación y posterior firma de una intensa red de acuerdos comerciales que tratan de mejorar su presencia comercial a nivel mundial, de superar las barreras arancelarias al comercio y, en suma, como se desarrollará a lo largo de esta obra, de instaurar unas mejores condiciones a distintos niveles en estos socios comerciales[32].

El procedimiento establecido para la celebración de acuerdos comerciales, como se detallará, se recoge en los artículos 207 y 218 del TFUE y parte de la estrecha cooperación entre tres instituciones de la Unión Europea, a saber: el Consejo de la Unión Europea, la Comisión Europea y el Parlamento Europeo[33]. Como se puede advertir del contenido del extenso

---

31 BLANC ALTEMIR, A., "Introducción: la Unión Europea, adalid del libre comercio ante el neoproteccionismo de la era Trump", en BLANC ALTEMIR, A. (ed.), *La Unión Europea, promotora del libre comercio. Análisis e impacto de los principales acuerdos comerciales, op. cit.*, p. 26.

32 Véase, además de lo expuesto en esta obra, GUEVARA CORTÉS, D., "Tratados comerciales y cooperación medioambiental en la acción contra el cambio climático. Perspectivas desde la Unión Europea", en BLANC ALTEMIR, A. (ed.), *La Unión Europea, promotora del libre comercio. Análisis e impacto de los principales acuerdos comerciales, op. cit.*, pp. 219-239.

33 El artículo 218 el TFUE dispone: "1. Sin perjuicio de las disposiciones particulares del artículo 207, para la negociación y celebración de acuerdos entre la Unión y terceros países u organizaciones internacionales se aplicará el procedimiento siguiente. 2. El Consejo autorizará la apertura de negociaciones, aprobará las directrices

de negociación, autorizará la firma y celebrará los acuerdos. 3. La Comisión, o el Alto Representante de la Unión para Asuntos Exteriores y Política de Seguridad cuando el acuerdo previsto se refiera exclusiva o principalmente a la política exterior y de seguridad común, presentará recomendaciones al Consejo, que adoptará una decisión por la que se autorice la apertura de negociaciones y se designe, en función de la materia del acuerdo previsto, al negociador o al jefe del equipo de negociación de la Unión. 4. El Consejo podrá dictar directrices al negociador y designar un comité especial, al que deberá consultarse durante las negociaciones. 5. El Consejo adoptará, a propuesta del negociador, una decisión por la que se autorice la firma del acuerdo y, en su caso, su aplicación provisional antes de la entrada en vigor. 6. El Consejo adoptará, a propuesta del negociador, una decisión de celebración del acuerdo. Con excepción de los acuerdos que se refieran exclusivamente a la política exterior y de seguridad común, el Consejo adoptará la decisión de celebración del acuerdo: a) previa aprobación del Parlamento Europeo en los casos siguientes: i) acuerdos de asociación; ii) acuerdo de adhesión de la Unión al Convenio Europeo para la Protección de los Derechos Humanos y de las Libertades Fundamentales; iii) acuerdos que creen un marco institucional específico al organizar procedimientos de cooperación; iv) acuerdos que tengan repercusiones presupuestarias importantes para la Unión; v) acuerdos que se refieran a ámbitos a los que se aplique el procedimiento legislativo ordinario o, si se requiere la aprobación del Parlamento Europeo, el procedimiento legislativo especial. En caso de urgencia, el Parlamento Europeo y el Consejo podrán convenir en un plazo para la aprobación. b) previa consulta al Parlamento Europeo en los demás casos. El Parlamento Europeo emitirá su dictamen en un plazo que el Consejo podrá fijar según la urgencia. De no haberse emitido un dictamen al término de dicho plazo, el Consejo podrá pronunciarse. 7. No obstante lo dispuesto en los apartados 5, 6 y 9, el Consejo, al celebrar un acuerdo, podrá autorizar al negociador a aprobar, en nombre de la Unión, las modificaciones del acuerdo para cuya adopción éste prevea un procedimiento simplificado o la intervención de un órgano creado por el acuerdo. El Consejo podrá supeditar dicha autorización a condiciones específicas. 8. El Consejo se pronunciará por mayoría cualificada durante todo el procedi-

artículo 218, el Consejo de la Unión Europea despliega un rol esencial en la celebración de este tipo de acuerdos, por cuanto es el encargado en la fase inicial de autorizar a la Comisión Europea para negociar un nuevo acuerdo comercial mediante el llamado "mandato de negociación", incluyendo también una serie de directrices sobre los objetivos, el alcance y los posibles plazos de negociación[34]. Una vez recabada tal autorización del

miento. Sin embargo, el Consejo se pronunciará por unanimidad cuando el acuerdo se refiera a un ámbito en el que se requiera la unanimidad para la adopción de un acto de la Unión y cuando se trate de acuerdos de asociación y de los acuerdos previstos en el artículo 212 con los Estados candidatos a la adhesión. El Consejo se pronunciará también por unanimidad sobre el acuerdo de adhesión de la Unión al Convenio Europeo para la Protección de los Derechos Humanos y de las Libertades Fundamentales; la decisión de celebración de dicho acuerdo entrará en vigor después de haber sido aprobada por los Estados miembros, de conformidad con sus respectivas normas constitucionales. 9. El Consejo adoptará, a propuesta de la Comisión o del Alto Representante de la Unión para Asuntos Exteriores y Política de Seguridad, una decisión por la que se suspenda la aplicación de un acuerdo y se establezcan las posiciones que deban adoptarse en nombre de la Unión en un organismo creado por un acuerdo, cuando dicho organismo deba adoptar actos que surtan efectos jurídicos, con excepción de los actos que completen o modifiquen el marco institucional del acuerdo. 10. Se informará cumplida e inmediatamente al Parlamento Europeo en todas las fases del procedimiento. 11. Un Estado miembro, el Parlamento Europeo, el Consejo o la Comisión podrán solicitar el dictamen del Tribunal de Justicia sobre la compatibilidad con los Tratados de cualquier acuerdo previsto. En caso de dictamen negativo del Tribunal de Justicia, el acuerdo previsto no podrá entrar en vigor, salvo modificación de éste o revisión de los Tratados".

34 GONZÁLEZ-ORÚS, J. M., "Acuerdos comerciales de nueva generación de la Unión Europea: Origen, rasgos y valoración", en BENEYTO PÉREZ, J. M. (ed.), *Acuerdos comerciales de nueva generación de la Unión Europea. Implicaciones para España,* Thomson Reuters Aranzadi, Pamplona, 2022, pp. 21-44.

Consejo, la Comisión lidera la negociación del acuerdo, cooperando igualmente con el Consejo y el Parlamento Europeo. En el momento en que finalizan las negociaciones y se alcanza el borrador del acuerdo, la Comisión presenta esta propuesta al Consejo para su adopción, la cual se concretará por medio de la decisión sobre la firma del acuerdo en nombre de la Unión Europea y el envío del acuerdo ya firmado al Parlamento Europeo para su aprobación[35].

Como se expondrá en el capítulo primero de esta obra, cuando se completa la última fase referida, el Consejo adopta la decisión de celebrar el acuerdo, del cual se informará a la Organización Mundial del Comercio para su difusión. La celebración de estos acuerdos en el marco de la OMC contribuye al respeto de los principios fundacionales del sistema multilateral, tales como la lucha contra la discriminación (mediante la cláusula de nación más favorecida y de trato nacional), la predictibilidad (por cuanto la promesa de no establecer barreras comerciales ofrece un mayor índice de predicción a las empresas, con el consiguiente fomento de las inversiones) y, en fin, la competencia leal (ya que la OMC promueve un sistema normativo encaminado a la promoción de un sistema multilateral basado en normas fiables)[36].

Pues bien, a lo largo de esta obra me propongo estudiar la promoción de los valores y objetivos de la Unión Europea a través de las cláusulas que incluye en los tratados internacionales que celebra, particularmente en los de tipo comercial.

A tal efecto, en el capítulo primero de la misma se abordarán las competencias exteriores de la Unión Europea, considerando

---

35 BLANC ALTEMIR, A., "Introducción: la Unión Europea, adalid del libre comercio ante el neoproteccionismo de la era Trump", en BLANC ALTEMIR, A. (ed.), *La Unión Europea, promotora del libre comercio. Análisis e impacto de los principales acuerdos comerciales, op. cit.*, p. 27.

36 *Ibidem*, p. 28.

especialmente la celebración por esta de tratados internacionales. En este sentido, el capítulo estudia la subjetividad jurídica internacional y las competencias exteriores de la Unión Europea y su actividad convencional, analizando su *ius ad tractatum* (con particular referencia al Dictamen 2/2015 del Tribunal de Justicia de la Unión Europea), el procedimiento de celebración de tratados y los tipos de tratados que celebra la Unión.

Además, en el capítulo segundo se estudiarán las cláusulas de derechos humanos y democracia que se incluyen en buena parte de los tratados internacionales que celebra la Unión Europea. A este respecto, se prestará particular atención a la protección del valor que constituye el respeto de los derechos humanos y de los principios democráticos en la actividad exterior de la Unión. Asimismo, se considerará la promoción del valor que representa el Estado de Derecho en los tratados internacionales celebrados por la Unión. En ambos casos, se pondrá de relieve la muy limitada invocación de dichas cláusulas para suspender la aplicación de estos tratados, hecho que, como se explicará, pone en cuestión la coherencia de la acción exterior de la Unión Europea.

En el capítulo tercero de esta obra se analizarán tanto la cooperación al desarrollo recogida en los acuerdos celebrados por la Unión Europea como la protección del medio ambiente en el ámbito internacional que lleva a cabo la Unión Europea a través de estos tratados internacionales. Por último, se expondrá una serie de consideraciones finales a la luz del estudio realizado.

Capítulo primero

La dimensión exterior de la Unión Europea

La dimensión exterior de la Unión Europea es uno de sus componentes más singulares y complejos. Enmarcada en el núcleo más sensible de la soberanía de los Estados miembros, la política exterior es uno de los ámbitos que ofrece mayores resistencias como objeto del fenómeno de integración europeo. No obstante, como consecuencia de distintas razones vinculadas a la dinámica de la integración económica y a la creación de un mercado común, requirió desde el inicio la atribución de competencias a las entonces Comunidades Europeas en materia de relaciones económicas exteriores[37].

En relación con las competencias exteriores de la Unión, éstas se han desplegado sustancialmente en los ámbitos económicos (vinculados con las *relaciones exteriores*), en los que la Unión Europea se ha desarrollado de manera más acentuada que en el resto de los ámbitos de la Política Exterior y de Seguridad Común[38]. Actualmente, el Tratado de la Unión Europea hace referencia a las relaciones exteriores vinculadas con las competencias generales de la Unión Europea -junto con las económicas derivadas del Espacio de Libertad, Seguridad y Justicia-, mientras que la PESC sigue vinculada a una

---

37 MANGAS MARTÍN, A., LIÑÁN NOGUERAS, D. J., *Instituciones y Derecho de la Unión Europea, op. cit.*, p. 553.

38 OLESTI RAYO, A., "La protección de los derechos humanos en la política de cooperación al desarrollo de la UE", en SALINAS DE FRÍAS, A., MARTÍNEZ PÉREZ, E. J. (dirs.), *La Unión Europea y la protección de los derechos fundamentales, op. cit.*, pp. 365-386.

dimensión más política, incluyendo elementos propios de la seguridad exterior y de la defensa. Esta distinción responde a la diferente naturaleza de las relaciones exteriores que son competencia de la Unión, cuyo grado de integración es muy profundo respecto al resto de la política exterior y de seguridad común que, como es sabido, se mantiene dentro de una lógica intergubernamental[39].

Como vengo apuntando, el Tratado de la Unión Europea reserva la denominación de *acción exterior* a la totalidad de la dimensión exterior de la Unión Europea, comprendiendo tanto la acción relacionada con las competencias generales de la UE (tradicionalmente denominadas *relaciones exteriores*) como las específicas de la PESC[40]. De este modo, el Título V del TUE, intitulado *Disposiciones generales relativas a la acción exterior de la Unión y disposiciones específicas relativas a la política exterior y de seguridad común*, se compone de dos capítulos: el capítulo 1, intitulado *Disposiciones generales relativas a la acción exterior de la Unión* y que comprende los artículos 21 y 22 del TUE, y el capítulo 2, que lleva por título *Disposiciones específicas sobre la política exterior y de seguridad común* y que incluye los artículos comprendidos entre el 23 y el 46 del TUE.

En este sentido, el capítulo 1 del Título V del TUE comprende las reglas generales relativas a la acción exterior de la Unión -aplicables también a la Política Exterior y de Seguridad Común en virtud del artículo 23- que incorporan ciertas dosis de coherencia y unidad desde las perspectivas institucional,

---

39 POZO SERRANO, P., "La política exterior y de seguridad común", en BOU FRANCH, V. (dir.), *Introducción al Derecho de la Unión Europea*, Thomson Reuters, Pamplona, 2014, pp. 443-477.

40 MANGAS MARTÍN, A., LIÑÁN NOGUERAS, D. J., *Instituciones y Derecho de la Unión Europea, op. cit.*, p. 554.

procedimental y material[41]. Así, el apartado primero del artículo 21 configura los grandes principios rectores de la acción exterior de la Unión Europea, a saber: *la democracia, el Estado de Derecho, la universalidad e indivisibilidad de los derechos humanos y de las libertades fundamentales, el respeto de la dignidad humana, los principios de igualdad y solidaridad y el respeto de los principios de la Carta de las Naciones Unidas y del Derecho internacional.* Con objeto de alcanzar tales principios, el párrafo segundo del apartado citado prevé el desarrollo de relaciones y la creación de asociaciones con terceros países y con organizaciones internacionales, regionales o mundiales que compartan los principios mencionados en el párrafo primero.

Además, el apartado segundo de este precepto identifica los objetivos de las políticas comunes y acciones de la Unión Europea en materia exterior, entre los que destacan la defensa de sus valores, intereses y seguridad, así como el mantenimiento de la paz internacional o el apoyo a los países en desarrollo y el fomento del comercio internacional y el medio ambiente[42].

---

41 FUENTETAJA PASTOR, J. A., "La política exterior y de seguridad común", en LINDE PANIAGUA, E., y BACIGALUPO SAGGESE, M. (dirs.), *Políticas de la Unión Europea*, Colex, La Coruña, 2008, pp. 966-1066.

42 El apartado segundo del artículo 21 del TUE dispone: "La Unión definirá y ejecutará políticas comunes y acciones y se esforzará por lograr un alto grado de cooperación en todos los ámbitos de las relaciones internacionales con el fin de: a) defender sus valores, intereses fundamentales, seguridad, independencia e integridad; b) consolidar y respaldar la democracia, el Estado de Derecho, los derechos humanos y los principios del Derecho internacional; c) mantener la paz, prevenir los conflictos y fortalecer la seguridad internacional, conforme a los propósitos y principios de la Carta de las Naciones Unidas, así como a los principios del Acta Final de Helsinki y a los objetivos de la Carta de París, incluidos los relacionados con las fronteras exteriores; d) apoyar el desarrollo sostenible en los planos económico, social y medioambiental de los países en

Por último, el artículo 21 concluye con un apartado tercero en el que se dispone que la Unión Europea velará por la coherencia entre los distintos ámbitos de la acción exterior y entre ésta y las demás políticas, asignando dicha coherencia al Consejo de la Unión Europea y a la Comisión Europea, asistidos por el Alto Representante de la UE para Asuntos Exteriores y Políticas de Seguridad[43].

Por otra parte, el artículo 22 del TUE regula esta acción exterior de la Unión Europea desde los primas procedimental e institucional, atribuyendo al Consejo Europeo la definición de los *intereses y objetivos estratégicos* de la acción exterior, pudiendo referirse a las relaciones de la Unión con un país o una región o tener un planteamiento temático[44]. De acuerdo con

---

desarrollo, con el objetivo fundamental de erradicar la pobreza; e) fomentar la integración de todos los países en la economía mundial, entre otras cosas mediante la supresión progresiva de los obstáculos al comercio internacional; f) contribuir a elaborar medidas internacionales de protección y mejora de la calidad del medio ambiente y de la gestión sostenible de los recursos naturales mundiales, para lograr el desarrollo sostenible; g) ayudar a las poblaciones, países y regiones que se enfrenten a catástrofes naturales o de origen humano; y h) promover un sistema internacional basado en una cooperación multilateral sólida y en una buena gobernanza mundial".

43 En particular, el apartado tercero del artículo 21 del TUE prevé que: "La Unión respetará los principios y perseguirá los objetivos mencionados en los apartados 1 y 2 al formular y llevar a cabo su acción exterior en los distintos ámbitos cubiertos por el presente título y por la quinta parte del Tratado de Funcionamiento de la Unión Europea, así como los aspectos exteriores de sus demás políticas. La Unión velará por mantener la coherencia entre los distintos ámbitos de su acción exterior y entre éstos y sus demás políticas. El Consejo y la Comisión, asistidos por el Alto Representante de la Unión para Asuntos Exteriores y Política de Seguridad, garantizarán dicha coherencia y cooperarán a tal efecto".

44 ALDECOA LUZÁRRAGA, F., "La diplomacia europea. El servicio europeo de acción exterior", en BENEYTO PÉREZ, J. M. (ed.), *Tra-*

el párrafo segundo del artículo primero de este precepto, el "Consejo Europeo se pronunciará por unanimidad, basándose en una recomendación del Consejo adoptada por éste según las modalidades previstas para cada ámbito. Las decisiones del Consejo Europeo se ejecutarán con arreglo a los procedimientos establecidos en los Tratados". En fin, el apartado segundo de este artículo 22 del TUE prevé que el "Alto Representante de la Unión para Asuntos Exteriores y Política de Seguridad, en el ámbito de la política exterior y de seguridad común, y la Comisión, en los demás ámbitos de la acción exterior, podrán presentar propuestas conjuntas al Consejo".

Como se puede advertir, el Tratado de Lisboa, a lo largo de estos dos artículos del Tratado de la Unión Europea, ha realizado un importante esfuerzo de unidad y coherencia, si bien la Política Exterior y de Seguridad Común sigue estando regulada exclusivamente en el TUE y no así en el TFUE, poniendo de manifiesto su especificidad, y mantiene unos procedimientos propios y excluyentes con carácter general de la competencia del Tribunal de Justicia de la Unión Europea[45]. A pesar de su ambiciosa denominación, la PESC se configura en el Título V del TUE de una manera limitada en cuanto a su alcance y contenido, siendo el resultado de una larga evolución en un ámbito, por su complejidad, no tan propicio para la integración como el económico[46].

---

tado de Derecho y Políticas de la Unión Europea. Tomo IX. Acción exterior de la UE, op. cit., pp. 133-187, pp. 170 ss.

45 MANGAS MARTÍN, A., LIÑÁN NOGUERAS, D. J., *Instituciones y Derecho de la Unión Europea, op. cit.*, p. 607.

46 KEUKELEIRE, S., "European Foreign Policy Beyond Lisbon", en GOVARE, I., HANF, D. (eds.), *Scrutinizing Internal and External Dimensions of European Law, Liber Amicorum Paul Demaret, Vol. II*, P.I.E. Peter Lang, Bruselas, 2013, p. 831-840.

En este orden de ideas, la dotación de personalidad jurídica internacional y la atribución de competencias exteriores a la Unión Europea[47], como se desarrollará en el apartado primero de este capítulo, han permitido el establecimiento de un conjunto enormemente amplio y complejo de relaciones exteriores, que puede resultar prácticamente inabarcable desde la perspectiva de sus instrumentos y, también, desde la perspectiva de sus ámbitos materiales y objetivos[48].

Pues bien, tras esta sucinta introducción sobre la dimensión exterior de la Unión Europea y, particularmente, sobre la regulación de la acción exterior de la UE en los Tratados, en este capítulo se aspira a estudiar la subjetividad jurídica internacional de la Unión junto con sus competencias en materia exterior y, también, su actividad convencional. A tal efecto, se analizará su capacidad para la conclusión de tratados internacionales (su *ius ad tractatum*), el procedimiento que configura el Derecho de la Unión Europea para la celebración de los mismos y, en fin, las clases de tratados que ésta celebra, con indicación de los más relevantes.

---

47 SOBRINO HEREDIA, J. M., "La personalidad jurídica internacional de la Unión Europea tras el Tratado de Lisboa", en SÁNCHEZ RAMOS, B. (ed.), *La Unión Europea como actor global. Algunas cuestiones analizadas desde el Tratado de Lisboa*, Tirant Lo Blanch, Valencia, 2013, pp. 17-47.

48 KEUKELEIRE, S., y G. MÜLLER, G., "The Multiple Dimensions the EU Foreign Policy: action, discourse, participation, and coordination in a multilateral and globalised world', *European Review of International Relations*, vol. 3, nº 2, 2016, pp. 86-94.

1. LA SUBJETIVIDAD JURÍDICA INTERNACIONAL DE LA UNIÓN EUROPEA Y SUS COMPETENCIAS EXTERIORES

Como se ha apuntado previamente, el artículo 47 del Tratado de la Unión Europea dispone que la "Unión tiene personalidad jurídica". Por tanto, la Unión se configura como un sujeto de Derecho Internacional al mismo tiempo que deja de producirse la doble existencia de la Comunidad/Unión Europea. De este modo, la inclusión de este precepto en el Tratado de Lisboa representa un avance importante para la visibilidad jurídico-internacional de la Unión Europea, dotándose al modelo de mayor eficacia, claridad y simplificación, y fortalece a la UE en el plano internacional[49].

En su condición de sujeto de Derecho Internacional, la Unión Europea puede ser titular de derechos y obligaciones internacionales y prevalerse de dichos derechos mediante una reclamación internacional[50], junto con otras manifestaciones de esta personalidad jurídica internacional, a las que me referiré a continuación. En consecuencia, la Unión está vinculada por los principios y reglas del Derecho Internacional aplicables en la materia, y puede participar, entre otros elementos, en las relaciones de responsabilidad internacional, en la adopción de sanciones internacionales, en la celebración de tratados internacionales, puede ser objeto de reconocimiento, en el envío y la acreditación de representantes, en la participación en organizaciones y conferencias

---

[49] FERNÁNDEZ LIESA, C. R., "La Unión Europea como sujeto de la Comunidad Internacional", en BENEYTO PÉREZ, J. M. (ed.), *Tratado de Derecho y Políticas de la Unión Europea. Tomo IX. Acción exterior de la UE, op. cit.*, pp. 25-79, p. 26.

[50] *Réparation des dommages subis au service des Nations Unies, Avis consultatif: C. I. J. Recueil 1949*, p. 174.

internacionales o en la participación en las relaciones internacionales[51].

De este modo, la Unión se incorpora en una estructura internacional interestatal en la que se relaciona con otros sujetos de Derecho Internacional, manteniendo vínculos convencionales, impulsando políticas y consensos, participando en otras organizaciones internacionales, manifestaciones de la acción exterior para las cuales los Estados están mejor capacitados[52]. Por consiguiente, la Unión Europea tiene todos los elementos de una organización internacional, aunque *sui generis,* por su alcance y rasgos propios, si bien no se trata de un Estado sino de una organización internacional de *integración* con unas competencias muy amplias, sometida actualmente a una cierta crisis como resultado de la situación de incertidumbre internacional a la que se asiste actualmente.

Lógicamente, la Unión Europea, al igual que el resto de las organizaciones internacionales, goza de una personalidad o subjetividad jurídica internacional derivada, condicionada por la voluntad de sus Estados miembros y limitada en cuanto a su alcance y contenido, los cuales se determinan en atención a sus funciones. Como es sabido, estas funciones que sus Estados miembros han atribuido a la Unión exceden ampliamente, tanto cualitativa como cuantitativamente, de las generalmente

---

51 Véase en este sentido DIEZ-HOCHLEITNER, J., *La posición del Derecho internacional en el ordenamiento comunitario,* MCGrawHill, Madrid, 1998.

52 FERNÁNDEZ LIESA, C. R., "La Unión Europea como sujeto de la Comunidad Internacional", en BENEYTO PÉREZ, J. M. (ed.), T*ratado de Derecho y Políticas de la Unión Europea. Tomo IX. Acción exterior de la UE, op. cit.*, p. 27. Véase REMIRO BROTONS, A., "Las relaciones exteriores de las Comunidades Europeas", en GARCÍA DE ENTERRÍA, E., GONZÁLEZ CAMPOS, J., MUÑOZ MACHADO, S. (eds.), *Tratado de Derecho Comunitario Europeo. Estudio sistemático desde el Derecho Español, tomo IIII,* Civitas, Madrid, 1986, pp. 637-708.

asignadas a otras organizaciones internacionales denominadas tradicionalmente como organizaciones de cooperación.

La singularidad de la Unión Europea conlleva una problemática propia en su ámbito exterior, cuya complejidad resulta, entre otros factores, de las tensiones entre la Unión y sus Estados miembros, más acentuadas aún en el ámbito exterior, de la naturaleza evolutiva del proceso de construcción europea así como los condicionantes y de los límites impuestos por el Derecho Internacional, que resultan en que la UE deba ajustarse a su condición de organización internacional pese a sus marcadas particularidades.

Precisamente, se ha apuntado que la originalidad de la UE como modelo de organización a medio camino entre las organizaciones internacionales clásicas y las formas estatales de organización se hace particularmente evidente en el ámbito exterior[53]. Entre los elementos que ponen de manifiesto esta singularidad pueden señalarse, entre otros, la delimitación de las competencias exteriores entre la Unión Europea y sus Estados miembros, la participación de ésta en tratados, organizaciones y conferencias internacionales o su falta de *locus standi* ante la Corte Internacional de Justicia, que motiva el recurso a otros procedimientos de solución de controversias abiertos a las organizaciones internacionales[54].

Por todo ello, cabe constatar la naturaleza única de la UE y, con independencia de la complejidad del proceso de integración, se puede colegir que la fusión de la UE y de la CE ha sido positiva al aclarar su papel en las relaciones inter-

---

[53] MANGAS MARTÍN, A., LIÑÁN NOGUERAS, D. J., *Instituciones y Derecho de la Unión Europea, op. cit.*, p. 556.

[54] FERNÁNDEZ LIESA, C. R., "La Unión Europea como sujeto de la Comunidad Internacional", en BENEYTO PÉREZ, J. M. (ed.), *Tratado de Derecho y Políticas de la Unión Europea. Tomo IX. Acción exterior de la UE, op. cit.*, p. 29.

nacionales y dar visibilidad, coherencia y eficacia a la acción exterior europea[55].

Pues bien, las principales competencias que integran esta singular subjetividad jurídica internacional de la Unión Europea son, en primer lugar, *su poder de celebración de tratados internacionales* que, por su especial incidencia, lo caracterizan respecto a otras organizaciones internacional y al que se dedicará el siguiente apartado. En segundo lugar, su *derecho de legación activo y pasivo*, recogido tanto en el artículo 27.3 del Tratado de la Unión Europea (que prevé la creación del Servicio Europeo de Acción Exterior)[56] como, de manera incidental, en el artículo 16 del Protocolo sobre los privilegios y las inmunidades de la Unión Europea (que dispone que el "Estado miembro en cuyo territorio esté situada la sede de la Unión concederá a las misiones de terceros Estados acreditadas ante la Unión las inmunidades y privilegios diplomáticos habituales")[57]. Actualmente, esta función de representación se ejerce por las delegaciones de la Unión en terceros Estados y ante organizaciones internacionales, de acuerdo con lo dispuesto en el artículo 221 del Tratado de Funcionamiento, y por la misiones diplomáticas de los Estados miembros[58].

---

55 GUTIÉRREZ ESPADA, C., CERVELL HORTAL, M. J., *La adaptación al Tratado de Lisboa (2007) del sistema institucional decisorio de la Unión, su acción exterior y personalidad jurídica*, Comares, Granada, 2010, p. 89.

56 ALDECOA LUZÁRRAGA, F., "La diplomacia europea. El servicio europeo de acción exterior", en en BENEYTO PÉREZ, J. M. (ed.), T*ratado de Derecho y Políticas de la Unión Europea. Tomo IX. Acción exterior de la UE, op. cit.*, pp. 133 ss.

57 Protocolo (n° 7) sobre los privilegios y las inmunidades de la Unión Europea, *DOUE* C 326, de 26 de octubre de 2012.

58 El artículo 221 del TFUE establece: "1. Las delegaciones de la Unión en terceros países y ante organizaciones internacionales asumirán la representación de la Unión. 2. Las delegaciones de la Unión es-

En tercer lugar, puede citarse como competencia exterior de la UE su *participación en organizaciones y conferencias internacionales* a través de tres vías distintas, a saber: la representación mediante el ejercicio del derecho de legación activo y pasivo, antes referido; la cooperación administrativa entre organizaciones internacionales, prevista en el artículo 220 del TFUE para "los órganos de las Naciones Unidas y de sus organismos especializados, el Consejo de Europa, la Organización para la Seguridad y la Cooperación en Europa y la Organización de Cooperación y Desarrollo Económicos"; y la participación de la UE en organizaciones y conferencias internacionales. Dentro de este último tipo de participación, pueden diferenciarse entre las *organizaciones internacionales en las que la Unión cuenta con el estatuto de observador* (entre otras, el Consejo Económico y Social de las Naciones Unidas, la Organización Marítima Internacional o la Organización del Tratado del Atlántico Norte), las *organizaciones internacionales en las que la Unión Europea es miembro sin la participación de sus Estados miembros* (entre otras, la Organización de Pesquerías del Atlántico Noroeste) y las *organizaciones internacionales en las que participa la UE conjuntamente con sus Estados miembros* (entre otras, la Organización de las Naciones Unidas para la Agricultura y la Alimentación, la Autoridad Internacional de los Fondos Marinos o la Organización Mundial del Comercio), en las que surge la dificultad de determinar el alcance de sus competencias respectivas y proceder a su necesaria coordinación[59].

tarán bajo la autoridad del Alto Representante de la Unión para Asuntos Exteriores y Política de Seguridad. Actuarán en estrecha cooperación con las misiones diplomáticas y consulares de los Estados miembros".

59 Véase GARCÍA GARCÍA-REVILLO, M., "Las competencias de la Unión Europea en relación el Derecho del Mar: reflexiones en torno a una cuestión compleja", en SOBRINO HEREDIA, J. M., y OAN-

En cuarto lugar, como señalaba, otra manifestación de las competencias exteriores de la Unión Europea guarda relación con su *capacidad para ser sujeto activo y pasivo de la responsabilidad internacional* o, en otras palabras, para hacer valer sus derechos mediante una reclamación internacional y para responder por la comisión de hechos internacionalmente ilícitos[60]. En quinto lugar, en el ámbito de las competencias exteriores de la UE, debe señalarse su *capacidad para adoptar sanciones internacionales*, prevista en el artículo 215 del TFUE, intitulado *medidas restrictivas*[61]. Dichas medidas restrictivas tienen un triple componente jurídico, político y económico y respecto de ellas se hace nuevamente patente la complejidad

---

TA, G. A. (eds.), *La construcción jurídica de un espacio marítimo común europeo*, J. M. Bosch Editor, Barcelona, 2020, pp. 115-135.

60 CORTÉS MARTÍN, J. M., "Sobre la responsabilidad internacional de la unión europea: ¿el control normativo sobre los estados miembros como *lex specialis*?", en CORTÉS MARTÍN, J. M., y PÉREZ-PRAT DURBÁN, L. (dirs.), *Un mundo en continua mutación: desafíos desde el Derecho internacional y el Derecho de la Unión Europea: Liber Amicorum Lucía Millán Moro*, Thomson Reuters Aranzadi, Pamplona, 2022, pp. 147-171.

61 El artículo 215 del TFUE dispone lo siguiente: "1. Cuando una decisión adoptada de conformidad con el capítulo 2 del título V del Tratado de la Unión Europea prevea la interrupción o la reducción, total o parcial, de las relaciones económicas y financieras con uno o varios terceros países, el Consejo adoptará por mayoría cualificada, a propuesta conjunta del Alto Representante de la Unión para Asuntos Exteriores y Política de Seguridad y de la Comisión, las medidas necesarias. Informará de ello al Parlamento Europeo. 2. Cuando una decisión adoptada de conformidad con el capítulo 2 del título V del Tratado de la Unión Europea así lo prevea, el Consejo podrá adoptar por el procedimiento establecido en el apartado 1 medidas restrictivas contra personas físicas o jurídicas, grupos o entidades no estatales. 3. Los actos contemplados en el presente artículo incluirán las disposiciones necesarias en materia de garantías jurídicas".

de la delimitación de las competencias exteriores entre la UE y sus Estados miembros[62].

Todos las competencias exteriores de la Unión Europea han sido atribuidas a esta organización internacional por tres vías distintas, como son la atribución expresa en los Tratados, su reconocimiento jurisprudencial mediante la aplicación de la doctrina de las competencias implícitas y la asignación de las mismas mediante el recurso al artículo 352 del TFUE[63]. Ade-

---

62 Véase JIMÉNEZ GARCÍA, F., "Medidas restrictivas en la Unión Europea: entre las sanciones y el unilateralismo europeo", en MARTÍNEZ CAPDEVILA, C., y MARTÍNEZ PÉREZ, E. J. (dirs.), *Retos para la acción exterior de la Unión Europea,* Tirant Lo Blanch, Valencia, 2017, pp. 509-534.

63 Como es sabido, el artículo 352 formula de llamada *cláusula de imprevisión* de acuerdo con la cual, cuando concurran determinados requisitos que este artículo establece como la consecución de uno de los objetivos de la Unión Europea, ésta podrá adoptar ciertas medidas no expresamente atribuidas en los Tratados. Así, este artículo dispone lo siguiente: "1. Cuando se considere necesaria una acción de la Unión en el ámbito de las políticas definidas en los Tratados para alcanzar uno de los objetivos fijados por éstos, sin que se hayan previsto en ellos los poderes de actuación necesarios a tal efecto, el Consejo adoptará las disposiciones adecuadas por unanimidad, a propuesta de la Comisión y previa aprobación del Parlamento Europeo. Cuando el Consejo adopte dichas disposiciones con arreglo a un procedimiento legislativo especial, se pronunciará también por unanimidad, a propuesta de la Comisión y previa aprobación del Parlamento Europeo. 2. La Comisión, en el marco del procedimiento de control del principio de subsidiariedad mencionado en el apartado 3 del artículo 5 del Tratado de la Unión Europea, indicará a los Parlamentos nacionales las propuestas que se basen en el presente artículo. 3. Las medidas basadas en el presente artículo no podrán conllevar armonización alguna de las disposiciones legales y reglamentarias de los Estados miembros cuando los Tratados excluyan dicha armonización. 4. El presente artículo no podrá servir de base para alcanzar objetivos del ámbito de la política exterior y de seguridad común y todo acto adoptado de conformidad con el pre-

más de las competencias exteriores de la UE ya comentadas, existen otras que mencionaremos a continuación, para lo que seguiré a los profesores Mangas Martín y Liñán Nogueras[64]. Me refiero a las competencias exteriores de la Unión Europea que guardan relación con la *política comercial común*, los acuerdos de *asociación*, la *investigación y el desarrollo tecnológico*, la *política de medio ambiente*, la *educación, formación profesional, juventud deporte y redes transeuropeas*, la *Unión Económica y Monetaria*, la *cooperación al desarrollo*, la *cooperación económica, financiera y técnica*, la *ayuda humanitaria* o la *cláusula de solidaridad*. A cuatro de estas competencias exteriores me referiré con detenimiento a lo largo de esta obra, en particular a las relacionadas con la política comercial común y los acuerdos de asociación, la protección del medio ambiente y la cooperación al desarrollo.

Junto a estas competencias exteriores explícitas se sitúan las implícitas, derivadas de la teoría de los poderes implícitos, propia del Derecho Internacional Público e igualmente relevante en el Derecho de la Unión Europea. Dentro de este último, la construcción jurisprudencial llevada a cabo por el Tribunal de Justicia, fundamentalmente a partir de la década de los setenta,

---

sente artículo respetará los límites fijados en el párrafo segundo del artículo 40 del Tratado de la Unión Europea". Cabe destacar que el recurso a este precepto como vía para la extensión de las competencias exteriores de la UE ha sido avalado por la jurisprudencia del TJUE que ha declarado que el mismo "permite al Consejo adoptar todas las 'disposiciones pertinentes' también en el ámbito de las relaciones exteriores, dicho artículo no crea ninguna obligación, sino que confiere al Consejo una facultad, y el hecho de que éste no la ejerza no puede afectar a la validez de una deliberación" (Sentencia del Tribunal de Justicia de 31 de marzo de 1971, Comisión c. Consejo, *Acuerdo europeo sobre transportes por carretera*, 22/70, para. 95).

64 MANGAS MARTÍN, A., LIÑÁN NOGUERAS, D. J., *Instituciones y Derecho de la Unión Europea*, *op. cit.*, pp. 567-569.

ha sido esencial[65]. Actualmente, dicha doctrina se encuentra expresamente consagrada en el artículo 216 del TFUE, según el cual: "La Unión podrá celebrar un acuerdo con uno o varios terceros países u organizaciones internacionales cuando así lo prevean los Tratados o cuando la celebración de un acuerdo bien sea necesaria para alcanzar, en el contexto de las políticas de la Unión, alguno de los objetivos establecidos en los Tratados, bien esté prevista en un acto jurídicamente vinculante de la Unión, o bien pueda afectar a normas comunes o alterar el alcance de las mismas".

Como resultado de esta construcción jurisprudencial relativa a las competencias implícitas de la Unión en materia exterior, en la que se vislumbra un paralelismo entre las competencias exteriores e internas de la Unión, se derivan tres consecuencias elementales: 1) la considerable ampliación de las competencias exteriores de la Unión; 2) la reducción de la rigidez del principio de atribución de competencias; y, 3) la introducción de una cierta racionalidad en el sistema de competencias de la UE en la materia.

Por último, la UE también dispone de competencias exteriores surgidas del artículo 352 del TFUE[66]. Este precepto, que proclama una suerte de *vis expansiva* de las competencias de

---

65 MARTÍNEZ CAPDEVILA, C., BLÁZQUEZ NAVARRO, I., "La incidencia del artículo 40 TUE en la acción exterior de la UE", *Revista Jurídica de la Universidad Autónoma de Madrid*, nº 28, 2013, pp. 197-219, pp. 203-205.

66 En su apartado primero, dispone: "Cuando se considere necesaria una acción de la Unión en el ámbito de las políticas definidas en los Tratados para alcanzar uno de los objetivos fijados por éstos, sin que se hayan previsto en ellos los poderes de actuación necesarios a tal efecto, el Consejo adoptará las disposiciones adecuadas por unanimidad, a propuesta de la Comisión y previa aprobación del Parlamento Europeo. Cuando el Consejo adopte dichas disposiciones con arreglo a un procedimiento legislativo especial, se pronun-

la Unión, se utiliza de manera recurrente como fundamento jurídico exclusivo en materia de celebración de tratados internacionales. Los tres principales supuestos en los que se recurre a esta fórmula, en palabras de Liñán Nogueras[67], son: "Cuando no se puede utilizar ninguna otra competencia exterior de la Unión, cuando dicho artículo ha sido la base para la adopción de las normas internas, y cuando se utiliza junto al artículo 310 (ahora 217 TFUE) para establecer medidas provisionales y está considerado como un fundamento de carácter sustitutivo a título provisional".

El recurso a este artículo 352 TFUE por parte del Consejo ha sido tal que, incluso, ciertas actuaciones se han llegado a fundamentar en esta disposición aun cuando existía una competencia y un fundamento jurídico principales. Ante ello, la jurisprudencia del TJUE reaccionó mediante su Sentencia de 26 de marzo de 1987 en la que acogía una interpretación restrictiva del artículo, la cual sigue desde entonces, cuando declaraba que "*sólo está justificado recurrir a este artículo como fundamento jurídico de un acto, cuando ninguna otra disposición del Tratado confiera a las Instituciones comunitarias la competencia necesaria para adoptar dicho acto*"[68].

Tras esta sucinta aproximación a la subjetividad jurídica internacional de la Unión Europea y a las competencias exteriores que la componen, a continuación me centraré en una de las mismas, su capacidad para concluir tratados internacionales, considerando el modo en que la misma influye en la proyección exterior de sus valores y objetivos.

---

ciará también por unanimidad, a propuesta de la Comisión y previa aprobación del Parlamento Europeo".

67 MANGAS MARTÍN, A. y LIÑÁN NOGUERAS, D. J., *Instituciones y Derecho de la Unión Europea, op. cit.*, pp. 573.

68 Sentencia de 26 de marzo de 1987, *Preferencias arancelarias generalizadas*, asunto 45/86, p. 1520. La cursiva es mía.

2. EL *IUS AD TRACTATUM* DE LA UNIÓN EUROPEA

La Unión Europea despliega una actividad convencional muy intensa, toda vez que los acuerdos internacionales constituyen el instrumento jurídico fundamental a través del que se articula y materializa el ejercicio de sus competencias en materia exterior. Por este motivo, el *ius ad tractatum* de la Unión, su capacidad para celebrar tratados internacionales, es un elemento definidor de la personalidad jurídica internacional de la UE por cuanto la distingue en gran medida de las demás organizaciones internacionales cuya actividad convencional es mucho más limitada[69].

El "valor" del Derecho Internacional dentro del Derecho de la Unión Europea es discutido por parte de la doctrina. Sin embargo, al igual que ocurre con los ordenamientos constitucionales de los Estados miembros, la ausencia de una norma expresa que establezca la sumisión al Derecho Internacional general no impide la sujeción del ordenamiento de la Unión al Derecho Internacional, si bien, lógicamente, en el ámbito de sus competencias[70].

La relevancia del Derecho Internacional y del Derecho de los tratados en el conjunto del Derecho de la Unión Europea, entre otros ámbitos, se muestra en su utilización por el TJUE en tanto que principios generales, como elementos de interpretación,

---

69 BLANC ALTEMIR, A., "Las relaciones comerciales de la Unión Europea en tiempos de postpandemia y de la agresión rusa a Ucrania", en BLANC ALTEMIR, A. (dir.), *Las relaciones comerciales de la Unión Europea con el resto del mundo. Un análisis desde la postpandemia y la agresión rusa a Ucrania,* Thomson Reuters Aranzadi, Pamplona, 2023, pp. 27-52.

70 MANGAS MARTÍN, A., LIÑÁN NOGUERAS, D. , *Instituciones y Derecho de la Unión Europea, op. cit,* pp. 402 y 403.

constituyendo esta última una línea tradicional de la jurisprudencia "comunitaria"[71].

Pues bien, la amplitud notable de los tratados celebrados por la Unión Europea motiva en este punto la realización de una breve aproximación al Derecho de los Tratados, que está codificado, como es sabido, en la Convención de Viena de 23 de mayo de 1969 sobre el Derecho de los Tratados, que es de aplicación, en virtud de su artículo primero, "*a los tratados entre Estados*"[72]. Gran parte de sus disposiciones reflejan el Derecho Internacional general en la materia por lo que la Convención de 1969 no agota el Derecho de los tratados. Además, existe otra Convención de Viena, de 1986, sobre el Derecho de los tratados entre Estados y Organizaciones Internacionales[73], que no está en vigor, de la cual la Unión Europea no es parte y cuyas disposiciones son prácticamente idénticas, a excepción de las salvedades necesarias para la adaptación de las mismas a las características especiales de las OOII[74].

En este sentido, puede resultar pertinente reflexionar acerca de las causas por las que existen dos convenciones, de contenido prácticamente idéntico, para la regulación del Derecho de los tratados. Y es que, como apuntaba Giorgio Gaja: "The text of the Vienna Convention on the Law of Treaties (of 1986) gives the reader a strong feeling of *déjà vu*"[75]. Para justificar esta

---

71 Así lo ha reflejado, por todas, en la Sentencia del Tribunal de Justicia de 25 de febrero 2010, *Brita*, C-386/08, paras. 50, 52 y 58.

72 En vigor desde el 27 de enero de 1980. En España se publicó en el *BOE* nº 142, de 13 de junio de 1980.

73 *BOE*, nº 142, de 13 de junio de 1980.

74 GAJA, G., "A 'new' Vienna Convention on Treaties between States and International Organizations: a critical commentary", *British Yearbook of International Law*, vol. 58, nº 1, 1987, pp. 253-269, p. 254.

75 *Ibidem*, p. 253. La cursiva es original. En esta reflexión también apunta que los 72 primeros artículos de ambas convenciones com-

doble regulación debe tenerse en cuenta que, inicialmente, la Comisión de Derecho Internacional pretendía codificar completamente el derecho de los tratados, incluyendo también los acuerdos entre Estados y Organizaciones Internacionales.

Sin embargo, la oposición de la Asamblea General de las Naciones Unidas al "igual tratamiento" de Estados y OOII motivó su circunscripción, exclusivamente, a los acuerdos entre Estados. El problema fundamental que generaba una misma convención codificadora de todo el Derecho de los tratados, con independencia del tipo de sujetos partes en dichos tratados, fue bien resumido por Paul Reuter -ponente de la CDI sobre la materia- de la manera siguiente: "International organizations are neither sovereign nor equal; all their powers are strictly at the service of their member states; it is the function they assume that justifies and circumscribes their activities and their very being. It is the rule requires that the rule be modified, or at least rendered more flexible, in respect of international organizations"[76].

Así, el hecho de que los Estados tengan soberanía, sobre la base de su territorio, mientras que las OOII dispongan, únicamente, de competencias de atribución, define la relación, en el ámbito de los tratados, entre los Estados y las OOII y explica la existencia de dos convenciones reguladoras de esta misma materia con el propósito de adaptarse a esta diferencia[77].

En cuanto al *concepto de tratado*, nos centraremos en el análisis del artículo 2.1 a) de la Convención de Viena de 1969 por

---

partían el mismo nombre.

76 *Anuario de la Comisión de Derecho Internacional, vol. II, parte primera*, 1977, p. 120.

77 WEBB, P., "Treaties and international organizations: uneasy analogies", en TAMS, C. J., TZANAKOPOULOS, A., ZIMMERMANN, A., RICHFORD, A.E. (eds.), *Research Handbook on the Law of Treaties*, Elgar, Cheltenham, 2014, pp. 567-596, pp. 568-570.

cuanto, como he apuntado, la Convención de 1986 no está en vigor, si bien prestaré atención a sus especialidades. Dicho precepto establece que "*se entiende por 'tratado' un acuerdo internacional celebrado por escrito entre Estados y regido por el derecho internacional, ya conste en un instrumento único o en dos o más instrumentos conexos y cualquiera que sea su denominación particular*". Atendiendo a esta definición, se estará en presencia de un tratado siempre que se cumplan las siguientes condiciones que se detallan a continuación:

- Acuerdo internacional. Los tratados deben suponer la manifestación de voluntades concordantes, sobre el objeto y el fin del acuerdo, de dos o más sujetos de Derecho Internacional. Así, con el término "acuerdo" la Convención hace expresa referencia a la existencia de dos o más sujetos, ya que esta circunstancia permite diferenciar claramente los tratados de los actos unilaterales. La fuerza obligatoria de estos últimos proviene de la expresión del consentimiento por un único sujeto, no precisando de la concurrencia de otro.

- Celebrado por escrito. La Convención de 1969, considerando que la forma escrita es la más habitual y segura para la expresión de la voluntad, únicamente acogió dentro de su ámbito de aplicación aquellos tratados celebrados por escrito. A pesar de ello, no se pone en duda la posibilidad de celebrar acuerdos puramente verbales si bien, para los casos en los que la expresión de la voluntad tiene lugar mediante una conducta esencialmente pasiva, habría que estar a figuras diferentes a los tratados, tales como los actos unilaterales, la aquiescencia, la preclusión, el estoppel o la consolidación por la acción del tiempo[78]. Es más, varias de las disposiciones de la Convención aluden al surgimiento

---

78 REMIRO BROTÓNS, A., *Derecho Internacional. Curso general*, Tirant Lo Blanch, Valencia, 2010, pp. 185 y 186.

de acuerdos no escritos directamente relacionados con tratados escritos, entre otros, los artículos 11, 12.1 b) y c), 13 b), 14.1 b) y d), 15 b) y c), 24.2, 25.1 b) y 25.2, 28, 29, 31.2 a) 31.3 a) o 36[79].

- Concluido entre Estados. De esta forma, la Convención de 1969 excluye los acuerdos internacionales concluidos entre Estados y organizaciones internacionales o entre organizaciones internacionales entre sí[80]. A pesar de que la Convención de Viena de 1969 no los acoja, los acuerdos internacionales concluidos por una organización internacional, lógicamente, son tratados internacionales, regidos por el Derecho Internacional general en materia de tratados y por la Convención de Viena de 1986. En este sentido, el propio artículo tercero de la Convención de 1969 aclara que su no aplicación a los tratados en los que sea parte una OI, como la Unión Europea, no afecta ni al valor jurídico de tales acuerdos ni tampoco a la aplicación de las normas contenidas en esta Convención, siempre que las mismas fuesen de aplicación con independencia de la Convención de Viena de 1969, esto es, cuando se trate de normas de Derecho Internacional general en materia de tratados[81].
- Regido por el Derecho Internacional. El sometimiento de un acuerdo al derecho internacional público es obligado para su consideración como tratado al que le es de aplicación la Convención. Sin embargo, los sujetos de

79 REUTER, P., *Introducción al Derecho de los Tratados*, Fondo de Cultura Económica, México, 1999, pp. 45 y 46.

80 PASTOR RIDRUEJO, J.A., *Curso de Derecho Internacional Público y Organizaciones Internacionales*, Tecnos, Madrid, 2016, pp. 89-90.

81 SCHMALENBACH, K., "Capacity of States to conclude treaties", en DÖRR, O., SCHMALENBACH, K., (eds.), *Vienna Convention on the Law of the Treaties. A commentary*, Springer, Nueva York, 2018, pp. 99-110, pp. 107-109.

derecho internacional pueden, lógicamente, celebrar un acuerdo que no se rija por el derecho internacional público y que, en tal caso, revestirá la forma de contrato[82]. En la práctica puede haber situaciones en las que sea difícil delimitar, porque las partes no lo hayan especificado, si un determinado acuerdo de voluntades entre dos Estados constituye un tratado o, por el contrario, un contrato no sometido al Derecho Internacional Público. Para resolver esta problemática habrá que tener en cuenta el objeto del acuerdo y las circunstancias de su celebración. En este punto, es preciso hacer mención a la finalidad del tratado de producir efectos jurídicos, esto es, de crear derechos y obligaciones para las partes. Esta intención de producir efectos jurídicos no figura en la Convención, dado que se entiende implícita en la mención "regido por el Derecho Internacional". En cualquier caso, el hecho de que haya tratados formales (sic) que produzcan efectos jurídicos muy limitados mientras que otros documentos, en apariencia intrascendentes, impliquen notables compromisos, principalmente por su contexto y sus consecuencias, provoca que se deberá analizar en cada caso la verdadera naturaleza del documento en cuestión[83.]

- Cualquiera que sea su denominación particular y ya conste en un instrumento único o en dos o más instrumentos conexos. Con esta mención, la Convención se adhiere al criterio contemporáneo por el cual el término tratado abarca todos los acuerdos internacionales, con

---

82 TURP, D., ROCH, F., "Conclusion and entry into force of Treaties", en CORTEN, O., KLEIN, P., (eds.), *The Vienna Conventions on the Law of Treaties. A commentary. Volume I*, Oxford University Press, Oxford, 2011, pp. 22-24.

83 REUTER, P., *Introducción al Derecho de los Tratados, op. cit.*, pp. 50 y 51.

independencia de la gran variedad de denominaciones existentes, tales como convención, protocolo, arreglo, declaración, carta, pacto, convenio, acta, acuerdo, estatuto, concordato, canje de instrumentos, notas reversales, minutas aprobadas, memorando de entendimiento, modus vivendi, etcétera. Por lo tanto, queda clara la existencia de consenso, tanto en la práctica internacional como en la doctrina publicista, sobre la irrelevancia de las denominaciones siempre que el acuerdo produzca efectos jurídicos[84].

Una vez realizada esta sucinta aproximación al concepto de tratado internacional -que tendrá su relevancia para la consideración de los distintos tipos de acuerdos que celebra la Unión Europea en el marco de esta intensa actividad convencional- se analizará el *ius ad tractatum* de la UE como paso previo al estudio del procedimiento de celebración de tratados internacionales por parte de la Unión.

2.1. El Dictamen 2/2015 del Tribunal de Justicia de la Unión Europea

Una de las características particulares de la acción exterior, y en general, de la Unión Europea es su capacidad para concluir tratados internacionales con terceros. En este sentido, ninguna otra organización internacional dispone de una capacidad convencional semejante, desde el punto de vista cualitativo y cuantitativo, al poder de celebrar acuerdos internacionales de la Unión[85].

---

84 DE LA GUARDIA, E., *Derecho de los tratados internacionales,* Ábaco, Buenos Aires, 1997, pp. 114-116.

85 GOSALBO BONO, R., "Insuficiencias jurídicas e institucionales de la acción exterior de la Unión Europea", *Revista General de Derecho Europeo,* vol. 50, 2015, p. 253.

Como se ha señalado previamente, este derecho de la Unión Europea a la conclusión de tratados internacionales o *ius ad tractatum* es fruto del reconocimiento expreso de la personalidad jurídica internacional de la Unión (formulado en el artículo 47 del TUE), de la construcción jurisprudencial realizada por el Tribunal a partir de la "teoría de los poderes implícitos" y de la creciente atribución de competencias exteriores a la Unión[86].

El *ius ad tractatum* de la UE se prevé expresamente en el artículo 3.2 del Tratado de Funcionamiento de la Unión Europea, en virtud del cual "la Unión dispondrá también de competencia exclusiva para la celebración de un acuerdo internacional cuando dicha celebración esté prevista en un acto legislativo de la Unión, cuando sea necesaria para permitirle ejercer su competencia interna o en la medida en que pueda afectar a normas comunes o alterar el alcance de las mismas". Por lo tanto, esta disposición configura esta capacidad de la UE para concluir acuerdos internacionales como una competencia exclusiva, lo cual supone una manifestación considerable de la personalidad jurídica internacional de la Unión[87].

A pesar de la aparente claridad de esta disposición, la doctrina ha puesto de manifiesto la incertidumbre y la falta de uniformidad sistemática en la reglamentación de esta competencia exclusiva por cuanto las disposiciones del TFUE no delimitan, todo lo deseable, el alcance y el contenido de la

---

86 Véase GARCÍA ANDRADE, P., "La base jurídica de la celebración de acuerdos internacionales por parte de la UE: entre la PESC y la dimensión exterior del espacio de libertad, seguridad y justicia. Comentario a la sentencia del Tribunal de Justicia de 14 de junio de 2016, asunto c-263/14, Parlamento c. Consejo", *Revista General de Derecho Europeo*, vol. 50, 2015, pp. 128-160.

87 SOBRINO HEREDIA, J. M., "La personalidad jurídica de la Unión Europea", en MARTÍN Y PÉREZ DE NANCLARES, J. (coord.), *El Tratado de Lisboa. La salida de la crisis constitucional*, Iustel, Madrid, 2008, pp. 333-348.

capacidad convencional de la Unión, pese a la agrupación de las disposiciones relativas a la conclusión de tratados bajo el Título V de la Quinta parte del Tratado de Funcionamiento, intitulado "Acuerdos Internacionales"[88].

Además de esta competencia exclusiva, la Unión dispone de competencia para la celebración de tratados internacionales en el ámbito de sus competencias compartidas con los Estados miembros, tal y como ocurre con los acuerdos mixtos, en los que la UE celebra conjuntamente con sus Estados miembros determinados acuerdos internacionales, principalmente, de índole comercial[89].

Igualmente, la práctica ha puesto de manifiesto diferencias interinstitucionales importantes, entre el Parlamento Europeo, el Consejo y la Comisión, las cuales han obstaculizado el procedimiento decisorio de negociación, firma y celebración de los tratados internacionales[90], previsto en el artículo 218 TFUE. La fricción más importante surge en torno a la elección del título jurídico en virtud de la cual el Consejo fundamenta su decisión de negociación, firma, aplicación provisional y celebración de los tratados internacionales. También existen considerables diferencias sobre el alcance de la potestad del Consejo para otorgarse facultades en las directrices que dicta a la Comisión, en su papel de negociadora, en el momento de la apertura de las negociaciones.

---

88 MANGAS MARTÍN, A., LIÑÁN NOGUERAS, D. J., *Instituciones y Derecho de la Unión Europea, op. cit,* p. 579.

89 WERQUIN, J.-B., "Los acuerdos mixtos celebrados por la Unión Europea: problemas y soluciones en cuanto a la participación de los Estados miembros en acuerdos de libre comercio", *Revista europea e iberoamericana de pensamiento y análisis de derecho, ciencia política y criminología,* vol. 6, n° 1, 2018, pp. 139-167.

90 GOSALBO BONO, R, "Insuficiencias jurídicas e institucionales de la acción exterior de la Unión Europea", *op. cit.*, pp. 253-254.

Además, constituye otra desavenencia interinstitucional el diferente criterio en relación con la necesidad de identificar las bases jurídicas sustantivas en las que fundamentar la apertura de las negociaciones. Respecto a esta necesidad, el Consejo entiende necesaria la identificación de las bases jurídicas sustantivas (además de las procedimentales recogidas en el artículo 218 TFUE) mientras que, por el contrario, la Comisión no lo considera necesario[91].

Por su parte, el alcance de la obligación, establecida en el artículo 218.10 TFUE, de informar al Parlamento Europeo de todas las fases del procedimiento de celebración de tratados internacionales concluidos por la UE ha estado en el origen de otra disparidad interinstitucional considerable[92]. De la misma manera, la designación del negociador o del jefe del equipo de negociación de la Unión se ha mostrado problemática.

Respecto a estas disparidades de criterio entre las instituciones de la Unión especialmente implicadas en la celebración de tratados internacionales (*Union treaty making process*), la jurisprudencia del TJUE se ha pronunciado en algunas ocasiones y la misma no refleja una línea jurisprudencial coherente[93]. Sirva como demostración de esta última afirmación la STJUE de 6 de mayo de 2014 en la que el TJUE[94], al pronunciarse sobre el

---

91 GONZÁLEZ ALONSO, L. N., "La Unión Europea en su laberinto: definiendo el nuevo equilibro institucional en materia de acción exterior", en MARTÍNEZ CAPDEVILA, C., MARTÍNEZ PÉREZ, E. J. (dirs.), *Retos para la acción exterior de la Unión Europea, op. cit.*, pp. 199-224.

92 GONZÁLEZ-ORÚS, J. M., "Acuerdos comerciales de nueva generación de la Unión Europea: Origen, rasgos y valoración", en BENEYTO PÉREZ, J. M. (ed.), *Acuerdos comerciales de nueva generación de la Unión Europea. Implicaciones para España, op. cit.*, pp. 21-44, pp. 24 ss.

93 GOSALBO BONO, R, "Insuficiencias jurídicas e institucionales de la acción exterior de la Unión Europea", *op. cit.*, p. 258.

94 Sentencia del Tribunal de Justicia de 6 de mayo de 2014, Asunto C-43/12, Comisión/Parlamento Europeo y Consejo, Intercambio

intercambio transfronterizo de información sobre infracciones de tráfico en materia de seguridad vial, parece considerar más importante el objetivo de una medida que su contenido, en el entendido de que rechaza la base jurídica del artículo 87 del TFUE en el ámbito de la cooperación policial del Espacio de Libertad, Seguridad y Justicia en favor del artículo 91 TFUE en el ámbito de la seguridad de los transportes[95].

Estas diferencias de criterio entre algunas instituciones europeas sobre el contenido y alcance de la capacidad convencional de la Unión llevaron a la Comisión, con arreglo al artículo 218.11 TFUE, a solicitar un Dictamen al Tribunal de Justicia de la Unión Europea en relación con el Acuerdo de Libre Comercio entre la Unión Europea y Singapur para que clarificase la delimitación de competencias exteriores de la Unión y el alcance del artículo 3.2 TFUE[96]. La solicitud de Dictamen, presentada el 10 de julio de 2015 por la Comisión Europea, estaba formulada en los siguientes términos:

> "1) ¿Tiene la Unión las competencias necesarias para firmar y celebrar por sí sola el Acuerdo de Libre Comercio con Singapur? Más concretamente, 1) ¿qué disposiciones del Acuerdo entran dentro de la competencia exclusiva de la Unión?; 2) ¿qué disposiciones del Acuerdo entran dentro de la competencia compartida de la Unión?; y 3) ¿existe alguna disposición del Acuerdo que sea competencia exclusiva de los Estados miembros?"[97].

---

transfronterizo de información sobre infracciones de tráfico en materia de seguridad vial, ECLI:EU:C:2014:298, paras. 42-43.

95 GOSALBO BONO, R, "Insuficiencias jurídicas e institucionales de la acción exterior de la Unión Europea", *op. cit.*, p. 259.

96 Este acuerdo comercial de "nueva generación" comprende 17 capítulos y fue rubricado el 26 de junio de 2015.

97 La solicitud fue publicada en *DO* C 363, 3 de noviembre de 2015. La Comisión estimaba que *la Unión dispone de competencia exclusiva*

Esta solicitud fue respondida por el Tribunal de Justicia mediante el Dictamen 2/2015 el 16 de mayo de 2017[98]. En el mismo, el Tribunal únicamente se pronuncia sobre la naturaleza de la competencia de la Unión (exclusiva o compartida) para firmar y celebrar el acuerdo[99] y no, como podría hacerlo en virtud del artículo 196.2 del Reglamento de Procedimiento del Tribunal de Justicia, sobre la compatibilidad del contenido del acuerdo proyectado con las disposiciones de los *Tratados*. Por lo tanto, en función del sentido del pronunciamiento el Acuerdo proyectado podrá ser ratificado exclusivamente por la Unión o, por el contrario, deberá ser ratificado tanto por la Unión como por todos los Estados miembros de ésta, adquiriendo así la naturaleza de acuerdo "mixto"[100].

Pues bien, teniendo en cuenta la competencia exclusiva de la Unión Europea en el ámbito de la política comercial común, el TJUE recuerda su jurisprudencia según la cual "*el mero hecho de que un acto de la Unión, como un acuerdo celebrado por ésta, pueda tener ciertas repercusiones sobre el comercio con uno o varios Estados terceros no basta para concluir que dicho acto deba incluirse en la categoría de los acuerdos comprendidos en la política comercial común. En cambio, un acto de la Unión forma parte de esta política cuando tenga como objeto específico ese comercio, en la medida en que esté dirigido, en lo esencial, a promoverlo, facilitarlo o regularlo y produzca efectos directos e inmediatos en él*"[101]. De este criterio jurisprudencial se deduce que únicamente aquellas partes del Acuerdo "*con un*

para firmar y celebrar el Acuerdo proyectado (parágrafo 12 del Dictamen 2/15 del Tribunal de Justicia (Pleno) de 16 de mayo de 2017, ECLI:EU:C:2017:376).

98 Dictamen 2/15 del Tribunal de Justicia (Pleno) de 16 de mayo de 2017, ECLI:EU:C:2017:376.

99 Dictamen 2/2015, para. 30.

100 Dictamen 2/2015, para. 29.

101 Dictamen 2/2015, para. 36. La cursiva es mía.

vínculo específico con el comercio"[102] estarán comprendidas dentro de la política comercial común y, respecto a ellas, la Unión tendrá competencia exclusiva para negociar y celebrar el acuerdo.

Por consiguiente, el Tribunal procedió a analizar si los compromisos contenidos en dicho Acuerdo con Singapur (relativos al acceso al mercado, a la protección de inversiones, a la protección de la propiedad industrial e intelectual, en materia de competencia, en materia de desarrollo sostenible, de servicios y contratación pública en el ámbito de transportes, en materia de inversiones distintas de las directas, disposiciones institucionales y transparencia) estaban destinados a promover, facilitar o regular dicho comercio y producen efectos directos e inmediatos en él.

De este análisis pormenorizado que realiza el Tribunal, cabe destacar como aportaciones más destacables, a mi juicio, que, en primer lugar, la Unión no tiene competencia exclusiva para celebrar acuerdos en materia de inversiones extranjeras que no sean directas. De esta forma, el TJUE realiza una interpretación restrictiva del TFUE cuando declara que "*el hecho de que los autores del Tratado FUE utilizaran la expresión 'inversiones extranjeras directas' en el artículo 207 TFUE, apartado 1, manifiesta sin ambigüedad su voluntad de no incluir otras inversiones extranjeras en la política comercial común. Por lo tanto, debe considerarse que los compromisos contraídos con un tercer Estado sobre estas otras inversiones no están comprendidos en el ámbito de la competencia exclusiva de la Unión a que se refiere el artículo 3 TFUE, apartado 1, letra e)*"[103]. Estas inversiones extranjeras distintas de las directas, también llamadas inversiones de cartera, se caracterizan porque su único objetivo es la obtención de rentabilidad sin que la misma vaya asociada al control sobre la empresa.

---

[102] Dictamen 2/2015, para. 37.

[103] Dictamen 2/2015, para. 83. La cursiva es mía.

Asimismo, de acuerdo con el criterio del TJUE en este dictamen, cuando la Unión adopta disposiciones que establecen normas comunes, sus Estados miembros pierden la facultad de contraer con terceros Estados obligaciones que afecten a dichas normas comunes, puesto que la Unión adquiere una competencia exclusiva. Así se desprende de la interpretación conjunta de los parágrafos 170, 171 y 172 del Dictamen 2/2015[104]. El Tribunal expuso que el "*artículo 216 TFUE confiere a la Unión la competencia para celebrar, en particular, cualquier acuerdo internacional que 'pueda afectar a normas comunes o alterar el alcance de las mismas*'"[105] y que "*conforme al artículo 3 TFUE, apartado 2, la naturaleza de la competencia de que dispone la Unión para celebrar un acuerdo de esta índole es exclusiva*"[106].

Además, en los casos en los que un tratado internacional con un tercer Estado conlleve el solapamiento con las normas comunes de la Unión para las relaciones intracomunitarias, comoquiera que el tratado puede afectar a normas comunes, la Unión tiene competencia exclusiva para aprobarlo. Esta conclusión se deriva del Dictamen 2/2015 sobre el Acuerdo con Singapur, en particular de su parágrafo 201 -según el cual, "(...) cuando un acuerdo entre la Unión y un Estado tercero establezca la aplicación a las relaciones internacionales reguladas por tal acuerdo de normas que se solaparán, en gran medida, con las normas comunes de la Unión aplicables a las situaciones intracomunitarias, debe considerarse que ese acuerdo puede afectar a esas normas comunes o alterar el alcance de las mismas"- y de su parágrafo 202 -según el cual, "(...) la competencia de la Unión para

[104] El Tribunal recuerda que esta línea jurisprudencial comenzó con la Sentencia de 31 de marzo de 1971, Comisión/Consejo (22/70, EU:C:1971:32).

[105] Dictamen 2/2015, para. 171.

[106] Dictamen 2/2015, para. 172. La cursiva es mía.

aprobar esos compromisos es exclusiva, de conformidad con lo dispuesto en el artículo 3 TFUE, apartado 2"-.

Por otra parte, la competencia exclusiva de la Unión para celebrar acuerdos internacionales derivada del artículo 3.2 *in fine* del TFUE no puede extenderse a materias contenidas en una "*norma de Derecho primario de la Unión establecida por los autores de dichos Tratados*"[107]. Así, en la negociación de los tratados internacionales para los que tiene competencia exclusiva, la Unión está facultada para dejar sin efecto los acuerdos ya existentes en la materia entre sus Estados miembros y el tercer Estado, una vez entre en vigor el acuerdo de la UE con el tercer Estado y "*en la medida en que esta disposición se refiere a un ámbito sobre el cual la Unión dispone de una competencia exclusiva*"[108].

A mayor abundamiento, la Unión a través de un acuerdo internacional puede crear instituciones encargadas de supervisar el cumplimiento del mismo sin que ello afecte a su competencia exclusiva para la celebración del acuerdo. Así lo pone de manifiesto el Tribunal de Luxemburgo cuando afirma que "*la competencia de la Unión para contraer compromisos internacionales incluye la de acompañar esos compromisos de disposiciones institucionales. Su presencia en el acuerdo no influye en la naturaleza de la competencia para celebrarlo*"[109]. No obstante, la Unión no es competente para introducir, en un tratado internacional, un régimen de arreglo de controversias que sustraiga asuntos de la competencia de las jurisdicciones de los Estados miembros y, para ello, debe contar con el consentimiento de éstos[110]. En cambio, la Unión sí es exclusivamente competente para celebrar un tratado que configure un régimen de solución de las diferencias que surjan entre la Unión y el tercer Estado

---

107 Dictamen 2/2015, para. 234. La cursiva es mía.

108 Dictamen 2/2015, para. 247. La cursiva es mía.

109 Dictamen 2/2015, para. 276.

110 Dictamen 2/2015, para. 292.

contratante por cuanto dichas controversias no se sustraen a los tribunales de los Estados miembros ni de la Unión[111].

Finalmente, a modo de recapitulación, el TJUE ha aclarado en su Dictamen que la Unión únicamente carece de competencia exclusiva para negociar y celebrar este Tratado con Singapur, y por extensión cualquier otro futuro tratado, en lo relativo a inversiones extranjeras distintas de las directas y su protección, solución de diferencias entre un inversor y un Estado y en normas de transparencia[112]. Por todo ello, se puede colegir que el ámbito de competencias compartidas que el Dictamen 2/2015 define es muy reducido.

No obstante, como sostienen autores como Díez-Hochleitner Rodríguez, más allá de las críticas que puedan formularse en relación con determinadas apreciaciones del TJUE o con la forma en que motiva algunas de sus conclusiones, parece lógica la consecuencia del Dictamen 2/15 en el sentido de que el Acuerdo con Singapur debe celebrarse como acuerdo mixto, es decir, que, con carácter general, los Acuerdos de Libre Comercio de nueva generación promovidos por la Comisión desbordan el marco de las competencias exclusivas de la Unión Europea con fundamento en el art. 207 TFUE así como la "doctrina AETR", antes referida[113]. Este autor propone como alternativa una reforma de los Tratados que incluyera las inversiones en cartera en el ámbito de la PCC, aunque ésta no evita-

---

111 Dictamen 2/2015, paras. 303 y 304.

112 Dictamen 2/2015, para. 305.

113 DÍEZ-HOCHLEITNER RODRÍGUEZ, J., "La nueva política comercial de la Unión Europea desborda el marco de sus competencias. Comentarios preliminares al Dictamen 2/15 del TJUE", *Revista de Derecho Comunitario Europeo,* vol. 57, 2017, pp. 403-429, p. 429. La doctrina AETR denomina la sentencia y la jurisprudencia del Tribunal de Justicia de la Unión Europea que recoge la doctrina del paralelismo en las competencias exteriores.

ría el carácter mixto de los nuevos Acuerdos de Libre Comercio en la medida en que contemplen el arbitraje de inversiones (aspecto nuclear de la protección de inversiones) o la terminación de los Acuerdos para la Protección y Promoción Recíproca de Inversiones celebrados por los Estados miembros. Por ello, no debe descartarse el deslinde de los "compromisos en materia de protección de inversiones de los ALC y llevarlos a acuerdos mixtos que complementen a unos ALC 'puramente comunitarios'"[114].

En una línea similar, otros autores como Segura Serrano apuntan a que la interpretación realizada por el Tribunal en este dictamen conduzca en el medio plazo a la necesidad de una nueva reforma del Derecho primario con el objeto de incorporar todas las cuestiones relativas a inversiones en la Política Comercial Común[115]. Indudablemente, este dictamen "constituye una decisión que marcará una época", resultando en una amigable composición de los intereses encontrados de la Comisión Europea y de los Estados miembros que puede interpretarse como una victoria parcial para ambas partes[116]. En suma, el Tribunal de Justicia de la Unión Europea, al determinar en su dictamen que el ALC entre la Unión Europea y Singapur incorpora componentes que desbordan el ámbito material de la Política Comercial Común configurado en el TFUE (como la protección de las inversiones extranjeras no directas y su mecanismo de solución de controversias inversor-Estado),

---

114 *Ibidem.*

115 SEGURA SERANO, A., "Renovación y crisis de la política comercial común de la Unión Europea: el Dictamen 2/15", *Revista General de Derecho Europeo*, vol. 43, 2017, pp. 100-151, p. 151.

116 *Ibidem*, p. 149.

el Tribunal ha atribuido un carácter mixto a este acuerdo, asumiendo una posición un tanto conservadora de la PCC[117].

Por tanto, a partir de este dictamen, la interpretación apropiada del *ius ad tractatum* de la Unión Europea se configura en un equilibrio complejo entre las competencias de la Unión y de sus Estados miembros que condicionan y someten a una gran complejidad la actividad convencional[118]. Como consecuencia del Dictamen 2/15 se requerirá para la entrada en vigor de los acuerdos comerciales con carácter mixto (como se verá, la gran mayoría) la ratificación (esto es, la prestación del consentimiento) tanto de la Unión como, de manera muy importante, de todos sus Estados miembros[119]. Y es que las disposiciones del TFUE sobre el *ius ad tractatum* de la Unión Europea no completan una perspectiva global del alcance y contenido de la capacidad convencional de la UE, de ahí que hubiera sido deseable un mayor esfuerzo clarificador por parte del Tribunal de Justicia en el dictamen comentado. El resultado, en fin, es un reflejo del entramado amplio y diverso de las competencias exteriores de la Unión Europea, en algunos casos exclusivas y en la mayoría de ellos concurrentes[120].

---

117 PASCUAL VIVES, F., "El futuro del arbitraje de inversión en los acuerdos internacionales celebrados por la Unión Europea", *Revista Electrónica de Estudios Internacionales*, vol. 33, nº 2, 2017, pp. 1-35, p. 35.

118 MANGAS MARTÍN, A., LIÑÁN NOGUERAS, D. J., *Instituciones y Derecho de la Unión Europea, op. cit*, p. 579.

119 IRURETAGOIENA AGIRREZABALAGA, I., "Por fin un poco de luz en el farragoso debate competencial en el marco de los nuevos tratados de comercio e inversión de la Unión Europea. Dictamen 2/15 del Tribunal de Justicia de la Unión Europea", *La Ley Unión Europea*, vol. 50, 2017.

120 MANGAS MARTÍN, A., LIÑÁN NOGUERAS, D. J., *Instituciones y Derecho de la Unión Europea, op. cit*, p. 580.

2.2. El procedimiento de celebración de tratados internacionales de la Unión

El procedimiento general de conclusión de tratados internacionales está integrado por un conjunto de actos que se rigen por el Derecho Internacional, especialmente, por los artículos 6 a 18 de las Convenciones de Viena de 1969 y 1986. De igual forma, el sistema jurídico de cada Estado u organización internacional parte en un tratado contiene normas con el objetivo de establecer las funciones de los órganos e instituciones que participan en la conformación de la voluntad de dicho sujeto de Derecho Internacional[121].

La primera de las fases o actos que pueden advertirse en el proceso de celebración de los tratados es la negociación que se realiza por los representantes de dos Estados u organizaciones internacionales o de un Estado y una OI en el caso de acuerdos bilaterales y en el seno de una conferencia internacional (o también en el marco de una organización internacional) en el caso de los tratados multilaterales. La fase de negociación concluye con la *adopción* del texto del tratado. A continuación, este es objeto de *autenticación* y, posteriormente, se procede a la prestación del consentimiento de los sujetos que vayan a obligarse[122].

El procedimiento propio de la Unión Europea para la celebración de sus acuerdos internacionales está regulado, principalmente, en el artículo 218 TFUE. Como se podrá comprobar, este procedimiento guarda similitudes muy significativas con los procedimientos propios de los Estados. Este procedimiento general no se aplica a los acuerdos contemplados por el artículo 219 TFUE, relativos al establecimiento de regímenes cambiarios

---

121 SÁENZ DE SANTAMARÍA, P. A., *Sistema de Derecho Internacional Público,* 6ª Edición, Thomson Reuters Aranzadi, 2020, p. 147.

122 CASANOVAS, O., y RODRIGO, A. J., *Compendio de Derecho Internacional Público,* Tecnos, Madrid, 2016, pp.74 y 75.

o monetarios, que dejaremos al margen de este apartado debido a que desbordan el objeto de esta obra[123]. Por otra parte, las

---

[123] El artículo 219 del TFUE dispone lo siguiente: "1. No obstante lo dispuesto en el artículo 218, el Consejo, bien por recomendación del Banco Central Europeo, bien por recomendación de la Comisión y previa consulta al Banco Central Europeo con el fin de lograr un consenso compatible con el objetivo de la estabilidad de precios, podrá celebrar acuerdos formales relativos a un sistema de tipos de cambio para el euro en relación con las monedas de terceros Estados. El Consejo se pronunciará por unanimidad, previa consulta al Parlamento Europeo y con arreglo al procedimiento establecido en el apartado 3. El Consejo, bien por recomendación del Banco Central Europeo, bien por recomendación de la Comisión y previa consulta al Banco Central Europeo con el fin de lograr un consenso compatible con el objetivo de la estabilidad de precios, podrá adoptar, ajustar o abandonar los tipos centrales del euro en el sistema de tipos de cambio. El Presidente del Consejo informará al Parlamento Europeo de la adopción, del ajuste o del abandono de los tipos centrales del euro. 2. A falta de un sistema de tipos de cambio respecto de una o varias monedas de terceros Estados con arreglo al apartado 1, el Consejo, bien sobre la base de una recomendación de la Comisión y previa consulta al Banco Central Europeo, bien sobre la base de una recomendación del Banco Central Europeo, podrá formular orientaciones generales para la política de tipos de cambio respecto de estas monedas. Estas orientaciones generales se entenderán sin perjuicio del objetivo fundamental del SEBC de mantener la estabilidad de precios. 3. No obstante lo dispuesto en el artículo 218, cuando la Unión tenga que negociar acuerdos en materia de régimen monetario o de régimen cambiario con uno o varios terceros Estados u organizaciones internacionales, el Consejo, sobre la base de una recomendación de la Comisión y previa consulta al Banco Central Europeo, decidirá sobre las modalidades de negociación y celebración de dichos acuerdos. Las citadas modalidades de negociación garantizarán que la Unión exprese una posición única. La Comisión estará plenamente asociada a las negociaciones. 4. Sin perjuicio de las competencias y de los acuerdos de la Unión sobre la unión económica y monetaria, los Estados miembros podrán negociar en los foros internacionales y celebrar acuerdos interna-

reglas generales del procedimiento de celebración de acuerdos internacionales durante la fase de negociación sufren modulaciones en los acuerdos en materia de la PESC, para los cuales se toman en consideración las recomendaciones de la Comisión o del Alto Representante de la Unión para asuntos exteriores y política de seguridad a la hora de iniciar las negociaciones y de designar al negociador.

La *fase inicial* de negociación de los tratados -que comprende desde la concepción del tratado hasta la finalización de la negociación en el momento de la firma- comienza, conforme al artículo 218.2 TFUE, con una decisión del Consejo por la cual autoriza la apertura de las negociaciones, aprueba las directrices que se han de seguir y designa a la persona o institución encargada de actuar como negociador. El Consejo también puede designar un comité especial al que deberá consultarse a lo largo de las negociaciones[124].

La designación de negociador por el Consejo puede recaer sobre la Comisión o el Alto Representante de la Unión para Asuntos Exteriores y Política de Seguridad (Alto Representante). Igualmente, puede optar por otra alternativa como la designación de un Estado miembro o de una persona concreta. Reflejo de esta última posibilidad fue la designación, a propuesta de la Comisión, de Michel Barnier como jefe de la negociación entre la Unión Europea y el Reino Unido acerca de la salida de este último de la Unión. En todo caso, la dirección de la política exterior corresponde al Consejo, dado que, como se ha señalado, es el encargado de autorizar la apertura

---

cionales". Véase al respecto ERLBACHER, F., "Article 219 TFEU", en KELLERBAUER, M., KLAMERT, M., TOMKIN, J. (eds.), *The EU Treaties and the Charter of Fundamental Rights: A Commentary, op. cit.*, pp. 1673-1675.

[124] Así se prevé en el apartado cuarto del artículo 218 TFUE.

de las negociaciones, aprobar las directrices, autorizar la firma y celebrar los acuerdos.

En el procedimiento de celebración de los tratados internacionales, el Consejo decide por mayoría cualificada, incluso para los acuerdos que regulen la salida de un Estado miembro de la Unión (artículo 50.2 *in fine* TFUE), salvo supuestos excepcionales en los que sigue requiriéndose la unanimidad[125]. Entre estos supuestos excepcionales, con arreglo al apartado 8 del artículo 218 TFUE, se encuentran los acuerdos de adhesión de nuevos miembros, los de asociación y el acuerdo a través del cual la Unión Europea se adhiera, en su caso y dando cumplimiento al artículo 6 del Tratado de la Unión Europea, al Convenio Europeo para la Protección de los Derechos Humanos y de las Libertades Fundamentales[126].

La fase inicial del procedimiento de celebración de tratados internacionales de la UE finaliza con la firma del acuerdo que puede ser multifuncional en la medida en que puede servir para comprometer a la Unión definitivamente, en aquellos

---

125 ERLBACHER, F., "Article 218 TFEU", en KELLERBAUER, M., KLAMERT, M., TOMKIN, J. (eds.), *The EU Treaties and the Charter of Fundamental Rights: A Commentary*, *op. cit.*, pp. 1658-1672.

126 Respecto a esta adhesión, el TJUE emitió su Dictamen 2/2013 en el que, tras examinar el Proyecto de acuerdo negociado entre representantes de la Comisión Europea y del Comité de Ministros del Consejo de Europa, consideró que este acuerdo no había tenido en cuenta las características específicas del Derecho de la Unión. Por consiguiente, concluyó afirmando que dicho Proyecto no era compatible con las disposiciones del Derecho de la Unión y que la competencia del Tribunal de Justicia para conocer de cualquier litigio entre Estados miembros y entre éstos y la Unión relacionado con el cumplimiento del CEDH no admitía un pronunciamiento contrario. Véase: SÁNCHEZ GUIJARRO, L., "La adhesión de la Unión Europea al Convenio Europeo de Derechos Humanos: Un desafío para Europa todavía pendiente", *Documentos de Trabajo del Instituto de Estudios Latinoamericanos de la Universidad de Alcalá*, vol. 86, mayo, 2016.

acuerdos de menor relevancia, y también como autenticación de un acuerdo que exige el control judicial o político previamente a la prestación del consentimiento[127]. Además, en esta fase el Consejo puede adoptar, concurriendo una propuesta en tal sentido por parte del negociador, una decisión que autorice la firma del acuerdo e incluso su aplicación provisional antes de la entrada en vigor[128].

Durante la fase inicial de negociación, así como durante el resto del procedimiento, el Parlamento Europeo deberá ser informado *cumplida e inmediatamente*[129]. Este deber configura un necesario control parlamentario de los acuerdos internacionales concluidos por la Unión, interviniendo el Parlamento, con arreglo al criterio material, mediante la aprobación de los acuerdos o, en su defecto, a través de la consulta. El mismo es resultado de una práctica institucional que ha dado lugar a la celebración de un acuerdo interinstitucional entre el Parlamento Europeo y la Comisión Europea por el que se vincula al primero a esta fase de negociación, como se recoge en el Reglamento del Parlamento[130].

El criterio material determina la modalidad de intervención del Parlamento Europeo en el procedimiento conducente a la celebración de acuerdos internacionales, que puede realizarse bien mediante la aprobación, bien mediante la consulta.

---

127 FERNÁNDEZ LIESA, C. R., "La Unión Europea como sujeto de la Comunidad Internacional", en BENEYTO PÉREZ, J. M. (ed.), *Tratado de Derecho y Políticas de la Unión Europea. Tomo IX. Acción exterior de la UE, op. cit.*, p. 62.

128 ANDRÉS SÁENZ DE SANTAMARÍA, P., "The European Union and the Law of Treaties: a fruitful relationship", *European Journal of International Law*, vol. 30, nº 3, 2019, pp. 721-751, pp. 726 ss.

129 Artículo 218.10 TFUE.

130 MANGAS MARTÍN, A., LIÑÁN NOGUERAS, D. J., *Instituciones y Derecho de la Unión Europea, op. cit*, p. 585.

La primera de las modalidades de *intervención del Parlamento* consiste en la aprobación por éste de los tratados internacionales por mayoría de los miembros del Parlamento y se prevé, en virtud de los artículos 49 TUE y 218.6 a) TFUE, para la adhesión de "las partes", los acuerdos de asociación, el acuerdo de adhesión al CEDH, los acuerdos que instauran un marco institucional específico de cooperación, los tratados con repercusiones presupuestarias importantes para la Unión y los acuerdos sobre materias a las que le resulta de aplicación el procedimiento legislativo ordinario o especial.

Con carácter general, la aprobación del Parlamento se entenderá realizada con el voto favorable de la mayoría simple de sus miembros de conformidad con el artículo 231 TFUE. Este criterio material, que determina la intervención del Parlamento Europeo, es paralelo al propio del ordenamiento jurídico español, donde la intervención de las Cortes generales también se determina de conformidad con el criterio material[131].

Subsidiariamente, para los tratados en los que no sea preceptiva la aprobación, es decir, *en los demás casos*, el Parlamento Europeo interviene siendo consultado con arreglo al artículo 218.6 b) TFUE. Este precepto circunscribe su participación a la emisión, en un plazo fijado por el Consejo, de un dictamen no vinculante. La superación del plazo establecido por el Consejo, sin la emisión del dictamen, le permite a éste pronunciarse sin el mismo[132].

En relación con la intervención *parlamentaria* en el procedimiento de celebración de tratados internacionales, parece conveniente destacar que la competencia general de control, que

---

131 SÁENZ DE SANTAMARÍA, P. A., *Sistema de Derecho Internacional Público, op. cit.*, p. 187.

132 ERLBACHER, F., "Article 218 TFEU", en KELLERBAUER, M., KLAMERT, M., TOMKIN, J. (eds.), *The EU Treaties and the Charter of Fundamental Rights: A Commentary, op. cit.*, p. 1662.

se atribuye al Parlamento Europeo sobre la actividad convencional de la Unión, no es aplicable a los acuerdos de la PESC. También resulta llamativa la gran rigidez que entraña esta intervención preceptiva, por cuanto la intervención del Parlamento Europeo, en cualquiera de sus dos modalidades, será necesaria en todos los acuerdos internacionales, a excepción de los ya referidos acuerdos en el marco de la PESC[133]. Este sistema de control parlamentario puede suscitar problemas de calificación de los tratados internacionales que hará necesario en múltiples ocasiones elevar esta cuestión al Tribunal de Justicia de la Unión Europea por cuanto este órgano judicial tiene atribuidas las competencias para el control de la *constitucionalidad* de los acuerdos[134].

Una vez expresada la conveniencia sobre el texto del tratado, es decir, una vez *adoptado* el texto del tratado, concluye la fase de negociación. La segunda fase o fase intermedia del procedimiento de conclusión de tratados consiste en la *autenticación* del texto del tratado que implica la imposibilidad de alteración del texto. El artículo 10 de la Convención de Viena de 1969 establece varios procedimientos de autenticación entre los que prima el acuerdo entre los negociadores. En su defecto, la fijación como auténtico y definitivo del texto de un tratado se puede llevar a cabo mediante la firma, la firma *ad referéndum* o la rúbrica puestas por los representantes de los negociadores sobre el texto del tratado. En el caso de la Unión Europea, la autenticación, que en la inmensa mayoría de los

---

133 PARLAMENTO EUROPEO, *Fichas técnicas sobre la Unión Europea: la Unión Europea y sus socios comerciales*, puede consultarse en: http://www.europarl.europa.eu/atyourservice/es/displayFtu.html?ftuId=FTU_6.2.1.html, última consulta 05/03/2023.

134 MANGAS MARTÍN, A., LIÑÁN NOGUERAS, D. J., *Instituciones y Derecho de la Unión Europea, op. cit*, p. 586.

casos se produce a través de firma, es competencia del Consejo, tal y como se deriva del artículo 218.1 del TFUE[135].

Estrechamente relacionada con la fase de autenticación de los tratados se sitúa la figura de la *aplicación provisional* de los mismos[136]. Comoquiera que el procedimiento de celebración de los tratados, especialmente en el caso de la Unión Europea, requiere un largo periodo de tiempo, el artículo 25 de la Convención de Viena sobre el Derecho de los Tratados de 1969 prevé que las normas de un tratado, o parte de ellas, puedan aplicarse provisionalmente con anterioridad a su entrada en vigor definitiva si así lo convienen los negociadores. Dentro de la esfera convencional de la Unión Europea, la aplicación provisional supone una figura recurrente y la institución encargada de decidir si procede o no es, conforme al artículo 218.6 TFUE, el Consejo[137].

La última fase en la celebración de los tratados internacionales es, precisamente, la de celebración de los mismos, es decir, la manifestación del consentimiento en obligarse y la posterior entrada en vigor. Tradicionalmente, la manifestación del consentimiento se ha realizado en forma de ratificación, aunque actualmente se utilizan procedimientos abreviados como la firma, el canje de notas o instrumentos o nuevas fórmulas como la aceptación o la aprobación, así como la adhesión a un tratado multilateral. Por tanto, el Derecho de los tratados es

---

135 PASCUAL VIVES, F. J., *El derecho de los tratados en la jurisprudencia comunitaria*, Tirant lo Blanch, Valencia, 2009, p. 62.

136 ANDRÉS SÁENZ DE SANTAMARÍA, P., "The European Union and the Law of Treaties: a fruitful relationship", *European Journal of International Law, op. cit.*, pp. 726 ss.

137 A este respecto me remito a otro trabajo previo de la profesora Paz Andrés, ANDRÉS SÁENZ DE SANTAMARÍA, P., "La Unión Europea y el Derecho de los tratados: una relación compleja", *Revista Española de Derecho Internacional*, vol. 62, nº 2, 2016, pp. 51-102, pp. 64 ss.

flexible en cuanto a las formas de prestación del consentimiento definitivo, circunstancia que se consagra en el artículo 11 de la Convención de Viena de 1969[138].

Dentro de la Unión Europea, el encargado de la prestación del consentimiento es, igualmente, el Consejo, si bien, como he adelantado, necesita contar con la intervención del Parlamento Europeo, ya sea mediante su aprobación o con el recurso a su consulta preceptiva pero no vinculante. En efecto, el control parlamentario referente a la actividad convencional de la Unión depende en gran medida de la calificación de los acuerdos internacionales, ya que, en función de cómo se califique un tratado determinado, variará el nivel de control parlamentario sobre el mismo, y respecto a la cual nada se prevé en el TFUE[139].

Es más, la calificación también puede afectar a la consideración de las competencias sobre las que versa el tratado como exclusivas y no compartidas, de tal suerte que no sea preciso contar con el consentimiento de los Estados miembros, de conformidad con sus derechos internos, con la consiguiente simplificación del procedimiento. Siguiendo una interpretación semejante a lo previsto en las constituciones nacionales, que atribuyen la calificación de los tratados a los gobiernos y a los Consejos de Estado, podríamos concluir que

---

138 El artículo 11 de la Convención de Viena sobre el Derecho de los Tratados, intitulado *formas de manifestación del consentimiento en obligarse por un tratado,* dispone: "El consentimiento de un Estado en obligarse por un tratado podrá manifestarse mediante la firma, el canje de instrumentos que constituyan un tratado la ratificación, la aceptación, la aprobación o la adhesión, o en cualquier otra forma que se hubiere convenido".

139 PASCUAL VIVES, F. J., *El derecho de los tratados en la jurisprudencia comunitaria, op. cit.*, pp. 90 ss.

la labor de calificación corresponde al Consejo, a pesar de su posible supervisión por el Tribunal de Justicia.

Al entrar en esta fase final, puede que no se hayan comprobado todos los vicios de forma o de fondo, siendo relevante la elección del título jurídico que sirve de fundamento del acto interno de manifestación del consentimiento, por cuanto unos u otros títulos pueden alterar el reparto de las competencias con los Estados o alterar el procedimiento o los sistemas de votación[140]. A este respecto, el Tribunal de Justicia ha afirmado que "la elección de la base jurídica adecuada para la adopción de un acto debe fundarse en elementos objetivos tales como el objeto y el contenido del acto. Dado que las distintas bases jurídicas pueden ser incompatibles entre sí, debido a los procedimientos de decisión que implican, para determinar la base jurídica adecuada es necesario referirse al 'centro de gravedad' del acto que se adopte"[141]. En principio, un acuerdo con un vicio como el mencionado podría resultar en una resolución judicial que declarase la nulidad del acuerdo o del acto interno de celebración, de modo que la Unión Europea podría verse obligada a la denuncia del mismo, si bien la jurisprudencia y la práctica han apuntado a la convalidación de este tipo de vicios en virtud del principio de estabilidad de las relaciones convencionales[142].

---

140 FERNÁNDEZ LIESA, C. R., "La Unión Europea como sujeto de la Comunidad Internacional", en BENEYTO PÉREZ, J. M. (ed.), *Tratado de Derecho y Políticas de la Unión Europea. Tomo IX. Acción exterior de la UE, op. cit.*, p. 63.

141 Sentencia del Tribunal de Justicia de las Comunidades Europeas de 29 de abril de 2004, Comisión c. Consejo, C-338/01, ECLI:EU:C:2004:253, p. 4866, para. 23.

142 Véase al respecto PASCUAL VIVES, F. J., *El derecho de los tratados en la jurisprudencia comunitaria, op. cit.*, pp. 95 ss.

Con la prestación del consentimiento por parte del Consejo concluye el procedimiento de celebración de tratados internacionales por la UE. Ahora bien, el TJUE también mantiene una posición determinante en este procedimiento en el marco del control jurisdiccional que le atribuye el artículo 218.11 TFUE, en virtud del cual "un Estado miembro, el Parlamento Europeo, el Consejo o la Comisión podrán solicitar el dictamen del Tribunal de Justicia sobre la compatibilidad con los Tratados de cualquier acuerdo previsto. En caso de dictamen negativo del Tribunal de Justicia, el acuerdo previsto no podrá entrar en vigor, salvo modificación de éste o revisión de los Tratados".

Este artículo configura un control previo de "constitucionalidad" (*sic*) de los tratados internacionales mediante el cual el Tribunal valora la compatibilidad de los mismos con los Tratados Constitutivos. Dicho control es semejante al ejercido por los Tribunales Constitucionales en los Estados Miembros. Destaca su carácter previo, porque se ejerce antes de que se concluya y entre en vigor el tratado, y puede ser tanto intrínseco o material como extrínseco o formal, por cuanto ambos controles son incluibles dentro de la mención *compatibilidad*. Como ha afirmado el propio Tribunal de Justicia de la Unión Europea en su Dictamen 1/17, de 30 de abril de 2019, "*el hecho de que un acuerdo internacional celebrado por la Unión forme parte integrante del ordenamiento jurídico de esta supone que las disposiciones de dicho acuerdo deben ser plenamente compatibles con los Tratados y con los principios constitucionales que se derivan de ellos.* Al objeto de respetar la *autonomía constitucional del ordenamiento jurídico de la Unión* es necesario, por tanto, que los acuerdos internacionales que esta última celebre con Estados terceros no menoscaben el delicado equilibrio entre 'el origen internacional y la especificidad del Derecho de la Unión'"[143].

---

[143] Dictamen 1/17, de 30 de abril de 2019, ECLI:EU:C:2019:72, para. 64. La cursiva es mía.

Por otra parte, los sujetos legitimados para activar este control jurisdiccional son los Estados Miembros, la Comisión, el Consejo y el Parlamento Europeo. El resultado de este control jurisdiccional se produce en forma de dictamen que si es negativo impide la entrada en vigor del tratado, a no ser que se modifique el tratado o que se modifiquen los Tratados constitutivos, o puede provocar, como en el caso del Dictamen 2/2015 sobre el Acuerdo con Singapur, la necesaria ratificación del Tratado por cada uno de los Estados miembros[144].

Finalmente, conviene recordar que el Tribunal de Justicia de la Unión Europea también puede realizar un control *a posteriori* acerca de la compatibilidad de un acuerdo internacional con el Derecho primario. Las vías a través de las cuales se puede iniciar este control *a posteriori* fueron precisadas por el TJUE en el Dictamen 3/94[145] y son el recurso de anulación contra la decisión del Consejo de concluir el acuerdo internacional y la demanda sobre medidas provisionales en la que se incluya una solicitud de medidas cautelares. Por tanto, este control de *constitucionalidad* puede realizarse con carácter previo en el marco de la función consultiva del TJUE descrita y, también, *a posteriori* en el ejercicio de su competencia contenciosa a través de las vías de recurso establecidas, antes mencionadas[146].

---

144 Dictamen 2/2015, de 16 de mayo de 2017, para. 305.

145 Dictamen 3/94, de 13 de diciembre de 1995, p. 4577, para. 22.

146 MANGAS MARTÍN, A., LIÑÁN NOGUERAS, D. J., *Instituciones y Derecho de la Unión Europea, op. cit,* p. 587. Como señalan los profesores Mangas y Liñán, el control previo de la constitucionalidad ha tenido recientemente una especial relevancia como consecuencia del impacto del Dictamen 2/13 del Tribunal de Justicia en el que no apreció la compatibilidad entre el Proyecto de adhesión de la UE al Convenio Europeo de Derechos Humanos y el Derecho de la Unión Europea, paralizando el proceso de conclusión (Dictamen 2/13, de 18 de diciembre de 2014, ECLI:EU:C:2014:2454). A este respecto, véase MARTÍN Y PÉREZ DE NANCLARES. J., "El TJUE pierde el rumbo en el dictamen

2.3. La recepción de los tratados internacionales en el Derecho de la Unión Europea

Me propongo ahora tratar, sucintamente, el *sistema de recepción de los tratados internacionales, concluidos por la Unión, en el ordenamiento jurídico de la UE.* Dicho ordenamiento carece de una norma que establezca el sistema de recepción del derecho convencional. No obstante, desde los momentos iniciales de la integración europea, el Tribunal de Justicia ha venido afirmando la integración de los acuerdos internacionales en el Derecho de la Unión Europea, como hizo en su sentencia en el asunto Haegemann de 30 de abril de 1974 al declarar que, "*a partir de la entrada en vigor del Acuerdo, sus disposiciones forman parte integrante del ordenamiento jurídico comunitario*"[147].

A pesar de la ausencia de una norma que establezca el sistema de recepción del derecho convencional en el ordenamiento jurídico de la Unión, debe señalarse en este sentido el artículo 216.2 TFUE, en virtud del cual "*los acuerdos celebrados por la Unión vincularán a las instituciones de la Unión y a los Estados miembros*". Respecto a esta disposición creo pertinente citar al profesor Liñán Nogueras cuando argumenta que: "(...) la fórmula no es la mejor de las posibles, ya que, aunque establece con nitidez su 'obligatoriedad', no aclara su eventual integración en el orden jurídico de la Unión, ni su alcance en relación con la jerarquía ni sus posibles efectos en relación con los particulares"[148].

2/13: ¿merece todavía la pena la adhesión de la UE al CEDH?", *Revista de Derecho Comunitario Europeo*, vol. 19, nº 50, 2015, pp. 825-869.

147 Sentencia del Tribunal de Justicia de 30 de abril de 1974, R. & V. Haegeman contra Estado belga, o 181/73, ECLI:EU:C:1974:41, p. 239, para. 5. La cursiva es mía.

148 MANGAS MARTÍN, A. y LIÑÁN NOGUERAS, D. J., *Instituciones y Derecho de la Unión Europea, op. cit.*, p. 416.

A este respecto, ha de tenerse en cuenta que la ausencia de una norma de sumisión al Derecho Internacional General carece de significación singular en la medida en que en este ámbito el Derecho Internacional se impone a los Estados y a las organizaciones internacionales sin exigir una formulación expresa por cuanto su validez se incardina en el Derecho Internacional General y no en los ordenamientos constitucionales. De este modo, el sistema jurídico de la Unión está sujeto al Derecho Internacional General -en el ámbito de sus competencias- al igual que lo están todos los sujetos de este ordenamiento[149]. Cabe señalar al respecto que el Tribunal de Justicia suele recurrir a la Convención de Viena sobre el Derecho de los Tratados de 1969 como elemento interpretativo en tanto que norma de Derecho Internacional General, como hizo, entre otras, en su sentencia de 10 de diciembre de 2018 al declarar que "para el caso de que un tratado autorice la retirada de una Parte en virtud de sus disposiciones, el artículo 68 de la Convención de Viena establece, en términos claros e incondicionales, que las notificaciones de retirada previstas en los artículos 65 y 67 de dicha Convención podrán ser revocadas en cualquier momento antes de que surtan efecto"[150].

De aquí podemos concluir que el Derecho de la Unión Europea, respecto a la recepción de los tratados, sigue un sistema de *recepción automática* que no requiere de ningún acto de transformación ni ejecución, si bien la incorporación de la norma convencional en el DUE se produce a través de un acto jurídico interno, de carácter meramente instrumental, que no obstaculiza

---

149 ERLBACHER, F., "Article 216 TFEU", en KELLERBAUER, M., KLAMERT, M., TOMKIN, J. (eds.), *The EU Treaties and the Charter of Fundamental Rights: A Commentary, op. cit.*, pp. 1643-1652.

150 Sentencia del Tribunal de Justicia (Pleno) de 10 de diciembre de 2018, Asunto C-621/18, Wightman y otros, ECLI:EU:C:2018:999, para. 71.

la recepción automática[151]. En este sentido, el artículo 17.1 d) del Reglamento interno del Consejo obliga a la publicación de los acuerdos internacionales, incluyendo la fecha de su entrada en vigor, en el Diario Oficial de la Unión Europea[152].

Una vez integrados en el ordenamiento de la Unión, cabe preguntarse sobre el rango jerárquico que estos tratados tienen con respecto a los Tratados constitutivos de la Unión. Para responder a esta relación jerárquica hay que tomar en consideración, en primer lugar, el artículo 218.11 del TFUE[153], citado previamente, que contempla la posible solicitud previa a la entrada en vigor del acuerdo con terceros de un dictamen al TJUE para que se pronuncie sobre la compatibilidad del acuerdo con los Tratados y, más aún, la necesaria revisión con carácter previo de los Tratados constitutivos en caso de que el TJUE dictaminara la incompatibilidad.

Además de la posibilidad de solicitar un dictamen consultivo al TJUE, los Estados miembros y las instituciones legitimadas pueden interponer el recurso de anulación contra la decisión del Consejo de concluir el acuerdo e incluso solicitar medidas

---

151 MARTÍN MARTÍNEZ, M., "La acción exterior de la Unión Europea", en ALCAIDE FERNÁNDEZ, J., y CASADO RAIGÓN, R. (eds.), *Curso de Derecho de la Unión Europea*, Tecnos, Madrid, 2018, pp. 357-380, pp. 370-371.

152 Este precepto dispone: "1. Se publicarán en el *Diario Oficial de la Unión Europea* (denominado en lo sucesivo el 'Diario Oficial'), por mediación del Secretario General: d) los acuerdos internacionales celebrados por la Unión. Se consignará en el Diario Oficial la entrada en vigor de estos acuerdos".

153 Concretamente, dicho artículo dispone que "un Estado miembro, el Parlamento Europeo, el Consejo o la Comisión podrán solicitar el dictamen del Tribunal de Justicia sobre la compatibilidad con los Tratados de cualquier acuerdo previsto. En caso de dictamen negativo del Tribunal de Justicia, el acuerdo previsto no podrá entrar en vigor, salvo modificación de éste o revisión de los Tratados".

cautelares[154]. Así lo afirmó en el Dictamen 3/94 al declarar que "se puede solicitar el dictamen del Tribunal de Justicia en todo momento, antes de que la Comunidad haya expresado definitivamente su consentimiento en quedar vinculada por el acuerdo" y que, "mientras dicho consentimiento no haya tenido lugar, el acuerdo sigue siendo un acuerdo previsto"[155]. Por consiguiente, podemos concluir la supremacía de las normas constitutivas con respecto a los tratados internacionales celebrados por la Unión.

Con relación al posible *efecto directo* de un acuerdo internacional celebrado con un tercero, en principio, una vez integrado el acuerdo en el ordenamiento jurídico de la Unión Europea debería gozar del efecto directo si cumple las características de claridad, precisión e incondicionalidad[156]. No obstante, como reiteró el Tribunal de Justicia en su Sentencia de 12 de diciembre de 1995, la cuestión del efecto directo "de las disposiciones contenidas en un Acuerdo celebrado por la Comunidad con países terceros requiere invariablemente un análisis del espíritu, el sistema y la letra de dicho Acuerdo"[157].

Un último problema relativo a la recepción en el Derecho de la Unión Europea de normas internacionales parece estar surgiendo a propósito del valor de los actos de los órganos de las organizaciones internacionales, problema que se viene

---

154 DÍEZ-HOCHLEITNER, J., *La posición del Derecho Internacional en el Ordenamiento Comunitario, op. cit.*, pp. 72-75.

155 Dictamen del Tribunal de Justicia 3/94, de 13 de diciembre de 1995, ECLI:EU:C:1995:436, p. 4595, para. 14.

156 MANGAS MARTÍN, A., "Algunos aspectos del Derecho derivado en el Tratado de Lisboa: categorización de los actos, indeterminación de los tipos de actos, bases jurídicas y jerarquía", *Revista General de Derecho Europeo,* vol. 18, 2009, pp. 25-28.

157 Sentencia de 12 de diciembre de 1995, *Administración de Finanzas del Estado y Chiquita Italia S.P.A.*, C-469/93, ECLI:EU:C:1995:435, para. 25.

resolviendo con la teoría de la asimilación de su valor jurídico al del tratado constitutivo que le sirve de fundamento[158]. Ahora bien, la cada vez mayor participación de la Unión Europea en las organizaciones internacionales puede dar lugar al aumento de esta problemática.

2.4. Clasificación de los tratados internacionales celebrados por la Unión Europea

La Unión Europea, en tanto que sujeto de Derecho Internacional Público, ha celebrado una gran cantidad de tratados internacionales de muy diversa índole. Tan solo en el marco de la Política Comercial Común y a título ilustrativo, la Unión Europea ha celebrado, hasta la actualidad, un total de 1234 acuerdos internacionales[159].

En este apartado que da cierre al primer capítulo de esta obra, realizaré una clasificación de los tratados internacionales celebrados por la Unión Europea, tras la cual haré una breve reseña de alguno de los más significativos adoptados recientemente o en negociación actualmente. Posteriormente, se tratará de delimitar los acuerdos de asociación con respecto a los acuerdos comerciales para, reglón seguido, analizar los

---

158 Véase WESEL, R., A., y BLOCKMAN, S., "The legal status and influence of decisions of international organizations and other bodies in the European Union", en EECKHOUT, P., LÓPEZ ECUDERO, M. (eds.), *The European Unión's External Action in Times of Crisis*, Hart Publishing, Portland, 2016, pp. 223-248.

159 Cifra actualizada en el momento de la redacción de estas líneas y extraída de https://eur-lex.europa.eu/search.html?DTS_SUBDOM=INTER_AGREE&dom=INTER_AGREE&lang=es&type=advanced&qid=1678114900800&SUBDOM_INIT=ALL_ALL&FM_CODED=AGREE_INTERNATION&CT_1_CODED=PCOM, última consulta 06/03/2023.

acuerdos internacionales concluidos por la Unión, aludiendo, en parte, a sus componentes históricos y económicos.

La clasificación de los tratados internacionales celebrados por la Unión Europea puede resultar una tarea compleja, sobre todo, si se tiene en cuenta la gran cantidad de acuerdos internacionales que ésta ha celebrado y su muy diversa índole[160]. Como señala el profesor Pastor Palomar, la complejidad del sistema comunitario conlleva la de la caracterización de la naturaleza de múltiples acuerdos internacionales, cuyos efectos dependen de la naturaleza del acuerdo internacional relevante[161].

En primer lugar, si se atiende al *tipo de competencia* en virtud de la que se concluye el acuerdo internacional podemos realizar una primera clasificación según la cual distinguiríamos entre acuerdos internacionales propios de la Unión y acuerdos mixtos. Los *acuerdos propios de la Unión Europea* son aquellos que la Unión celebra dentro de los ámbitos de sus competencias exclusivas. Un ejemplo de acuerdo propio sería el Acuerdo entre la Unión Europea y la República de Senegal para la colaboración en materia de pesca sostenible, de octubre de 2014[162]. En cuanto a los *acuerdos mixtos*, se celebran tanto por la Unión como por sus Estados miembros con un tercer Estado en el marco de las competencias compartidas entre la Unión y sus Estados miembros[163]. Constituiría un ejemplo de acuerdo mixto, de índole política, el Acuerdo de diálogo político y de

---

160 PASTOR PALOMAR, A., "Efectos de los acuerdos internacionales en el derecho de la UE: práctica reciente y perspectiva de España", en BENEYTO PÉREZ, J. M. (ed.), *Tratado de Derecho y Políticas de la Unión Europea. Tomo IX. Acción exterior de la UE, op. cit.*, pp. 81-132, p. 108.

161 *Ibidem*, p. 129.

162 *DOUE*, L 304/3, de 23 de octubre de 2014.

163 Véase en este sentido MARTÍNEZ CAPDEVILA, C., *Los acuerdos internacionales de la Unión Europea en el tercer pilar*, Thomson Civitas, Madrid, 2009.

cooperación entre la Unión Europea y sus Estados Miembros, por un lado, y la República de Cuba, por otro, de diciembre de 2016[164].

De este modo, la existencia de los acuerdos mixtos se justifica principalmente desde el prisma jurídico por cuanto el contenido del acuerdo internacional guarda relación con los ámbitos competenciales de la Unión y también con competencias de los Estados miembros, por lo que resulta inevitable la participación conjunta de ambos. De acuerdo con la jurisprudencia del Tribunal de Justicia, el recurso a los acuerdos de carácter mixto se justifica cuando el contenido material del acuerdo afecta a competencias de la Unión Europea y a competencias de sus Estados Miembros y, asimismo, cuando la financiación en dicho acuerdo requiere una contribución de los Estados miembros que, consecuentemente, deberán participar en la celebración del acuerdo[165].

Por otra parte, en *función del número de partes o contratantes en el tratado*, los acuerdos pueden ser bilaterales o multilaterales. Sobre este particular, la mayoría de los acuerdos internacionales que celebra la Unión son *bilaterales*, si bien la Unión también es parte en un número considerable de acuerdos *multilaterales*[166]. Las razones que explican el diferente desarrollo de los tratados bilaterales y multilaterales pueden encontrarse en las particularidades de la capacidad

---

164 *DOUE*, L 337 I/3, de 13 de diciembre de 2016.

165 Véanse en este sentido los siguientes dictámenes del Tribunal de Justicia: Dictamen del Tribunal de Justicia de 15 de noviembre de 1994, ECLI:EU:C:1994:384; Dictamen del Tribunal de Justicia de 6 de diciembre de 2001, ECLI:EU:C:2001:664; o Dictamen del Tribunal de Justicia de 4 de octubre de 1979, ECLI:EU:C:1979:224.

166 Pueden consultarse en https://policy.trade.ec.europa.eu/eu-trade-relationships-country-and-region/negotiations-and-agreements_es, última consulta 20/03/2023.

convencional de la Unión, que provoca una mayor comodidad en la celebración de tratados de carácter bilateral, dado que, al haber menos actores en presencia, puede más fácilmente promocionar sus valores e intereses y, al mismo tiempo, hacer valer, con mayor ahínco, su condición de potencia mundial, especialmente, en el ámbito comercial.

Hay quien, con razón, distingue entre *acuerdos de carácter global*, entre los que se incluirían los *acuerdos de asociación, los acuerdos comerciales o los acuerdos de cooperación*, y acuerdos circunscritos a *sectores comerciales específicos* como el textil, el pesquero, el aduanero, el científico, el tecnológico o el de los transportes[167]. De entre todos estos tratados me centraré en los primeros, los llamados globales, debido a su mayor trascendencia.

Comenzando por los acuerdos de asociación, su regulación se contiene en el artículo 217 TFUE, en virtud del cual la "Unión podrá celebrar con uno o varios terceros países o con organizaciones internacionales acuerdos que establezcan una asociación que entrañe derechos y obligaciones recíprocos, acciones comunes y procedimientos particulares". Estos acuerdos trascienden del ámbito estrictamente comercial y contribuyen al establecimiento de una estrecha cooperación económica que implica un apoyo financiero de la Unión al Estado con el que se celebra el acuerdo a través de la creación de una estructura institucional. En otras palabras, los acuerdos de asociación se tratan "de un acuerdo de asociación por el que se establecen vínculos particulares y privilegiados con un tercer Estado que, cuando menos parcialmente, debe participar en el régimen comunitario, el artículo 238 debe necesariamente

---

167 PALOMARES AMAT, M, SÁNCHEZ SÁNCHEZ, V. M., "Fuentes del Derecho de la Unión (I): Tratados, principios generales y Acuerdos internacionales", en SÁNCHEZ SÁNCHEZ, V. M. (ed.), *Derecho de la Unión Europea*, Huygens, Barcelona, 2017, pp. 143-158, pp. 155-157.

otorgar a la Comunidad competencia para contraer compromisos frente a terceros Estados en todos los ámbitos cubiertos por el Tratado"[168].

La conclusión de acuerdos de asociación ha tenido finalidades distintas como preparar una futura adhesión a la UE (como en el caso del Acuerdo entre España y la Comunidad Económica Europea, de junio de 1970[169]) o, también, establecer relaciones privilegiadas que incluyan cláusulas de cooperación económica, financiera, social y cultural (por ejemplo, acuerdos con el Grupo ACP -África, Caribe y Pacífico-)[170]. Incluso algunos autores incluyen en los acuerdos de asociación los acuerdos concluidos en el marco de la Política Europea de Vecindad, entre los que se encuentra el Acuerdo entre la Unión Europea y Ucrania. Como se desarrollará al final de este apartado, los acuerdos de asociación se celebran con cuatro fines principales, a saber: 1) el establecimiento de relaciones con Estados que pueden llegar a ser miembros de la UE; 2) el refuerzo de los vínculos históricos, políticos o económicos con algunos Estados en vías de desarrollo; 3) la más estrecha relación con los países norteafricanos mediterráneos; o, en fin, 4) el establecimiento de relaciones preferentes con Estados de otras regiones del mundo[171].

---

168 Sentencia del TJCE de 30 de septiembre de 1987, asunto 12/86, *Meryem Demirel* c. *Ville de Schwäbisch Gmünd*, ECLI:EU:C:1987:400, Rec. 1987, p. 3751, para. 9.

169 *BOE*, núm. 225, de 19 de septiembre de 1970, pp. 15432-15439.

170 PALOMARES AMAT, M, SÁNCHEZ SÁNCHEZ, V. M., "Fuentes del Derecho de la Unión (I): Tratados, principios generales y Acuerdos internacionales", en SÁNCHEZ SÁNCHEZ, V. M. (ed.), *Derecho de la Unión Europea, op. cit.*, p. 156.

171 Véase PARLAMENTO EUROPEO, *Fichas temáticas sobre la Unión Europea. La política europea de vecindad*, puede consultarse en https://www.europarl.europa.eu/factsheets/es/sheet/170/la-politica-europea-de-vecindad, última consulta 06/03/2023.

Una clase de acuerdos fundamental en el ejercicio de la capacidad convencional de la Unión la constituyen los *acuerdos comerciales*, cuya distinción con los acuerdos de asociación, como se viene señalando, es compleja[172]. Estos acuerdos constituyen el principal instrumento de la Política Comercial Común y están regulados en el artículo 207 TFUE, si bien, en ocasiones, se han concluido en forma de acuerdos mixtos con la consiguiente necesaria ratificación por la UE y por sus Estados miembros[173]. Este último es el caso del Acuerdo de Libre Comercio con Singapur y, tras la delimitación de competencias que realiza el TJUE en su Dictamen 2/2015, será el cauce que deberán seguir los acuerdos comerciales siempre que incluyan inversiones extranjeras distintas de las directas y un régimen de arreglo de controversias que sustraiga asuntos de la competencia de las jurisdicciones de los Estados miembros[174]. Comoquiera que estas dos materias suelen estar presentes en los acuerdos comerciales, tras este pronunciamiento será preceptiva la ratificación de los acuerdos comerciales que incluyan dichas materias no solo por la Unión sino también por sus Estados miembros.

---

172 BLANC ALTEMIR, A., "Introducción: la Unión Europea, adalid del libre comercio ante el neoproteccionismo de la era Trump", en BLANC ALTEMIR, A. (ed.), *La Unión Europea, promotora del libre comercio. Análisis e impacto de los principales acuerdos comerciales, op. cit.*, pp. 28 ss.

173 IRURETAGOIEÑA AGIRREZABALAGA, I., "La política de inversiones internacionales de la Unión Europea: a propósito de los fantasmas que habitan los nuevos tratados de libre comercio e inversión europeos", *Cursos de derecho internacional y relaciones internacionales de Vitoria-Gasteiz*, 2017, pp. 113-188.

174 Véase ORTIZ HERNÁNDEZ, E., "Los acuerdos UE-Singapur y UE-Vietnam", en BLANC ALTEMIR, A. (ed.), *La Unión Europea, promotora del libre comercio. Análisis e impacto de los principales acuerdos comerciales, op. cit.*, pp. 169-192.

Cabe señalar que la amplia concepción de la Política Comercial Común y su definición en el artículo 3 del TFUE como una competencia exclusiva de la Unión hace de estos acuerdos comerciales un instrumento esencial para comprender la capacidad convencional de la Unión Europea[175]. El acuerdo comercial más destacable a escala internacional en el que es parte la Unión Europea es el acuerdo por el que se establece la Organización Mundial del Comercio. A este acuerdo habría que añadir el conjunto de acuerdos multilaterales concluidos en su marco[176]: el Acuerdo general sobre aranceles aduaneros y comercio (por sus siglas en inglés, GATT), los Códigos antidumping y sobre subvenciones, el Acuerdo general sobre el comercio de servicios (por sus siglas en inglés, GATS) y los Convenios sobre los aspectos de los derechos de propiedad intelectual relacionados con el comercio (ADPIC).

Junto con estos acuerdos comerciales celebrados en el ámbito multilateral, la Unión Europea también concluye acuerdos comerciales bilaterales, si bien el recurso a los mismos se ha ido reduciendo en favor de otros acuerdos que vehiculan una cooperación más amplia, motivo por el que se han definido como acuerdos de cooperación celebrados de acuerdo con los artículos 207 y 352 del TFUE[177].

El último tipo de tratados internacionales globales concluidos por la Unión Europea comprende los *acuerdos de cooperación para el desarrollo*, previstos en los artículos 208 a 211 TFUE[178]. Estos tratados ocupan un lugar central en las políticas

---

175 HURTADO OCAÑA, I., "La Política Comercial Común", en BENEYTO PÉREZ, J. M. (ed.), *Tratado de Derecho y Políticas de la Unión Europea. Tomo IX. Acción exterior de la UE, op. cit.*, pp. 200 ss.

176 *Ibidem*, pp. 210 ss.

177 *Ibidem*, pp. 226 ss.

178 CANO LINARES, Mª Á., "La cooperación al desarrollo, cooperación técnica y ayuda humanitaria", en BENEYTO PÉREZ, J. M. (ed.), *Tra-*

exteriores de la Unión Europea, como lo demuestra su condición de mayor donante mundial de ayuda al desarrollo[179]. Estos acuerdos se celebraron inicialmente con los Estados de África, el Caribe y el Pacífico (países ACP), aunque la Unión ha ido ampliando progresivamente el campo y recientemente ha celebrado acuerdos de cooperación al desarrollo con unos 160 países de todo el mundo[180]. Estos acuerdos son diferentes a los acuerdos políticos que la Unión Europea concluye en el marco de la PESC y también a los acuerdos de cooperación económica, financiera y técnica, cuya regulación se contiene en el artículo 212.3 TFUE y que van más allá de las relaciones puramente comerciales, aunque con una intensidad menor que los acuerdos de asociación[181].

A lo largo del presente apartado realizaremos un sucinto recorrido por los acuerdos comerciales y de asociación que actualmente se encuentran en negociación o que ya ha concluido la Unión Europea. Y es que, en el marco de la actividad convencional de la Unión, los tratados comerciales ocupan un lugar preferente por cuanto la Unión mantiene relaciones comerciales con un gran número de países que se articulan en forma de tratados internacionales[182].

---

tado de Derecho y Políticas de la Unión Europea. Tomo IX. Acción exterior de la UE, op. cit., pp. 255-301, pp. 278 ss.

179 Dato extraído de: https://www.consilium.europa.eu/es/press/press-releases/2022/07/18/official-development-assistance-the-eu-and-its-member-states-remain-the-biggest-global-provider/, última consulta 07/03/2023.

180 *Ibidem.*

181 COMISIÓN EUROPEA, *Comprender las políticas de la Unión Europea, Cooperación internacional y desarrollo*, p. 3, puede consultarse en: https://european-union.europa.eu/priorities-and-actions/actions-topic/development-and-cooperation_es, última consulta 07/03/2023.

182 MOLINA DEL POZO, C. F., *Derecho de la Unión Europea. 2º Edición*, Colección Jurídica General, Editorial Reus, Madrid, 2015, p. 268.

Antes de adentrarnos en la especificación de cada uno de los acuerdos comerciales, es preciso traer a colación algunos datos económicos representativos de la enorme dimensión del potencial comercial de la Unión. Así, la Unión es la primera economía del mundo y representa más del 20% del producto interior bruto mundial[183].

Como se ponía de manifiesto en la introducción a esta obra, debido a la envergadura de su PIB y a la apertura de su mercado interior, cuyas exportaciones ascienden a 2.415.000 millones de euros y sus importaciones a 2.188.000 millones de euros, la Unión ha desempeñado un papel central en la configuración del sistema comercial internacional y de la Organización Mundial del Comercio. Por otra parte, la apertura económica ha traído consigo ventajas considerables para la Unión Europea, puesto que más de 30 millones de empleos en la UE dependen del comercio exterior y se espera que el 90% del crecimiento económico mundial en los próximos quince años se genere fuera de Europa. De aquí se deduce el carácter vital que tiene para la Unión la celebración de esta clase de acuerdos, dado que constituyen la mejor vía para mantener su actual posición económica y no quedar al margen del crecimiento económico que se producirá fuera de las fronteras de la Unión.

Dentro de estos tratados, quizás uno de los más relevantes es el aún en negociación acuerdo comercial con Estados Unidos[184]. Las directrices de las negociaciones se aprobaron en 2019, negociaciones que se encuentran

---

183 COMISIÓN EUROPEA, *EU trade relationships by country/region*, puede consultarse en https://policy.trade.ec.europa.eu/eu-trade-relationships-country-and-region/negotiations-and-agreements_es, última consulta 07/03/2023.

184 Véase https://comercio.gob.es/PoliticaComercialUE/AcuerdosComerciales/Paginas/estados-unidos.aspx, última consulta 07/03/2023.

actualmente suspendidas[185]. Por su parte, el Acuerdo Económico y Comercial Global de la Unión y sus Estados miembros con Canadá (*Comprehensive Economic and Trade Agreement* o *CETA,* por sus siglas en inglés), de octubre de 2016[186], supone un acuerdo comercial preferencial que incluye compromisos de liberalización en el comercio de bienes y servicios, además de incluir capítulos referidos a inversiones o compras públicas. Este tratado está siendo objeto de aplicación provisional desde febrero de 2017, tras su aprobación por el Parlamento Europeo el día 15 de dicho mes, respecto de las partes del acuerdo que son competencia exclusiva de la Unión Europea y no, obviamente, respecto a aquellas que afectan a competencias mixtas o compartidas para las que se requiere la ratificación por cada uno de los Estados miembros. Con otro importante país de este continente, México, se iniciaron las negociaciones en mayo de 2016, alcanzándose un principio de acuerdo en 2018, que aún no ha sido objeto de ratificación, y que sustituirá al previo acuerdo que entró en vigor en el año 2000[187].

Otra área geográfica con la que la Unión Europea mantiene importantes relaciones comerciales es Asia, dentro de la que podemos destacar los acuerdos que la Unión tiene concluidos o pretende concluir con la Asociación de Países del Sudeste Asiático (por sus siglas en inglés, ASEAN), con China, con Japón y con India.

---

185 *Ibidem.*

186 *DOUE,* L 11, de 14 de enero de 2017, p. 23. Puede consultarse íntegramente en https://policy.trade.ec.europa.eu/eu-trade-relationships-country-and-region/countries-and-regions/canada/eu-canada-agreement_en, última consulta 07/03/2023.

187 https://policy.trade.ec.europa.eu/eu-trade-relationships-country-and-region/countries-and-regions/mexico/eu-mexico-agreement_en, última consulta 07/03/2023.

Respecto a la ASEAN[188], la Unión Europea en un primer momento -abril de 2007- pretendió negociar un acuerdo comercial multilateral con siete de los Estados Miembros de la ASEAN. Sin embargo, las negociaciones se paralizaron en marzo de 2009 ante lo que el Consejo autorizó a la Comisión a que negociara bilateralmente, partiendo de las negociaciones que se habían producido con anterioridad en el marco multilateral, un acuerdo comercial con los principales países miembros de la ASEAN. Así, las negociaciones empezaron en marzo de 2010 con Malasia y Singapur, en 2012 con Vietnam (se espera que el acuerdo sea sometido a la aprobación por el Parlamento en la segunda mitad de 2017 y entre en vigor en 2018), en 2013 con Tailandia y en 2016 con Filipinas e Indonesia (cuyas negociaciones se retomarán en septiembre de 2017). De las negociaciones con los Estados miembros de esta organización internacional, se han concluido las mantenidas con Singapur y Vietnam, entrando en vigor dichos acuerdos en noviembre de 2019 y en agosto de 2020, respectivamente[189]. En 2019,

---

188 Siglas de *Association of Southeast Asian Nations* (Asociación de Países del Sudeste Asiático), integrada por los siguientes Estados: Brunei Darussalam, Camboya, Indonesia, Laos, Malaysia, Myanmar (Birmania), Filipinas, Singapur, Tailandia, Vietnam. La Unión y la ASEAN comenzaron a reunirse en el marco de cumbres hace cuarenta años. La ASEAN se creó en 1967 y es una entidad jurídica internacional desde la entrada en vigor de la Carta de la ASEAN el 1 de enero de 2009 que comenzó a reunirse con la entonces Comunidad Económica Europea hace 40 años y que actualmente constituye el tercer mayor socio comercial de la Unión fuera de Europa. Puede consultarse en: https://www.eeas.europa.eu/asean/european-union-and-asean_en?s=47, última consulta 09/03/2023.

189 Puede consultarse en https://policy.trade.ec.europa.eu/eu-trade-relationships-country-and-region/countries-and-regions/indonesia/eu-indonesia-agreement_en, última consulta 09/03/2023.

la Unión Europea era el tercer mayor socio comercial de la ASEAN, tras China y Estados Unidos de América[190].

En cuanto a las negociaciones de un acuerdo comercial con China, el Consejo autorizó a la Comisión a retomarlas en octubre de 2013 para concluir un acuerdo de inversiones que sustituya a los 27 acuerdos existentes entre China y cada Estado Miembro, que suprima las barreras de acceso al mercado de la inversión y ofrezca protección a los inversores. El 30 de diciembre de 2020 la Unión Europea y China concluyeron un principio de Acuerdo Comprensivo sobre Inversiones (*Comprehensive Agreement on Investment*), que aún no ha sido objeto de ratificación[191].

Por su parte, en noviembre de 2012 comenzaron las negociaciones de un acuerdo comercial entre la Unión Europea y Japón, que concluyeron satisfactoriamente con la adopción de un Acuerdo de Asociación Económica que entró en vigor el 1 de febrero de 2019[192]. Este Acuerdo de Asociación Económica entre la UE y Japón ha eliminado la gran mayoría de los derechos de aduana para las empresas de la Unión, que ascienden a 1.000 millones de euros cada año, abriendo el mercado japonés a exportaciones agrícolas de la Unión y estableciendo normas más estrictas sobre derechos de los trabajadores, seguridad y protección del medio ambiente y de los consumidores.

---

190 Puede consultarse en https://asean.org/our-communities/economic-community/integration-with-global-economy/asean-eu-economic-relation/, última consulta 09/03/2023.

191 Puede consultarse en https://policy.trade.ec.europa.eu/eu-trade-relationships-country-and-region/countries-and-regions/china_en, última consulta 09/03/2023.

192 Puede consultarse en https://policy.trade.ec.europa.eu/eu-trade-relationships-country-and-region/countries-and-regions/japan/eu-japan-agreement_en, última consulta 09/03/2023.

Además, contiene un capítulo específico sobre el desarrollo sostenible y otorga una especial importancia a la protección de datos personales[193].

En cuanto a un posible acuerdo comercial con India, las negociaciones comenzaron en 2007 y se paralizaron en 2013 como consecuencia de las diferentes ambiciones de las partes respecto al contenido del tratado. El 17 de junio de 2022 la Unión Europea e India retomaron las negociaciones para concluir, de un lado, un acuerdo de libre comercio, y, del otro, un acuerdo de protección de inversiones y un acuerdo sobre indicaciones geográficas[194].

Una de las áreas en desarrollo con la que la Unión Europea también pretende concluir un gran acuerdo comercial es Latinoamérica. En ella, las negociaciones con MERCOSUR se iniciaron en 1999 con el propósito de concluir un amplio acuerdo de asociación sobre la base de tres pilares: dialogo político, cooperación y comercio[195]. Tras varios años de negociaciones, éstas se suspendieron en septiembre de 2004, principalmente por las diferencias en el capítulo de comercio[196]. En mayo de 2010, se reanudaron las negociaciones y el 28 de junio de 2019 se concluyó un acuerdo comercial entre la Unión Europea y los Estados Miembros del MERCOSUR. A título ilustrativo, puede señalarse que la Unión Europea es el primer socio comercial

---

193 Puede consultarse en https://ec.europa.eu/commission/presscorner/detail/en/IP_19_785, última consulta 09/03/2023.

194 Puede consultarse en https://policy.trade.ec.europa.eu/eu-trade-relationships-country-and-region/countries-and-regions/india/eu-india-agreement_en, última consulta 09/03/2023.

195 Mercado Común del Sur, integrado por Argentina, Brasil, Paraguay y Uruguay.

196 Puede consultarse en https://policy.trade.ec.europa.eu/eu-trade-relationships-country-and-region/countries-and-regions/mercosur/eu-mercosur-agreement_en, última consulta 09/03/2023.

del MERCOSUR, al que la UE exportó, en 2021, un total de 45.000 millones de euros en bienes y, en 2020, 17.000 millones de euros en servicios[197].

En este continente también puede señalarse el Acuerdo de Asociación entre la Unión Europea y los Estados centroamericanos: Panamá, Guatemala, Costa Rica, El Salvador, Honduras y Nicaragua. Este acuerdo de asociación ha sido objeto de aplicación provisional desde el 1 de agosto de 2013 para Honduras, Nicaragua y Panamá, desde el 1 de octubre de 2013 para Costa Rica y El Salvador y desde el 1 de diciembre de 2013 para Guatemala[198].

Finalmente, en esta área geográfica destaca el frustrado acuerdo comercial con la Comunidad Andina (integrada por Colombia, Bolivia, Ecuador y Perú), cuyas negociaciones comenzaron en mayo de 2007. Tras tres rondas de negociación fallidas, las Partes decidieron implementar un nuevo sistema de negociación, mediante el cual se admitió que los países andinos que lo desearan podrían negociar, de forma independiente, la parte comercial del Acuerdo de Asociación con la UE. Así, en marzo de 2010 se concluyó un acuerdo entre la Unión Europea, Colombia y Perú que se aplica provisionalmente con Perú desde el uno de marzo de 2013 y con Colombia desde el uno de agosto de ese mismo año[199]. El 1 de enero de 2017 Ecuador se adhirió a dicho acuerdo, posibilidad que está abierta al Estado de la Comunidad Andina que aún no es parte del mismo, a saber: Bolivia. Este acuerdo pretende la apertura gradual de

---

197 *Ibidem.*

198 Puede consultarse en https://policy.trade.ec.europa.eu/eu-trade-relationships-country-and-region/countries-and-regions/central-america_en, última consulta 09/03/2023.

199 Puede consultarse en https://policy.trade.ec.europa.eu/eu-trade-relationships-country-and-region/countries-and-regions/andean-community_en, última consulta 09/03/2023.

los mercados entre ambos y el aumento de la estabilidad y de la seguridad del comercio y de las inversiones.

En lo que respecta a las relaciones comerciales de la Unión Europea con los países ACP (África, Caribe y Pacífico), la Unión negocia con estos países acuerdos de asociación económica con los que pretende, además, incentivar el crecimiento económico de estos países en desarrollo[200] que, por otra parte, suponen el 5% de las importaciones y exportaciones de la Unión[201].

En primer lugar, en lo referido a los acuerdos con Estados del continente africano, las negociaciones para un Acuerdo de Asociación Económica se han mantenido con 16 Estados occidentales de África, particularmente con la Comunidad Económica de Estados de África Occidental (por sus siglas en inglés, ECOWAS) y con la Unión Económica y Monetaria del Oeste Africano (por sus siglas en inglés, WAEMU). De estas negociaciones, han fructificado los siguientes acuerdos:

1. Acuerdo de Asociación Preliminar con Costa de Marfil[202], que está siendo aplicado provisionalmente desde el 3 de septiembre de 2016;
2. Acuerdo de Asociación Económica con Gana[203], de julio de 2016, que está siendo aplicado provisionalmente desde el

[200] Véase: "EU Trade and Development Policy: 10 benefits of Economic Partnership Agreements (EPAs)", European Commission, de 28 de noviembre de 2016. Puede consultarse en: https://publications.europa.eu/es/publication-detail/-/publication/ece83404-abcb-11e6-aab7-01aa75ed71a1, última consulta 26/06/2017.

[201] http://trade.ec.europa.eu/doclib/docs/2009/september/tradoc_144912.pdf, última consulta 26/06/2017.

[202] *DOUE*, L 059, de 3 de marzo de 2009, pp. 3–273. Véase: http://trade.ec.europa.eu/doclib/docs/2017/february/tradoc_155315.pdf, última consulta 26/06/2017.

[203] *DOUE*, L 278, de 21 de octubre de 2016, p. 3.

15 de diciembre de 2016. Junto a los ya celebrados acuerdos de asociación económica con Gana y Costa de Marfil, la UE ha iniciado negociaciones para la consecución de un acuerdo de asociación económica con otros 14 países[204], la Comunidad Económica de Estados del Oeste de África (ECOWAS) y la Unión Económica y Monetaria del Oeste de África (WAEMU)[205].

3. Acuerdo de Asociación Económica con la Comunidad del Este Africano (integrada por Kenia, Burundi, Sudán del Sur, Ruanda, Tanzania, y Uganda) que ya ha sido adoptado (el 16 de octubre de 2014) y ratificado por Kenia y Ruanda en septiembre de 2016 pero no ha entrado en vigor[206];
4. Acuerdo de Asociación Económica (AAE) con Estados de la Comunidad para el Desarrollo del África Meridional (SADC) de 10 de junio de 2016[207], que aún no ha entrado en vigor. Este Acuerdo integra a Angola, Botsuana, Lesoto, Mozambique, Namibia, Sudáfrica y Eswatini (antigua Suazilandia)[208]. Los otros seis miembros de esta

---

204 Puede consultarse en https://policy.trade.ec.europa.eu/eu-trade-relationships-country-and-region/countries-and-regions/west-africa_en, última consulta 09/03/2023.

205 La ECOWAS está compuesta, además de por Costa de Marfil y Gana, por Benín, Burkina Faso, Cabo Verde, Gambia, Guinea, Guinea Bissau, Liberia, Mali, Níger, Nigeria, Senegal Sierra Leona y Togo. Por su parte, la WAEMU comprende a los ocho países siguientes: Benín, Burkina Faso, Costa de Marfil, Guinea Bissau, Mali, Níger, Senegal y Togo.

206 Puede consultarse en https://policy.trade.ec.europa.eu/eu-trade-relationships-country-and-region/countries-and-regions/east-african-community-eac_en, última consulta 09/03/2023.

207 *DOUE*, L 250, de 16 de septiembre de 2016, p. 3.

208 Puede consultarse en https://policy.trade.ec.europa.eu/eu-trade-relationships-country-and-region/countries-and-regions/

Comunidad -la República Democrática del Congo, Madagascar, Malawi, Mauricio, Zambia y Zimbabue- están negociando un acuerdo de asociación económica como partes de otros grupos regionales, en particular África Central o África Oriental y Meridional;

5. Precisamente con un Estado de África Central, con Camerún, se concluyó un Acuerdo de Asociación Económica, que fue aprobado por el Parlamento Europeo en junio de 2013 y ratificado por Camerún en julio de 2014[209]. Otros Estados de la región de África Central son República Africana Central, Chad, Congo, República Democrática del Congo, Guinea Ecuatorial, Gabón y Santo Tomé y Príncipe.
6. Además, la Unión mantiene relaciones comerciales con los Estados del este y sur africano, como Comoras (con el que mantiene un acuerdo interino de asociación económica que se aplica provisionalmente desde 2019), Djibouti, Eritrea, Etiopía, Seychelles (Estado con el que mantiene un acuerdo de asociación económica que se aplica provisionalmente desde 2012) y Sudán[210].

En lo relativo a las relaciones comerciales de la Unión Europea con el Caribe, en octubre de 2008 la Unión Europea y sus Estados miembros firmaron un Acuerdo de Asociación Económica con los Estados miembros del CARIFORUM[211], a saber:

---

southern-african-development-community-sadc_en, última consulta 09/03/2023.

209 *DOUE*, L 57, de 28 de febrero de 2009, p. 2.

210 Puede consultarse en https://policy.trade.ec.europa.eu/eu-trade-relationships-country-and-region/countries-and-regions/eastern-and-southern-africa-esa_en, última consulta 09/03/2023.

211 El Foro del Caribe es un subgrupo de la Organización de Estados de África, el Caribe y el Pacífico y sirve como base para el diálogo económico con la Unión Europea. Fue establecido en 1992. El

Antigua y Barbuda, Las Bahamas, Barbados, Belice, Dominica, Granada, Guyana, Jamaica, Santa Lucía, San Vicente y las Granadinas, Saint Kitts y Nevis, Surinam, Trinidad y Tobago y la República Dominicana[212]. Haití firmó el acuerdo en diciembre de 2009, aunque no lo está aplicando hasta tanto se produzca su ratificación.

En cuanto a los vínculos comerciales de la Unión Europea con los Estados del Pacífico, la Unión celebró un Acuerdo de Asociación Económica con determinados Estados del Pacífico (Papua Nueva Guinea, Fiji, Samoa y las Islas Salomón), acuerdo que fue ratificado por el Parlamento Europeo en enero de 2011 y por Papua Nueva Guinea en mayo de 2011[213]. A su vez, otros tres Estados están aplicando provisionalmente el acuerdo: Fiji (desde julio de 2014), Samoa (desde el 21 de diciembre de 2018) y las Islas Salomón (desde el 17 de mayo de 2020)[214].

---

acuerdo entre CARIFORUM y la Unión Europea se firmó en 2008. Éste incluye un acuerdo de libre comercio y disposiciones para el libre intercambio de servicios e inversiones. Su contenido sigue principalmente las normas de la Organización Mundial del Comercio (OMC) con respecto al estado de Nación más favorecida (si se concede a un país una ventaja especial se tiene que hacer lo mismo con todos los demás), especialmente en el sector de servicios agrícolas y financieros (incluidos los seguros y la banca).

212 Puede consultarse en https://policy.trade.ec.europa.eu/eu-trade-relationships-country-and-region/countries-and-regions/caribbean_en, última consulta 10/03/2023. El texto del acuerdo puede consultarse en *DOUE*, L 289/1/3, de 30 de octubre de 2008.

213 *DOUE*, L 272, 16 de octubre de 2009.

214 Puede consultarse en https://policy.trade.ec.europa.eu/eu-trade-relationships-country-and-region/countries-and-regions/pacific_en, última consulta 10/03/2023. Los Países ACP son: las Islas Cook, Fiji, Kiribati, las Islas Marshall, los Estados Federados de Micronesia, Nauru, Niue, Palau, Papua Nueva Guinea, Samoa, las Islas Salomón, Timor Leste, Tonga, Tuvalu y Vanuatu.

Además, resulta pertinente abordar las relaciones comerciales de la Unión con los países mediterráneos. Con estos Estados, la Unión Europea ha implementado una serie de acuerdos en el marco de la Política Europea de Vecindad (PEV) que, para esta área geográfica, ha supuesto principalmente la creación de la Unión por el Mediterráneo (UPM), la que constituye un foro intergubernamental con objeto de promover el dialogo y la cooperación con estos países mediterráneos. Esta engloba a los dieciséis Estados mediterráneos siguientes: Albania, Argelia, Bosnia y Herzegovina, Egipto, Israel, Jordania, Líbano, Macedonia del Norte, Mauritania, Montenegro, Mónaco, Marruecos, Palestina, Túnez y Turquía. La participación en la UPM de Siria está en suspenso desde el 1 de diciembre de 2011. Por su parte, Libia tiene en la UPM el estatuto de observador[215].

En aras de contribuir a una integración regional más amplia, la Unión Europea ha impulsado acuerdos de libre comercio entre los propios países de la región. En este sentido, ha promovido una amplia participación en el Sistema De Normas De Origen Preferenciales Paneuromediterráneas[216]. En este sistema participan: los Estados firmantes de la Declaración de Barcelona -Argelia, la Autoridad Palestina, Egipto, Israel, Jordania, Líbano, Marruecos, Siria, Túnez y Turquía-; las islas Feroe; los países de la Asociación Europea de Libre Comercio -Islandia, Liechtenstein, Noruega y Suiza-; los países de los Balcanes participantes en el Proceso de Estabilización y Asociación -Albania, Bosnia y Herzegovina, Macedonia del Norte, Montenegro, Serbia y Kosovo-[217]; y la de República de Moldavia, Georgia y Ucrania.

---

215 Puede consultarse en https://ufmsecretariat.org/who-we-are/member-states/, última consulta 10/03/2023.

216 http://eur-lex.europa.eu/legal-content/ES/TXT/?uri=URISERV%3Arx0014, última consulta 10/03/2023.

217 Puede consultarse en https://policy.trade.ec.europa.eu/eu-trade-relationships-country-and-region/countries-and-regions/western-balkans_en, última consulta 10/03/2023.

En el marco de los Acuerdos de Asociación con los países mediterráneos, se han emprendido negociaciones bilaterales con algunos de estos Estados del Mar Mediterráneo para complementar y expandir estos acuerdos hacia áreas como la agricultura, los estándares industriales, la solución de controversias, la prestación de servicios y la libertad de establecimiento. Algunas de estas negociaciones han concluido con éxito, mientras que otras continúan y, en determinados casos, serán absorbidas por las negociaciones que se llevan a cabo dentro de la *Deep and Comprehensive Free Trade Area* (DCFTA)[218]. Así, el 14 de diciembre de 2011, el Consejo autorizó a la Comisión para iniciar negociaciones bilaterales encaminadas a establecer un área de libre comercio con Egipto, Jordania, Marruecos y Túnez. Estas negociaciones empezaron a prepararse en 2012 y han comenzado formalmente con Marruecos, en marzo de 2013, con Egipto, en junio de 2013, y con Túnez, en octubre de 2015. En todo caso, la Unión Europea mantiene acuerdos de asociación con Egipto, en vigor desde 2004[219], con Túnez, en vigor desde 1998 (y un protocolo bilateral sobre arreglo de controversias que entró en vigor en septiembre de 2011)[220], con Marruecos, en vigor desde el 1 de marzo de 2000 (y un protocolo bilateral sobre arreglo de controversias, que entró en vigor en septiembre de 2012)[221], y con Jordania en vigor

---

218 Puede consultarse en https://trade.ec.europa.eu/access-to-markets/en/content/deep-and-comprehensive-free-trade-agreements, última consulta 10/03/2023.

219 Puede consultarse en https://policy.trade.ec.europa.eu/eu-trade-relationships-country-and-region/countries-and-regions/egypt_en, última consulta 10/03/2023.

220 Puede consultarse en https://policy.trade.ec.europa.eu/eu-trade-relationships-country-and-region/countries-and-regions/tunisia_en, última consulta 10/03/2023.

221 Puede consultarse en https://policy.trade.ec.europa.eu/eu-trade-relationships-country-and-region/countries-and-regions/morocco_en, última consulta 10/03/2023. Respecto de los acuerdos de la Unión Euro-

desde mayo de 2002 (y un protocolo bilateral estableciendo un mecanismo de arreglo de controversias en vigor desde 2011)[222].

Distinto al estatus de los socios comerciales de la Unión es el estatus especial que ostentan los países candidatos a la adhesión. Con ellos la Unión Europea mantiene negociaciones que superan ampliamente el marco de los acuerdos comerciales, en el entendido que su finalidad última es la adhesión[223]. Actualmente, los países oficialmente candidatos a la adhesión son Albania, Bosnia y Herzegovina, Moldavia, Montenegro, Macedonia del Norte, Serbia, Turquía y Ucrania y los potencialmente candidatos son Georgia y Kosovo[224]. De entre ellos, la Unión mantiene un acuerdo de asociación con Turquía (en vigor desde el 31 de diciembre de 1995)[225]. Con los países de los Balcanes que tienen el estatus de candidato a la adhesión la Unión Europea ha celebrado los llamados Acuerdos de Estabilización y Asociación[226], como los que mantiene con Albania

---

pea en el ámbito pesquero con Marruecos, véase HINOJO ROJAS, M., *¿Un paso más en la cooperación entre la Unión Europea y Marruecos? El nuevo Acuerdo de pesca de 2019*, Thomson Reuters Aranzadi, Pamplona, 2020.

222 Puede consultarse en https://policy.trade.ec.europa.eu/eu-trade-relationships-country-and-region/countries-and-regions/jordan_en, última consulta 10/03/2023.

223 CISNEROS CRISTÓBAL, P., "Los acuerdos de estabilización y asociación entre la Unión Europea y los Balcanes Occidentales", en BLANC ALTEMIR, A. (dir.), *Las relaciones comerciales de la Unión Europea con el resto del mundo. Un análisis desde la postpandemia y la agresión rusa a Ucrania, op. cit.*, pp. 197-216.

224 Puede consultarse en https://commission.europa.eu/strategy-and-policy/policies/eu-enlargement_es, última consulta 09/03/2023.

225 Véase https://policy.trade.ec.europa.eu/eu-trade-relationships-country-and-region/countries-and-regions/turkiye_en, última consulta 10/03/2023.

226 Véase https://policy.trade.ec.europa.eu/eu-trade-relationships-country-and-region/countries-and-regions/western-balkans_en, última consulta 10/03/2023.

(en vigor desde 2009), con Macedonia del Norte (en vigor desde 2004), con Montenegro (en vigor desde 2010), con Serbia (en vigor desde 2013), con Bosnia y Herzegovina (en vigor desde 2015)[227], con Georgia (en vigor desde 2016) y con Kosovo (en vigor desde 2016)[228].

Finalmente, un acuerdo distinto a los anteriormente señalados y único por el momento es el acuerdo que vincula a la Unión Europea con el Reino Unido de Gran Bretaña e Irlanda del Norte y que es resultado de la retirada de este último el 31 de enero de 2020 como Estado Miembro de la Unión Europea de acuerdo con lo dispuesto en el artículo 50 del Tratado de la Unión Europea[229]. En este sentido, la Unión Europea y el Reino Unido alcanzaron un acuerdo sobre su relación futura el 24 de diciembre de 2020, que firmaron como Acuerdo de Comercio y Cooperación el 30 de diciembre de 2020, que finalmente entró en vigor el 1 de mayo de 2021 después de su aprobación por el Parlamento Europeo[230]. Este acuerdo, a diferencia de los acuerdos previamente referidos, no aspira a la convergencia entre la Unión Europea y

---

227 *DOUE*, L 164, de 30 de junio de 2015, p. 2. Véase https://www.consilium.europa.eu/es/policies/enlargement/bosnia-herzegovina/#stabilisation, última consulta 10/03/2023.

228 Como se indica en los distintos documentos de la Unión Europea, la designación de Kosovo se hace sin perjuicio de su estatus, en línea con la Resolución 1244 del Consejo de Seguridad de las Naciones unidas y de la Opinión Consultiva dictada por la Corte Internacional de Justicia sobre la Declaración de Independencia de Kosovo.

229 Véanse SANTOS VARA, J., WESSEL, R. A. (eds.), *The Routledge handbook on the international dimension of Brexit*, Routledge, Londres, 2021, o, POLAK, P. R., "Understanding Art. 50 TEU in light of Brexit: an unrestricted right to withdraw?", en BAIGORRI JALÓN, J., ELVERT, J. (eds.), *La modernización y gobernanza del Proyecto Europeo en un marco plural con valores y objetivos compartidos*, Peter Lang, Berna, 2021, pp. 317-339.

230 Véase https://policy.trade.ec.europa.eu/eu-trade-relationships-country-and-region/countries-and-regions/united-kingdom/eu-united-kingdom-agreement_en, última consulta 10/03/2023.

Reino Unido, cubre una gran cantidad de aspectos, desde la pesca hasta la justicia y asuntos de interior, que van mucho más allá de los acuerdos de libre comercio habituales y, en fin, no tiene precedente dada la proximidad geográfica de Reino Unido y el alto grado de convergencia económica, política y, en suma, de mutua interdependencia.

Tras esta aproximación a las competencias exteriores de la Unión Europea, con particular referencia a su *ius ad tractatum*, y a partir del recorrido realizado por los distintos acuerdos celebrados con terceros por la Unión Europea, en los dos capítulos siguientes de esta obra se estudiará cómo se promueven y proyectan hacia el exterior en dichos acuerdos los valores y los objetivos de la Unión Europea. Así, en el capítulo segundo, se analizará el modo en que la UE promueve sus valores mediante la inclusión en estos tratados de cláusulas que obligan al tercer Estado a respetar tanto los derechos humanos y la democracia como el Estado de Derecho. Por otra parte, en el capítulo tercero y último, se expondrá la manera en que la Unión Europea persigue fuera de sus fronteras algunos de sus objetivos, particularmente la cooperación al desarrollo y la protección y mejora de la calidad del medio ambiente, igualmente a través de la incorporación de cláusulas convencionales.

Capítulo segundo

Las cláusulas de derechos humanos y democracia y del respeto del estado de derecho en los tratados celebrados por la Unión Europea con terceros

A lo largo del capítulo previo se ha puesto de manifiesto la cantidad significativa de acuerdos comerciales, de acuerdos de asociación, de acuerdos mixtos y, en definitiva, de tratados internacionales celebrados por la Unión Europea. Asimismo, se ha evidenciado que los acuerdos comerciales tienen notables características comunes con los acuerdos de asociación que motivan, en muchas ocasiones, su confusión. En este sentido, resulta evidente que los acuerdos de asociación no responden a un modelo único debido a que las relaciones particulares que articulan varían según los casos y, por tanto, para diferenciarlos de los acuerdos comerciales podemos definirlos como aquellos acuerdos que están en la situación intermedia entre la adhesión (límite superior de esta delimitación) y el acuerdo comercial (límite inferior).

Con el propósito de delimitar los acuerdos comerciales respecto a los acuerdos de asociación resulta conveniente referirnos a uno de los rasgos definidores de los acuerdos comerciales, a saber, *su finalidad de servir de vehículo para el fomento de los valores y principios de la Unión.* De esta forma, se da cumplimiento al artículo 3 del Tratado de la Unión Europea, que establece que la Unión tiene por finalidad la promoción de sus valores[231], así

231 Artículo 3.1 del TUE, que dispone: "La Unión tiene como finalidad promover la paz, sus valores y el bienestar de sus pueblos".

como que, en sus relaciones con el resto del mundo, la Unión afirmará y promoverá sus valores[232]. Como he señalado, entre estos valores se encuentran tras la entrada en vigor del Tratado de Lisboa la democracia, los derechos humanos y el Estado de Derecho y entre los objetivos de la Unión cabe mencionar el desarrollo sostenible, la gobernanza, el comercio libre, justo y ético, la protección del medio ambiente, los derechos humanos y laborales, la salud y la protección de los consumidores, el bienestar animal y la protección de la diversidad cultural.

La consagración de la relevancia jurídica de los valores, no prevista inicialmente en los tratados constitutivos de las Comunidades Europeas, hunde sus raíces en el Consejo Europeo de Copenhague de 1973 que adoptó un documento sobre la identidad europea que hacía referencia al deseo de que los principios de la democracia representativa, el Estado de Derecho, la justicia social y la protección de los derechos fundamentales fuesen considerados como elementos consustanciales al proceso de integración europea[233]. Por tanto, la incorporación como valores de la Unión del principio democrático y del principio del Estado de Derecho se ha realizado progresivamente para lograr su consecución formal y material[234].

---

232 Artículo 3.5 del TUE, que dispone: "(E)n sus relaciones con el resto del mundo, la Unión afirmará y promoverá sus valores e intereses y contribuirá a la protección de sus ciudadanos. Contribuirá a la paz, la seguridad, el desarrollo sostenible del planeta, la solidaridad y el respeto mutuo entre los pueblos, el comercio libre y justo, la erradicación de la pobreza y la protección de los derechos humanos, especialmente los derechos del niño, así como al estricto respeto y al desarrollo del Derecho internacional, en particular el respeto de los principios de la Carta de las Naciones Unidas".

233 Declaración sobre la Identidad Europea, (Copenhague, 14-15 de diciembre de 1973).

234 Véase MARTÍN RODRÍGUEZ, P. J., *El Estado de Derecho en la Unión Europea*, Marcial Pons, Madrid, 2021.

Pues bien, como sostiene el profesor Martín y Pérez de Nanclares, la entrada en vigor del Tratado de Lisboa supone la incorporación de los valores "en un lugar de honor de los tratados constitutivos", por cuanto el TUE alude expresamente a la democracia, al respeto de los derechos humanos y al Estado de Derecho en su preámbulo, explicitando en su articulado el conjunto de sus valores en su artículo segundo[235]. Además del consabido mecanismo previsto en el artículo séptimo para la constatación del riesgo claro de violación grave o de la violación grave y persistente de los valores de la Unión[236], el Tratado de la Unión Europea incluye disposiciones sobre los principios democráticos (artículos 9 a 12), que detallan los principios de igualdad de los ciudadanos (artículo 9), democracia representativa (artículo 10), mecanismos de participación como la iniciativa legislativa ciudadana (artículo 11) y la contribución de los parlamentos nacionales (artículo 12)[237]. A mayor abundamiento, en lo relativo a la salvaguarda de los derechos humanos como valor de la Unión, el Tratado de Lisboa ha dispuesto -en el artículo 6 del TUE- el carácter jurídicamente vinculante de la Carta de Derechos Fundamentales de la Unión Europea

---

235 MARTÍN Y PÉREZ DE NANCLARES, J., "Valores y Tribunal de Justicia de la Unión Europea: jurisprudencia reciente en materia de estado de Derecho", en CORTÉS MARTÍN, J. M., PÉREZ-PRAT DURBÁN, L., *Un mundo en continua mutación: desafíos desde el Derecho internacional y el Derecho de la Unión Europea: Liber Amicorum Lucía Millán Moro, op. cit.*, pp. 721-742, p. 725.

236 MARTÍN Y PÉREZ DE NANCLARES, J., "La Unión Europea como comunidad de valores: a vueltas con la crisis de la democracia y del Estado de Derecho", *Teoría y Realidad Constitucional*, vol. 43, 2019, pp. 121-159.

237 Véase ANDRÉS SÁENZ DE SANTAMARÍA, P., "El Estado de Derecho en el sistema institucional de la Unión Europea: realidades y desafíos", en LIÑÁN NOGUERAS, D. J., MARTÍN RODRÍGUEZ, P. J. (dirs.), *Estado de Derecho y Unión Europea*, Tecnos, Madrid, 2018, pp. 129-156.

(apartado primero), ha establecido la obligación a la Unión de su adhesión al Convenio Europeo para la Protección de los Derechos Humanos y de las Libertades Fundamentales (apartado segundo) y ha mantenido la fórmula, resultante de la construcción pretoriana, del respeto a los derechos fundamentales como principios generales del derecho (apartado tercero)[238].

El respeto de los valores de la Unión, en la formulación actual de los tratados, constituye el cimiento del edificio jurídico de la Unión, y a los efectos de su control y garantía el Tribunal de Justicia de la Unión Europea es, sin duda, un actor importante desempeñando, como se ha afirmado, las funciones de una suerte de "Tribunal Constitucional" de la Unión[239]. Precisamente, el Tribunal de Justicia ha reafirmado en su jurisprudencia la relevancia y significación jurídicas de los valores, tanto en su manifestación interna (en el ordenamiento jurídico comunitario) como en su proyección hacia el exterior[240].

En el ámbito interno, en una reciente sentencia -dictada en un asunto sometido por Hungría contra el Parlamento y el Consejo a propósito del régimen general de condicionalidad para la protección del presupuesto de la Unión Europea y de la protección del presupuesto de la Unión en caso de vulneración de los

---

238 MARTÍN Y PÉREZ DE NANCLARES, J., "Valores y Tribunal de Justicia de la Unión Europea: jurisprudencia reciente en materia de estado de Derecho", en CORTÉS MARTÍN, y J. M., PÉREZ-PRAT DURBÁN, L. (dirs.), *Un mundo en continua mutación: desafíos desde el Derecho internacional y el Derecho de la Unión Europea: Liber Amicorum Lucía Millán Moro, op. cit.*, p. 725.

239 MILLÁN MORO, L., "El Tribunal de Justicia de las Comunidades Europeas como Tribunal Constitucional europeo", en CARMONA CONTRERAS, A. M. (coord.), *La Unión Europea en perspectiva constitucional*, Thomson Reuters Aranzadi, Pamplona, 2008, pp. 149-184.

240 Véase la Sentencia del Tribunal de Justicia de 22 de junio de 2021, Asunto C-872/19 P, Venezuela/Consejo, Afectación de un Estado tercero, ECLI:EU:C:2021:507.

principios del Estado de Derecho en los Estados miembros- el Tribunal de Justicia ha recordado que "los valores fundacionales de la Unión y comunes a los Estados miembros, contemplados en el artículo 2 TUE, incluyen los valores de respeto de la dignidad humana, libertad, democracia, igualdad, Estado de Derecho y respeto de los derechos humanos, en una sociedad caracterizada por la no discriminación, la justicia, la solidaridad y la igualdad entre mujeres y hombres" y, asimismo, que "el procedimiento del artículo 7 TUE tiene como finalidad permitir al Consejo sancionar la violación grave y persistente de los valores consagrados en el artículo 2 TUE, en concreto, para compeler al Estado miembro de que se trate a poner fin a dicha violación"[241]. En este sentido, el Tribunal de Justicia de la Unión Europea ha concluido que "el ámbito de aplicación del procedimiento del artículo 7 TUE comprende el conjunto de los valores consagrados en el artículo 2 TUE, mientras que el del procedimiento del Reglamento impugnado solo se refiere a uno de ellos, el valor del Estado de Derecho" y ha desestimado el recurso de anulación planteado por Hungría[242], lo que supone, en mi opinión, una nueva (la enésima) constatación de la significación jurídica de los valores *ad intra* y *ad extra*[243].

Pues bien, la fórmula que permite condicionar la aplicación de los acuerdos comerciales al cumplimiento de dichos valores europeos está constituida por las cláusulas de derechos humanos y democracia que se introducen en los acuerdos de libre comercio celebrados por la UE. A lo largo de este capítulo se estudiará la contribución a la promoción en el

---

241 Sentencia del Tribunal de Justicia de 16 de febrero de 2022, Asunto C-156/21, Hungría contra Parlamento Europeo y Consejo de la Unión Europea, ECLI:EU:C:2022:97, paras. 156 y 170.

242 *Ibidem*, para. 173.

243 Véase SCHORKPOF, F., "Value Constitutionalism in the European Union", *German Law Journal*, vol. 21, nº 5, 2020, pp. 956-967.

ámbito internacional de ciertos valores de la Unión Europea, en particular los relativos a la protección de los derechos humanos y de los principios democráticos (apartado primero) y al respeto del Estado de derecho (apartado segundo).

1. LA PROMOCIÓN DE LOS DERECHOS HUMANOS Y DE LOS PRINCIPIOS DEMOCRÁTICOS

1.1. Introducción: antecedentes de las cláusulas de derechos humanos y democracia

Un primer antecedente de estas cláusulas puede encontrarse en los Acuerdos de Yaundé[244], que regulaban las relaciones comerciales de la entonces Comunidad Económica Europea con las antiguas colonias francesas y belgas y solamente hacían referencia a los principios de las Naciones Unidas[245]. Sin embargo, la primera vez en la que se introdujeron estas cláusulas *stricto sensu* fue en el Convenio de Lomé IV de 1989[246] y, después, en el Acuerdo de Cooperación con Argentina[247], que entró en vigor en 1990. En este sentido,

---

244 Acuerdo de Yaundé I, de julio de 1963, *DOCE*, 93/1431, de 11 de junio de 1964; Acuerdo de Yaundé II, de julio de 1969, *DOCE*, L 282/2, de 28 de diciembre de 1970.
Conviene aclarar que tanto los Acuerdos de Yaundé como los Acuerdos de Lomé constituyen los antecedentes de la cooperación al desarrollo y, por tanto, se sitúan en un ámbito distinto al de los acuerdos comerciales *stricto sensu*.

245 NIEDRIST, G., "Las cláusulas de derechos humanos en los tratados de libre comercio de la Unión Europea", *Anuario Mexicano de Derecho Internacional*, vol. XI, 2011, pp. 463-485, p. 468.

246 *DOUE*, L 229, de 17 de agosto de 1991.

247 *DOUE*, L 295/67, de 26 de octubre 1990.

se puede constatar cómo el Acuerdo de Cooperación entre la Comunidad Económica Europea y los países parte de la Carta del Consejo de Cooperación para los Estados árabes del Golfo (Emiratos Árabes Unidos, Bahréin, Arabia Saudí, Omán, Catar y Kuwait), adoptado el 15 de junio de 1988, no incluye cláusula sobre la protección de los derechos humanos y la democracia[248].

Su inclusión respondió a la constatación, como consecuencia de los acontecimientos de Uganda en 1977 y de Yugoslavia en 1991, de la ausencia de un método seguro, rápido y eficiente para suspender relaciones comerciales con un tercer Estado (por ende, no miembro de la Unión Europea) en caso de violación, por parte de este último, de los derechos humanos[249].

Posteriormente, la necesaria consolidación de la democracia en los países de la Europa central y oriental y las perspectivas de democratización de una gran parte de América Latina y del continente africano crearon un nuevo impulso político que llevó a la Comisión Europea a emprender una importante iniciativa en la materia[250]. Así, el 25 de marzo de 1991 adoptó la "Comunicación sobre derechos humanos, democracia y política de cooperación al desarrollo"[251]. Un año

---

[248] Acuerdo de Cooperación entre la Comunidad Económica Europea, por una parte, y los países parte de la Carta del Consejo de Cooperación para los Estados árabes del Golfo (Emiratos Árabes Unidos, Bahréin, Arabia Saudita, Omán, Catar y Kuwait), por otra, *DOCE*, L 54/1, de 25 de febrero de 1989, pp. 3 ss.

[249] NIEDRIST, G., "Las cláusulas de derechos humanos en los tratados de libre comercio de la Unión Europea", *op. cit.*, p. 481.

[250] http://www.europarl.europa.eu/sides/getDoc.do?pubRef=-//EP//TEXT+REPORT+A6-2006-0004+0+DOC+XML+V0//ES, última consulta 26/06/2017.

[251] Comunicación de la Comisión al Consejo, al Parlamento Europeo y al Comité Económico y Social Europeo – Gobernanza y

después, el Consejo declaró que el respeto de los principios democráticos era una parte esencial de los acuerdos entre la Comunidad Europea y la Conferencia de Seguridad y Cooperación en Europa. Tras esta declaración, los acuerdos celebrados en 1992 entre la Comunidad Europea y los Estados bálticos y Albania contenían la llamada "cláusula báltica", por la cual era posible la suspensión inmediata del acuerdo en caso de violación de los derechos humanos. Dicha cláusula se remplazó por la conocida como "cláusula búlgara", que ampliaba el ámbito de aplicación y las posibles medidas, previendo el mantenimiento de un diálogo político y un mecanismo de conciliación, en lugar de la suspensión inmediata del acuerdo[252].

A partir de la publicación de la Comunicación, la inclusión de las cláusulas de derechos humanos en los nuevos acuerdos ha sido recurrente, como se pondrá de manifiesto en el epígrafe siguiente.

---

desarrollo, de 20 de octubre de 2003, COM (2003) 0615 final. En el anexo 2 de la misma se preveían una serie de medidas a adoptar en caso de violación de las cláusulas de derechos humanos, entre ellas: 1) modificación del contenido de los programas de cooperación o de los canales utilizados; 2) reducción de los programas de cooperación cultural, científica y técnica; 3) aplazamiento de la reunión de la Comisión mixta; 4) suspensión de los contactos bilaterales de alto nivel; 5) aplazamiento de nuevos proyectos; 6) negativa a responder a las iniciativas del asociado; 7) embargos comerciales; 8) suspensión de la venta de armas; 9) interrupción de la cooperación militar; 10) suspensión de la cooperación.

252 Puede consultarse en http://eur-lex.europa.eu/legal-content/ES/TXT/?uri=URISERV%3Ar10101, última consulta 19/04/2023.

1.2. Recorrido por las cláusulas de derechos humanos y democracia existentes en los acuerdos vigentes de la Unión Europea

Actualmente, las cláusulas para la salvaguarda de los derechos humanos forman parte de los acuerdos internacionales celebrados por la Unión Europea con más de 100 Estados[253]. A los efectos de sistematización y relación de las mismas se expondrán subdivididas en función de la década en las que fueron adoptados los tratados que las incluyen, toda vez que se advierten paralelismos importantes entre ellas según la *generación* en la que se formularon.

1.2.1. Las primeras cláusulas: los acuerdos celebrados por las Comunidades Europeas y sus Estados Miembros en los años 90

En primer lugar, resulta llamativo que el acuerdo de asociación con Azerbaiyán, adoptado el 22 de abril de 1996 y en vigor desde el 1 de julio de 1999, aunque incluye una cláusula para la protección de los derechos humanos, no se recoge en el articulado un mecanismo para la suspensión de la aplicación del acuerdo en caso de incumplimiento de dicha cláusula. En particular, la cláusula se contiene en el artículo segundo con el siguiente tenor literal: "*el respeto a la democracia, a los principios del Derecho internacional y a los derechos humanos,* tal como se definen en particular en la Carta de las Naciones Unidas, en el Acta final de Helsinki y en la Carta de París para una nueva

---

253 *Report on the human rights and democracy clause in European Union agreements* (2005/2057(INI)), de 23 de enero de 2006, puede consultarse en https://www.europarl.europa.eu/doceo/document/A-6-2006-0004_EN.html#:~:text=Since%20the%20early%201990s%20the,Agreements%20to%20the%20Cotonou%20Agreement., última consulta 19/04/2023.

Europa, *y también los principios de la economía de mercado*, entre otros los enunciados en los documentos de la Conferencia de Bonn de la CSCE, *forman la base de las políticas internas y externas de las Partes y constituyen elementos esenciales de la colaboración y del presente Acuerdo*"[254]. Esta condicionalidad se prevé como una declaración conjunta relativa al artículo 98 del Acuerdo, que contempla como una violación material del mismo "una violación de los elementos esenciales del Acuerdo enunciados en el artículo 2"[255]. Una fórmula prácticamente idéntica a la de este acuerdo es la contenida en el acuerdo de colaboración y de cooperación celebrado entre las Comunidades Europeas y la República de Uzbekistán, adoptado el 21 de junio de 1996 y en vigor desde el 1 de julio de 1999, cuyo artículo segundo es idéntico al del acuerdo con Azerbaiyán y su artículo 95 idéntico al 98 del acuerdo con Azerbaiyán, conteniendo igualmente una declaración conjunta relativa al artículo 95[256]. La misma consideración puede realizarse, entre otros, respecto

---

254 Acuerdo de colaboración y de cooperación entre las Comunidades Europeas y sus Estados miembros, por una parte, y la República Azerbaiyana, por otra, *DOCE*, L 246, de 17 de septiembre de 1999, pp. 3 ss. La cursiva es mía.

255 Esta declaración es la siguiente: "1. Las Partes acuerdan que, para los efectos de su interpretación correcta y su aplicación práctica, por 'casos de especial urgencia' incluidos en el artículo 98 del Acuerdo se entenderá casos de violación material del Acuerdo por una de las Partes. Una violación material del Acuerdo consistirá en: a) un rechazo del Acuerdo no sancionado por las normas generales del Derecho internacional, o b) una violación de los elementos esenciales del Acuerdo enunciados en el artículo 2. 2. Las Partes acuerdan que las 'medidas oportunas' mencionadas en el artículo 98 son medidas adoptadas de conformidad con el Derecho internacional. Si una Parte adopta una medida en un caso de especial urgencia, tal como se contempla en el artículo 98, la otra Parte podrá acogerse al procedimiento relativo a la resolución de controversias".

256 Acuerdo de Colaboración y de Cooperación por el que se establece una colaboración entre las Comunidades Europeas y sus Estados

del acuerdo de cooperación que celebró la Comunidad Europea y la República de Yemen (adoptado el 25 de noviembre de 1997 y en vigor desde el 1 de julio de 1998), el cual parte del respeto a los valores de la Unión como fundamento de la cooperación[257], incluyendo en su anexo I una declaración relativa al artículo 18 del acuerdo, que regula el incumplimiento del mismo, muy similar a las recientemente señaladas[258].

En la misma línea, un acuerdo adoptado un año antes, el 18 de julio de 1994 (y en vigor desde el 1 de abril de 1995), el acuerdo de cooperación celebrado entre la Comunidad Europea y Sri Lanka subraya la importancia de los valores de la Unión Europea aunque sin prever mecanismos de condicionalidad encaminados a la inaplicación del mismo en los supuestos de infracción de los mismos[259]. El artículo primero de

---

miembros, por una parte, y la República de Uzbekistán por otra, *DOCE*, L 229/3, de 31 de agosto de 1999.

257 Acuerdo de Cooperación entre la Comunidad Europea y la República del Yemen, *DOCE*, L 72/18, de 11 de marzo de 1998. El artículo primero del acuerdo dispone: "las relaciones entre las Partes y todas las disposiciones del propio Acuerdo se basan en el respeto de los principios democráticos y de los derechos humanos fundamentales enunciados en la Declaración Universal de los Derechos Humanos, que sirve de guía para las políticas interior y exterior de las Partes y constituye un elemento esencial del presente Acuerdo".

258 El inciso a) de dicha declaración interpretativa prevé que "a efectos de la interpretación y de la aplicación del presente Acuerdo, las Partes convienen en que se entenderá por 'casos particularmente urgentes', con arreglo al artículo 18 del Acuerdo, una violación sustancial del Acuerdo por una de las Partes. Una violación sustancial del Acuerdo consiste en: — una denuncia del Acuerdo no sancionada por las normas generales del Derecho internacional, o — la violación de los elementos esenciales del Acuerdo citados en el artículo 1".

259 Acuerdo de Cooperación entre la Comunidad Europea y la República Democrática Socialista de Sri Lanka para la colaboración y el

este acuerdo establece el *fundamento democrático de la cooperación* disponiendo que "los vínculos de cooperación entre la Comunidad y Sri Lanka y el presente Acuerdo en su totalidad, se basan en el respeto a los principios democráticos y los derechos humanos que inspiran las políticas interiores y exteriores tanto de la Comunidad como de Sri Lanka y que constituyen un elemento fundamental del Acuerdo". Como señalaba, ni con relación a la comisión mixta (artículo 20) ni en el precepto sobre entrada en vigor y prórroga (artículo 26) condicionan la vigencia del acuerdo al respeto a los principios democráticos y a los derechos humanos, si bien este último dispone que el acuerdo "se prorrogará de manera automática anualmente, salvo que una de las Partes contratantes lo denunciare seis meses antes de su fecha de expiración".

Similar a este último acuerdo en el sentido de la no inclusión de una cláusula de condicionalidad de la aplicación del mismo al respeto a los valores de la Unión Europea es el acuerdo de cooperación concluido entre la entonces Comunidad Europea y Nepal, adoptado el 20 de noviembre de 1995 y en vigor desde el 1 de junio de 1996[260]. Dicho acuerdo establece, como fundamento de la cooperación, que "el respeto de los derechos humanos y de los principios democráticos es el fundamento de la cooperación entre las Partes y de las disposiciones del presente Acuerdo, y constituye un elemento esencial del mismo" (artículo primero), mientras que en sus disposiciones finales sobre incumplimiento del acuerdo (artículo 18) o entrada en vigor y reconducción (artículo 22) no hacen una mención específica a la violación de la obligación de salvaguardar los derechos humanos y los principios democráticos. Muy similar a este acuerdo en el sentido comentado es el acuerdo marco de

desarrollo, *DOCE*, L, 85/32, de 19 de abril de 1995.

260 Acuerdo de Cooperación entre la Comunidad Europea y el Reino de Nepal, *DOCE*, L 137/15, de 8 de agosto de 1996.

cooperación que, el 23 de abril de 1993 (en vigor desde el 1 de mayo de 1998), celebraron la Comunidad Económica Europea y los países miembros del Acuerdo de Cartagena, entre ellos, Venezuela, en el cual se configura el *fundamento democrático de la cooperación* en su artículo primero, al establecer que "las relaciones de cooperación entre la Comunidad y el Pacto Andino y todas las disposiciones del presente Acuerdo se basan en el respeto de los principios democráticos y de los derechos humanos que inspiran las políticas internas e internacionales, tanto de la Comunidad como del Pacto Andino, y que constituyen un elemento fundamental del presente Acuerdo", sin que en las disposiciones finales se incluya una cláusula de derechos humanos y democracia similar a las estudiadas[261].

Tampoco incluye una cláusula de derechos humanos y democracia el Acuerdo Euromediterráneo celebrado con Túnez, adoptado el 17 de julio de 1995 y en vigor desde el 1 de marzo de 1998, en el que la única referencia a los derechos humanos se realiza en su preámbulo, que *considera* "la importancia que las Partes conceden al respeto a los principios de la Carta de las Naciones Unidas, y, en particular, al respeto a los Derechos Humanos y a las libertades políticas y económicas que constituyen la auténtica base de la asociación"[262].

Una fórmula más *clásica* se incluye en el acuerdo celebrado con el MERCOSUR (Argentina, Brasil, Paraguay y Uruguay),

---

261 Acuerdo Marco de Cooperación entre la Comunidad Económica Europea y el Acuerdo de Cartagena y sus países miembros, la República de Bolivia, la República de Colombia, la República del Ecuador, la República del Perú y la República de Venezuela, *DOCE*, L 127/11, de 29 de abril de 1998.

262 Acuerdo Euromediterráneo por el que se crea una asociación entre las Comunidades Europeas y sus Estados miembros, por una parte, y la República de Túnez, por otra, *DOCE*, L 97/2, de 30 de marzo de 1998.

adoptado el 15 de diciembre de 1995 y en vigor desde el 1 de julio de 1999, cuyo artículo primero (*fundamento de la cooperación*) prevé que "*el respeto de los principios democráticos y de los Derechos Humanos fundamentales*, tal y como se enuncian en la Declaración Universal de Derechos Humanos, inspira las políticas internas e internacionales de las Partes y *constituye un elemento esencial del presente Acuerdo*"[263]. Por su parte, el artículo 35, apartado segundo, completa la virtualidad de esta manifestación externa de los valores de la Unión Europea al disponer que "las Partes acuerdan, que por los términos 'caso de urgencia especial' contemplados en el apartado 1 de este artículo, se entiende un caso de ruptura material del Acuerdo por una de las

---

263 Acuerdo marco interregional de cooperación entre la Comunidad Europea y sus Estados miembros, por una parte, y el Mercado Común del Sur y sus Estados partes, por otra, *DOCE*, L 69, de 19 de marzo de 1996, pp. 4 ss. La cursiva es mía.
Idéntica fórmula se contiene en el artículo 1 del Acuerdo de cooperación entre la Comunidad Europea y el Reino de Camboya, *DOCE*, L 269, de 19 de octubre de 1999, pp. 18 ss., que dispone: "El respeto de los principios democráticos y los derechos humanos fundamentales, proclamados en la Declaración Universal de los Derechos Humanos, sustenta la política interior e internacional de la Comunidad y de Camboya y constituye un elemento esencial del presente Acuerdo". En este acuerdo de cooperación la condicionalidad al cumplimiento de esa cláusula está recogida en el artículo 19 del mismo, que establece "Cuando una de las Partes considere que la otra Parte ha incumplido una obligación del presente Acuerdo, podrá tomar las medidas adecuadas. Antes de proceder a ello, excepto en casos de especial urgencia, deberá proporcionar a la Comisión mixta toda la información pertinente necesaria para un examen detallado de la situación, con vistas a encontrar solución aceptable para las Partes. Al elegir las medidas, deberá darse prioridad a aquellas que alteren lo menos posible el funcionamiento del presente Acuerdo. Estas medidas deberán notificarse inmediatamente a la Comisión mixta y serán objeto de consultas en la misma si así lo solicitara la otra Parte".

dos Partes" y que "la ruptura material del Acuerdo consiste en: [...] b) una violación de los elementos esenciales del Acuerdo referidos en el artículo primero". Este acuerdo ha sido objeto de enmienda tras unas negociaciones concluidas el 28 de junio de 2019, enmienda que todavía no ha entrado en vigor[264]. Muy similar a este acuerdo en lo relativo a la promoción de los valores de la Unión a través de las cláusulas de derechos humanos y democracia es el que la Unión Europea y México celebraron el 8 de diciembre de 1997, en vigor desde el 1 de octubre de 2000[265]. Hasta tal punto es así que el artículo primero y el artículo 58, apartado segundo, de este último acuerdo son idénticos en su tenor literal a los artículos primero y 35, apartado segundo, del acuerdo entre la Comunidad Europea y el MERCOSUR.

En este orden de ideas, puede resultar llamativo que otro acuerdo de asociación concluido por la Unión Europea (entonces Comunidades Europeas), el celebrado con Israel el 20 de noviembre de 1995 y en vigor desde el 1 de junio de 2000, aunque establece el respeto a los valores de la Unión como un principio fundamental de las relaciones entre la Unión y dicho Estado, no incorpora en sus disposiciones finales una cláusula para condicionar la aplicación del acuerdo al respeto de dichos valores[266]. Así, el artículo segundo del acuerdo de asociación con Israel

---

264 COPPELLI ORTIZ, G., "Acuerdos de la Unión Europea con Chile y MERCOSUR", en BLANC ALTEMIR, A. (dir.), *Las relaciones comerciales de la Unión Europea con el resto del mundo. Un análisis desde la postpandemia y la agresión rusa a Ucrania, op. cit.*, pp. 375-389, pp. 382 ss.

265 Acuerdo de asociación económica, concertación política y cooperación entre la Comunidad Europea y sus Estados miembros, por una parte, y los Estados Unidos Mexicanos, por otra, *DOCE*, L 276/45, de 28 de octubre de 2000.

266 Acuerdo Euromediterráneo por el que se crea una asociación entre las Comunidades Europeas y sus Estados miembros, por una parte, y el Estado de Israel, por otra, *DOCE*, L 147/3, de 21 de junio de 2000.

dispone que "las relaciones entre las Partes, así como todas las disposiciones del presente Acuerdo, se fundamentan en el respeto de los principios democráticos y de los derechos humanos, que inspira sus políticas interiores y exteriores y constituyen un elemento esencial del presente Acuerdo".

Otro acuerdo similar al anterior, además de, entre otros, el concluido entre la Unión Europea y la República de Corea[267], es el celebrado entre la Unión Europea y Jordania el 24 de noviembre de 1997, en vigor desde el 1 de mayo de 2002[268]. De conformidad con dicho acuerdo, "las relaciones entre las Partes, así como todas las disposiciones del presente Acuerdo, se fundamentan en el respeto de los principios democráticos y de los derechos humanos fundamentales recogidos en la Declaración Universal de los Derechos Humanos, que inspira sus políticas interiores y exteriores y constituyen un elemento esencial del presente Acuerdo"[269]. De este modo, el respeto de los valores de la Unión se configura como un elemento esencial de este acuerdo de asociación. No obstante, no se prevé en el mismo una "cláusula de derechos humanos y democracia", sino que el acuerdo dispone en su artículo 104 que "cualquiera de las Partes podrá denunciar el presente Acuerdo mediante

---

267 Acuerdo Marco sobre comercio y cooperación entre la Comunidad Europea y sus Estados miembros, por una parte, y la República de Corea, por otra, *DOCE*, L 90/46, de 30 de marzo de 2001. Véase en particular su artículo primero que establece como *fundamento de la cooperación* "el respeto de los principios democráticos y de los derechos humanos, definidos en la Declaración Universal de los Derechos Humanos, informa la política nacional e internacional de las Partes y constituye un elemento esencial del presente Acuerdo".

268 Acuerdo Euromediterráneo por el que se crea una asociación entre las Comunidades Europeas y sus Estados miembros, por una parte, y el Reino Hachemita de Jordania, por otra, *DOCE*, 129/3, de 15 de mayo de 2002.

269 Artículo 2 del Acuerdo de asociación con Jordania, *ibidem*.

notificación a la otra Parte. El presente Acuerdo dejará de ser aplicable seis meses después de la fecha de dicha notificación".

Prácticamente idéntico al anterior es otro acuerdo de los llamados euromediterráneos, el adoptado el 26 de febrero de 1996 con Marruecos, en vigor desde el 1 de marzo del 2000, sobre el que se están llevando a cabo negociaciones para su enmienda desde el año 2013[270]. Dicho acuerdo replica el esquema de la asociación con Jordania anteriormente referida en lo relativo a los valores de la Unión, al prever en su artículo segundo el respeto de los principios democráticos y de los derechos humanos fundamentales como elementos esenciales del acuerdo, aunque no recoge como tal, al igual que el acuerdo anterior, una cláusula de derechos humanos y democracia. En su lugar, se limita a explicitar el derecho de las Partes a denunciar el acuerdo, dejando de aplicarse el mismo seis meses después de dicha denuncia[271].

Por otra parte, resulta interesante comprobar, a los efectos de la invocación de las cláusulas objeto de estudio, el Acuerdo de cooperación y colaboración celebrado por las Comunidades Europeas y la Federación de Rusia, adoptado el 24 de junio de 1994, que, sin perjuicio de lo que se señalará en el apartado tercero de este capítulo, entró en vigor el 1 de diciembre de

---

[270] Acuerdo Euromediterráneo por el que se crea una asociación entre las Comunidades Europeas y sus Estados miembros, por una parte, y el Reino de Marruecos, por otra, *DOCE*, L 70/2, de 18 de marzo de 2000. Sobre las negociaciones entre la Unión Europea y Marruecos para la adopción de un nuevo acuerdo véase https://policy.trade.ec.europa.eu/eu-trade-relationships-country-and-region/countries-and-regions/morocco_en, última consulta 13/04/2023.

[271] Así se recoge en el artículo 93 del Acuerdo de Asociación con Marruecos: "El presente Acuerdo se celebra por tiempo indefinido. Cualquiera de las Partes podrá denunciar el presente Acuerdo mediante notificación a la otra Parte. El presente Acuerdo dejará de ser aplicable seis meses después de la fecha de dicha notificación".

1997[272]. Dicho acuerdo configura como elemento esencial el respeto a dos valores de la Unión (la democracia y los derechos humanos) al disponer en su artículo segundo que "el respeto de los principios democráticos y los derechos humanos, tal como se definen en particular en al Acta final de Helsinki y en la Carta de París por una nueva Europa, constituye la base de las políticas internas y externas de las Partes y constituyen un elemento esencial de la colaboración y del presente Acuerdo". En el marco de las medidas que las Partes pueden adoptar en casos de incumplimiento de sus obligaciones derivadas del acuerdo, se prevén como casos de especial urgencia violación de los elementos esenciales del Acuerdo expuestos en el artículo 2 recientemente referido[273].

---

272 Acuerdo de Colaboración y Cooperación por el que se establece una colaboración entre las Comunidades Europeas y sus Estados miembros, por una parte, y la Federación de Rusia, por otra, *DOCE*, L 327/3, de 28 de noviembre de 1997.

273 Así se prevé en el artículo 107 del Acuerdo y en la declaración conjunta interpretativa relativa al mismo. El artículo 107 dispone: "1. Las Partes adoptarán cualquier medida general o específica necesaria para el cumplimiento de sus obligaciones en virtud del Acuerdo. Velarán por que se alcancen los objetivos fijados en el Acuerdo. 2. En caso de que una Parte considere que la otra Parte ha incumplido una obligación prevista en el Acuerdo, podrá tomar las medidas oportunas. Previamente, y excepto en casos de especial urgencia, facilitará al Consejo de Cooperación toda la información pertinente que sea necesaria para examinar detalladamente la situación con vistas a buscar una solución aceptable para las Partes. Al seleccionar esas medidas, habrá que dar prioridad a las que menos perturben el funcionamiento del Acuerdo. Estas medidas se notificarán inmediatamente al Consejo de Cooperación si así lo solicita la otra Parte". La Declaración conjunta relativa al artículo 107 establece: "Las Partes acuerdan de común acuerdo que, para los efectos de su interpretación correcta y su aplicación práctica, por 'casos de especial urgencia' incluidos en el artículo 107 del Acuerdo se entenderá casos de violación de fondo del Acuerdo por una de las Partes.

1.2.2. La evolución de estas cláusulas: las incluidas en los acuerdos celebrados por la Comunidad Europea en la década del 2000

En un sentido similar se recogen estas previsiones en el *acuerdo de asociación entre la Comunidad Europea y la República de Argelia,* adoptado el 22 de abril de 2002 y en vigor desde el 1 de septiembre de 2005[274]. Así, el artículo segundo de dicho acuerdo dispone que "*el respeto de los principios democráticos y de los derechos humanos fundamentales,* tal y como se enuncian en la Declaración Universal de Derechos Humanos, inspira las políticas internas e internacionales de las Partes y *constituye un elemento esencial del presente Acuerdo*"[275]. Además, el artículo 104, apartado segundo, de dicho acuerdo prevé que "si una de las Partes considera que la otra Parte no ha cumplido alguna de las obligaciones derivadas del presente Acuerdo, podrá tomar las medidas apropiadas". De este modo, se advierte la virtualidad de la cláusula de derechos humanos y democracia

---

Una violación material del Acuerdo consistirá en a) un rechazo del Acuerdo no sancionado por las normas generales de la legislación internacional; o b) una violación de los elementos esenciales del Acuerdo expuestos en el artículo 2".

274 Acuerdo Euromediterráneo por el que se establece una asociación entre la Comunidad Europea y sus Estados miembros, por una parte, y la República Argelina Democrática y Popular, por otra, *DOUE,* L 265/2, 10 de octubre de 2005.

275 Muy similar a esta cláusula de derechos humanos es la contenida en el artículo 2 del Acuerdo de Asociación con Egipto, que dispone que las relaciones entre las partes "se basarán en el respeto de los principios democráticos y de los derechos humanos fundamentales, enunciados en la Declaración Universal de los Derechos Humanos, que fundamenta sus políticas interior y exterior y constituye un elemento fundamental del presente Acuerdo", en Acuerdo Euromediterráneo por el que se establece una Asociación entre las Comunidades Europeas y sus Estados miembros, por una parte, y la República Árabe de Egipto, por otra, *DOUE,* L304/19, de 30 de septiembre de 2004, pp. 39 ss. La cursiva es mía.

y, también, cómo el respeto al Estado de Derecho no se incorporaba en este acuerdo.

De manera aún más clara, el *Acuerdo de Asociación entre los Estados de África, Caribe y el Pacífico y la Comunidad Europea*, adoptado el 23 de junio de 2000 y en vigor desde el 1 de abril de 2003, condiciona la aplicación del acuerdo al respeto de los derechos humanos[276]. Así, el artículo 9 de este acuerdo (*elementos esenciales y elemento fundamental*) establece que las partes "reiteran su profundo compromiso en pro de la dignidad humana y de los derechos humanos" que "son universales, indivisibles e interdependientes", "reafirman que la democratización, el desarrollo y la protección de las libertades fundamentales y derechos humanos son interdependientes y se refuerzan mutuamente", de modo que "*el respeto de los derechos humanos, de los principios democráticos y del Estado de derecho*, en que se fundamenta la Asociación ACP-UE, inspirará las políticas internas e

---

276 Acuerdo de Asociación entre los Estados de África, del Caribe y del Pacífico, por una parte, y la Comunidad Europea y sus Estados miembros, por otra firmado en Cotonú el 23 de junio de 2000, *DOCE*, L 317, de 15 de diciembre de 2000, pp. 3 ss. En este acuerdo son partes, además de los Estados miembros de la Unión Europea, los 78 Estados siguientes: Angola, Antigua y Barbuda, Bahamas, Barbados, Belice, Benín, Botsuana, Burkina Faso, Burundi, Cabo Verde, Camerún, República Centro Africana, Chad, Comoras, Congo, Islas Cook, República Democrática del Congo, Costa de Marfil, Djibouti, Dominica, República Dominicana, Guinea Ecuatorial, Eritrea, Etiopía, Fiji, Gabón, Gambia, Ghana, Granada, Guinea, Guinea-Bissau, Guyana, Haití, Jamaica, Kenia, Kiribati, Lesoto, Liberia, Madagascar, Malawi, Mali, Islas Marshal, Mauritania, Mauricio, Micronesia, Mozambique, Namibia, Nauru, Níger, Nigeria, Niue, Palau, Papua Nueva Guinea, Ruanda, Saint Kitts y Nieves, Santa Lucía, San Vicente y las Granadinas, Samoa, Santo Tomé y Príncipe, Senegal, Seychelles, Sierra Leona, Islas Salomón, Somalia, Sudáfrica, Sudán, Suriname, Suazilandia, Tanzania, Timor-Leste, Togo, Tonga, Trinidad y Tobago, Tuvalu, Uganda, Vanuatu, Zambia y Zimbabue.

internacionales de las Partes y constituirá *un elemento esencial del presente Acuerdo*"[277]. Pues bien, el artículo 96 de este acuerdo, sobre los *elementos esenciales procedimiento de consulta y medidas pertinentes respecto de los derechos humanos, los principios democráticos y el Estado de derecho*, establece que "si, a pesar del diálogo político regular entre las Partes, una de ellas considera que la otra Parte no ha cumplido una obligación derivada del respeto de los derechos humanos, los principios democráticos y el estado de derecho [...] proporcionará a la otra Parte y al Consejo de Ministros, excepto en caso de urgencia particular, los elementos de información pertinentes que sean necesarios para efectuar un examen minucioso de la situación con el fin de buscar una solución aceptable para las Partes", incluyéndose también un procedimiento de consultas a los efectos de solucionar la situación.

Otro acuerdo que también incluye una cláusula de derechos humanos y democracia es el de cooperación concluido entre Bangladesh y la Unión Europea, adoptado el 22 de mayo de 2000 y en vigor desde el 1 de marzo de 2001[278], cuyo artículo primero establece que el "respeto de los derechos humanos y de los principios democráticos, tal como están establecidos en la Declaración universal de los derechos humanos, inspira las políticas internas e internacionales de las Partes y constituye un elemento esencial del presente Acuerdo"[279]. El Anexo III

---

277 Artículo 9, apartado segundo del Acuerdo. La cursiva es mía.

278 Acuerdo de Cooperación entre la Comunidad Europea y la República Popular de Bangladesh sobre colaboración y desarrollo, *DOCE*, L 118, de 27 de abril de 2001, pp. 48 ss.

279 De manera interesante, este acuerdo incorpora un artículo 10 relativo al *desarrollo de los derechos humanos*: "Las Partes reconocen que el desarrollo de los recursos humanos forma parte integrante del desarrollo económico y social. Las Partes reconocen la necesidad de salvaguardar los derechos fundamentales de los trabajadores teniendo en cuenta los principios de los instrumentos pertinentes de la

de este acuerdo, que incluye una *Declaración interpretativa del artículo 16: incumplimiento del Acuerdo*, dispone que "a efectos de la interpretación y aplicación práctica del presente Acuerdo, las Partes acuerdan que los casos de especial urgencia contemplados en el artículo 16 del Acuerdo son los casos de violación sustancial del Acuerdo por una de las dos Partes. Una violación sustancial del Acuerdo consiste: — en la denuncia del Acuerdo no sancionada por las normas generales del derecho internacional, — en la violación de los elementos esenciales del Acuerdo establecidos en el artículo 1"[280].

De fecha de adopción similar, 24 de noviembre de 2001, en vigor desde el 1 de septiembre de 2004, el acuerdo de cooperación entre la Comunidad Europea y la República Islámica de Pakistán sobre colaboración y desarrollo también establece un esquema similar para la promoción de los valores de la Unión[281]. En este sentido, se establece como fundamento de la cooperación con este Estado "el respeto de los derechos humanos y de los principios democráticos, tal como están

---

Organización Internacional del Trabajo, incluidos los que afectan a la prohibición del trabajo forzado y del trabajo de los niños, la libertad de asociación, el derecho de organización y de negociación colectiva y el principio de no discriminación. Reconocen igualmente que el desarrollo de la educación y de las cualificaciones, junto con la mejora de las condiciones de vida de los grupos desfavorecidos de la población, especial mente de las mujeres, contribuirán a crear un clima económico y social favorable".

280 El inciso b) de esta declaración dispone lo siguiente: "Las Partes acuerdan que las 'medidas apropiadas' mencionadas en el artículo 16 son las medidas adoptadas de acuerdo con el Derecho internacional. Si una Parte adopta una medida en caso de especial urgencia en aplicación del artículo 16, la otra Parte podrá iniciar el procedimiento de solución de conflictos".

281 Acuerdo de Cooperación entre la Comunidad Europea y la República Islámica de Pakistán sobre colaboración y desarrollo, *DOUE*, L 378/23, de 23 de diciembre de 2004.

establecidos en la Declaración Universal de los Derechos Humanos, inspira las políticas internas e internacionales de la Comunidad y de la República Islámica de Pakistán", lo que "constituye un elemento esencial del presente Acuerdo"[282]. De este modo, aunque el Acuerdo incluye un precepto sobre el incumplimiento del mismo (artículo 19)[283], incorpora una declaración interpretativa respecto de dicha disposición en virtud de la cual se considera un caso de especial urgencia, es decir, una violación sustancial del acuerdo "la denuncia del Acuerdo no sancionada por las normas generales del Derecho internacional" y "la violación de los elementos esenciales del Acuerdo enunciados en el artículo 1"[284].

Otro de los acuerdos euromediterráneos -que tampoco incluye una cláusula de condicionalidad similar a las estudiadas- es el que instituye la asociación entre la Unión Europea y la República Libanesa, adoptado el 17 de junio de 2002 y

---

282 Artículo 1 del Acuerdo.

283 El artículo 19 (*incumplimiento del acuerdo*) dispone lo siguiente: "1. Si una de las Partes considera que la otra Parte no ha cumplido alguna de las obligaciones derivadas del presente Acuerdo, podrá adoptar las medidas apropiadas. 2. Con anterioridad, excepto en casos de especial urgencia, comunicará a la otra Parte toda la información necesaria para un examen detallado de la situación, con el fin de hallar una solución aceptable para las Partes. 3. En la elección de las medidas, se dará prioridad a aquellas que menos perturben el funcionamiento del presente Acuerdo. Estas medidas deberán notificarse inmediatamente a la otra Parte y serán objeto de consultas si la otra Parte así lo solicita".

284 La letra b de esta declaración interpretativa (anexo I del Acuerdo) completa esta fórmula estableciendo que "las Partes acuerdan que las 'medidas apropiadas' mencionadas en el artículo 19 son las medidas adoptadas de acuerdo con el Derecho internacional. Si una Parte adopta una medida en caso de especial urgencia en aplicación del artículo 19, la otra Parte podrá iniciar el procedimiento de solución de conflictos".

en vigor desde el 1 de abril de 2006, que, de manera muy similar al acuerdo inmediatamente anterior, dispone que "las relaciones entre las Partes, así como todas las disposiciones del propio Acuerdo, se basarán en el respeto de los principios democráticos y de los derechos humanos fundamentales, tal y como se enuncian en la Declaración Universal de los Derechos Humanos, que inspira las políticas internas e internacionales de las Partes y constituye un elemento fundamental del presente Acuerdo"[285].

En el marco de los acuerdos de asociación celebrados con los Estados candidatos a la adhesión a la Unión Europea, en los cuales la significación del respeto de los valores de la Unión Europea está especialmente presente, menciono, en primer lugar, el acuerdo concluido entre la UE y Montenegro el 15 de octubre de 2007 (en vigor desde el 1 de mayo de 2010)[286]. Su artículo segundo dispone que "*el respeto de los principios democráticos y de los derechos humanos* proclamados en la Declaración Universal de los Derechos Humanos y definidos en el Convenio Europeo para la Protección de los Derechos Humanos y de las Libertades Fundamentales, en el Acta final de Helsinki y en la Carta de París para una nueva Europa, *los principios de Derecho internacional y del Estado de Derecho, el respeto de los principios de Derecho Internacional,* incluida la plena cooperación con el Tribunal Penal Internacional para la antigua Yugoslavia (TPIY), así como *los principios de la economía de mercado* reflejados en el Documento de la CSCE de la Conferencia de Bonn sobre cooperación económica, constituirán la base de

---

285 Acuerdo Euromediterráneo de Asociación entre la Comunidad Europea y sus Estados miembros, por una parte, y la República Libanesa, por otra, *DOUE,* L 143/2, de 30 de mayo de 2006.

286 Acuerdo de Estabilización y Asociación entre las Comunidades Europeas y sus Estados miembros, por una parte, y la República de Montenegro, por otra, *DOUE,* L 108/3, de 29 de abril de 2010.

las políticas interior y exterior de las Partes y serán elementos esenciales del presente Acuerdo"[287]. Pues bien, con objeto de condicionar la aplicación del acuerdo al respeto a los valores de la Unión, el artículo 133 de este acuerdo prevé que "cualquiera de las Partes podrá suspender el presente Acuerdo, con efecto inmediato, en caso de incumplimiento por la otra Parte de *uno de los elementos esenciales* del presente Acuerdo"[288].

Con relación a la promoción de los valores de la Unión con Estados candidatos a la adhesión, debe ser mencionado el acuerdo de estabilización y asociación concluido con Serbia, de 29 de abril de 2008 y en vigor desde el 1 de septiembre de 2013[289]. Su artículo segundo prevé que "*el respeto de los principios democráticos y de los derechos humanos* proclamados en la Declaración Universal de los Derechos Humanos y definidos en el Convenio Europeo para la Protección de los Derechos Humanos y de las Libertades Fundamentales, en el Acta final de Helsinki y en la Carta de París para una nueva Europa, *los principios de Derecho internacional y del Estado de Derecho, el respeto de los principios de Derecho Internacional,* incluida la plena cooperación con el Tribunal Penal Internacional para la antigua Yugoslavia (TPIY), así como los principios de la economía de mercado reflejados en el Documento de la CSCE de la Conferencia de Bonn sobre cooperación económica, constituirán la base de las políticas interior y exterior de las Partes y serán elementos esenciales del presente Acuerdo"[290]. Con una clara formulación, este acuerdo prevé que cualquiera de las Partes "podrá suspender el presente

---

[287] La cursiva es mía.

[288] La cursiva es mía.

[289] Acuerdo de Estabilización y Asociación entre las Comunidades Europeas y sus Estados miembros, por una parte, y la República de Serbia, por otra, *DOUE*, L 278/16, de 18 de octubre de 2013.

[290] La cursiva es mía.

Acuerdo, con efecto inmediato, en caso de incumplimiento por la otra Parte de uno de los elementos esenciales del presente Acuerdo", por lo que queda patente el carácter fundamental que tiene el respeto de los valores de la Unión para la aplicación de este acuerdo puesto que su violación habilita a la suspensión inmediata del acuerdo[291]. Se advierte aquí nuevamente la técnica legislativa que permite articular las cláusulas de derechos humanos y democracia.

Otra de las cláusulas de suspensión de la aplicación de un acuerdo concluido por la Unión Europea con un Estado tercero es la que se incluye en el Acuerdo de estabilización y asociación con Bosnia y Herzegovina, adoptado el 16 de junio de 2008 y en vigor desde el 1 de junio de 2015[292]. El artículo 2 de dicho acuerdo configura como principios generales "el *respeto de los principios democráticos y de los derechos humanos* proclamados en la Declaración Universal de los Derechos Humanos y definidos en el Convenio para la Protección de los Derechos Humanos y de las Libertades Fundamentales, en el Acta Final de Helsinki y en la Carta de París para una nueva Europa, los principios de Derecho internacional *y del Estado de Derecho, el respeto de los principios de Derecho Internacional, incluida la plena cooperación con el Tribunal Penal Internacional para la antigua Yugoslavia (TPIY),* así como los principios de la economía de

291 Así se recoge en el artículo 133 de este Acuerdo, que establece lo siguiente: "El presente Acuerdo se celebra por tiempo ilimitado. Cualquiera de las Partes podrá denunciar el presente Acuerdo mediante notificación a la otra Parte. El presente Acuerdo dejará de tener efecto seis meses después de la fecha de dicha notificación. Cualquiera de las Partes podrá suspender el presente Acuerdo, con efecto inmediato, en caso de incumplimiento por la otra Parte de uno de los elementos esenciales del presente Acuerdo".

292 Acuerdo de Estabilización y Asociación entre las Comunidades Europeas y sus Estados miembros, por una parte, y Bosnia y Herzegovina, por otra, *DOUE*, L 164, de 30 de junio de 2015, pp. 2 ss.

mercado reflejados en el Documento de la CSCE de la Conferencia de Bonn sobre cooperación económica, constituirán la base de las políticas interior y exterior de las Partes y serán *elementos esenciales del presente Acuerdo*"[293]. Pues bien, el artículo 129 dispone que "cualquiera de las Partes podrá suspender el presente Acuerdo, con efecto inmediato, en caso de incumplimiento por la otra Parte de uno de los elementos esenciales del presente Acuerdo". De este modo, se advierte claramente la condicionalidad de la aplicación de este acuerdo al respeto de los valores de la Unión Europea, proyectado hacia un tercer Estado por mor del juego de estos dos preceptos.

1.2.3. Las cláusulas más recientes: las incluidas en los tratados celebrados por la Unión Europea a partir de 2010

Entre estas cláusulas de derechos humanos más recientes, cabe destacar primeramente el acuerdo de asociación entre la Unión Europea y los Estados de Centroamérica (Costa Rica, El Salvador, Guatemala, Honduras, Nicaragua y Panamá), adoptado el 29 de junio de 2012 y objeto de aplicación provisional (desde el 1 de agosto de 2013 con Honduras, Nicaragua y Panamá, desde el 1 de octubre de 2013 con Costa Rica y El Salvador y desde el 1 de diciembre de 2013 con Guatemala), que también configura como principios del acuerdo "el respeto a los principios democráticos y a los derechos humanos fundamentales, establecidos en la Declaración Universal de Derechos Humanos, y al Estado de Derecho sustenta las políticas internas e internacionales de ambas Partes", que "constituye un elemento esencial del presente Acuerdo"[294]. Además de dedicar un especial desarrollo a la promoción de los valores de la

---

[293] La cursiva es mía.

[294] Acuerdo por el que se establece una Asociación entre la Unión Europea y sus Estados miembros, por un lado, y Centroamérica, por

Unión Europea que representan la democracia y los derechos humanos[295], este acuerdo establece como una infracción importante del mismo tanto "la denuncia del presente Acuerdo no sancionada por las normas generales del Derecho internacional" como "una infracción de los elementos esenciales del presente Acuerdo", entre los que se encuentra el respeto a los principios democráticos, a los derechos humanos fundamentales y al Estado de Derecho[296].

De posterior fecha de adopción es el acuerdo marco de colaboración entre la Unión Europea y Filipinas, adoptado el 11 de julio de 2012 y en vigor desde el 1 de marzo de 2018[297]. No obstante, este acuerdo resulta encuadrable en la misma configuración que los anteriores en lo relativo a la promoción de los valores de la Unión a través de las cláusulas convencionales toda vez que establece como principios generales "el respeto de los principios democráticos y de los derechos humanos fundamentales, enunciados en la Declaración Universal de los Derechos Humanos y en otros instrumentos internacionales de derechos humanos en los que las Partes son Partes Contratantes, así como el respeto del principio del Estado de Derecho, inspiran las políticas internas e internacionales de ambas Partes y constituyen un elemento esencial del presente Acuerdo". Prácticamente al igual que en los acuerdos anteriores, el presente prevé un precepto sobre el cumplimiento de las obligaciones del que se pueden eximir las partes en casos de especial urgencia y de incumplimiento grave del mismo.

---

otro, *DOUE*, L 346/3, de 15 de diciembre de 2012. Artículo 1.1 del Acuerdo.

295 Véanse, entre otros, los artículos 2, 12 o el artículo 29 del Acuerdo.

296 Así lo dispone el artículo 355, apartado cuarto del Acuerdo.

297 Acuerdo Marco de Colaboración y Cooperación entre la Unión Europea y sus Estados miembros, por una parte, y la República de Filipinas, por otra, *DOUE*, L 343/3, de 22 de diciembre de 2017.

Así, el apartado quinto de su artículo 53 establece que "a efectos de la correcta interpretación y la aplicación práctica del presente Acuerdo, las Partes convienen en que por los 'casos de especial urgencia' mencionados en el apartado 3 del presente artículo se entenderán los casos de incumplimiento grave del presente Acuerdo por una de las Partes. Un incumplimiento grave del Acuerdo consiste en: a) una denuncia del presente Acuerdo no sancionada por las normas generales del Derecho Internacional; o b) una violación de los elementos esenciales del presente Acuerdo, a saber, los artículos 1, apartado 1, y 8, apartado 2"[298].

Un buen ejemplo de este tipo de cláusulas se encuentra en el *acuerdo de cooperación celebrado entre la Unión Europea y Afganistán*, adoptado el 18 de febrero de 2017 y que está siendo objeto de aplicación provisional[299]. El artículo segundo del acuerdo, intitulado *principios generales*, prevé en su apartado tercero que "*el respeto de los principios democráticos y de los derechos humanos*, enunciados en la Declaración Universal de Derechos Humanos y en

---

298 Debe mencionarse que, además del respeto de la democracia, los derechos humanos y el Estado de Derecho (artículo 1, apartado 1), los otros elementos esenciales guardan relación con la *lucha contra la proliferación de armas de destrucción masiva y de sus vectores* (artículo 8, apartado 2). Este último precepto dispone que "las Partes convienen en cooperar y contribuir a la lucha contra la proliferación de armas de destrucción masiva y sus vectores, respetando plenamente y aplicando a escala nacional las obligaciones que les incumben actualmente en virtud de los tratados y acuerdos internacionales sobre desarme y no proliferación, y de otras obligaciones internacionales, tales como la Resolución 1540 del CSNU. Las Partes coinciden en que esta disposición constituye un elemento esencial del presente Acuerdo".

299 Acuerdo de Cooperación sobre Asociación y Desarrollo entre la Unión Europea y sus Estados miembros, por una parte, y la República Islámica de Afganistán, por otra, *DOUE*, L 67, 14 de marzo de 2017, pp. 3 ss.

otros instrumentos internacionales de derechos humanos pertinentes, *así como del principio del Estado de Derecho,* inspira las políticas internas e internacionales de las Partes y *constituye un elemento esencial* del presente Acuerdo"[300]. Al respecto, el artículo 54 del acuerdo sobre el *cumplimiento de las obligaciones* dispone que las "Partes convienen en que, a efectos de la correcta interpretación y la aplicación práctica del presente Acuerdo, los 'casos de especial urgencia' mencionados en el apartado 3 se refieren a casos de incumplimiento sustancial del Acuerdo por una de las Partes. Un incumplimiento sustancial del Acuerdo consiste en: a) la denuncia del Acuerdo no sancionada por las reglas generales del Derecho internacional; o b) el incumplimiento de cualquiera de los elementos esenciales del presente Acuerdo a que se refieren el artículo 2, apartado 3, y el artículo 9, apartado 2". En consecuencia, la violación de los principios democráticos, de los derechos humanos y del Estado de Derecho, es decir, de los valores de la Unión, constituye un incumplimiento sustancial del acuerdo que permite el cese en su aplicación por ambas partes y, lógicamente, por la Unión Europea.

Uno de los acuerdos de asociación con un Estado candidato a la adhesión más recientes y comprehensivos es el celebrado el 24 de noviembre de 2017 entre la Unión Europea y la República de Armenia (en vigor desde el 1 de marzo de 2021)[301]. En dicho acuerdo se establecen como principios generales del mismo "*el respeto de los principios democráticos, el Estado de Derecho, los derechos humanos y las libertades fundamentales,* tal y como figuran en particular en la Carta de las Naciones Unidas, el Acta Final de Helsinki de la OSCE y la Carta de

---

300 La cursiva es mía.

301 Acuerdo de Asociación Global y Reforzado entre la Unión Europea y la Comunidad Europea de la Energía Atómica y sus Estados miembros, por una parte, y la República de Armenia, por otra, *DOUE,* L 23/4, de 26 de enero de 2018.

París para una Nueva Europa de 1990, así como otros instrumentos internacionales, como la Declaración Universal de Derechos Humanos de las Naciones Unidas y el Convenio Europeo de Derechos Humanos, serán la base de las políticas interior y exterior de las Partes y constituyen un elemento esencial del presente Acuerdo" (artículo segundo, apartado primero)[302]. De manera similar a las cláusulas que se han venido refiriendo, el artículo 379 de este acuerdo prevé la posible inaplicación del mismo, sin acudir a los mecanismos de solución de controversias que éste incorpora, en caso de incumplimiento de los elementos esenciales del acuerdo entre los que se incluyen el respeto de los valores de la Unión, tal y como se recoge en el precepto recientemente referido[303].

---

302 La cursiva es mía.

303 En particular, el artículo 379, intitulado medidas adecuadas en caso de incumplimiento de las obligaciones, establece: "1. Una Parte podrá adoptar medidas apropiadas si la diferencia en cuestión no se resuelve en el plazo de tres meses a partir de la fecha de notificación de una petición formal de solución de la diferencia de conformidad con el artículo 378 y si la Parte demandante sigue considerando que la otra Parte no ha cumplido una obligación en virtud del presente Acuerdo. El requisito del periodo de consulta de tres meses no se aplicará a los casos excepcionales, tal y como se indica en el apartado 3 del presente artículo. 2. Al seleccionar las medidas apropiadas, se dará prioridad a las que menos perturben el funcionamiento del Acuerdo. Salvo en los casos expuestos en el apartado 3 del presente artículo, tales medidas no podrán incluir la suspensión de los derechos u obligaciones establecidos en el presente Acuerdo, mencionados en el título VI. Las medidas mencionadas en el apartado 1 del presente artículo se notificarán inmediatamente al Consejo de Asociación y serán objeto de consultas de conformidad con lo dispuesto en el artículo 377, apartado 2, así como de una solución de diferencias de conformidad con lo dispuesto en el artículo 378, apartados 2 y 3. 3. Las excepciones mencionadas en los apartados 1 y 2 anteriores se referirán a: a) una denuncia del Acuerdo no sancionada por las reglas generales del Derecho internacional, o bien

En el reciente acuerdo marco entre la Unión Europea y Australia, adoptado el 7 de agosto de 2017 y en vigor desde el 21 de octubre de 2022, se incluye una cláusula de derechos humanos y democracia más completa, en el que "*las Partes confirman su compromiso en pro de los principios democráticos, los derechos humanos y las libertades fundamentales, y el Estado de Derecho*" y declaran que "el respeto de los principios democráticos, los derechos humanos y las libertades fundamentales enunciados en la Declaración Universal de Derechos Humanos, tal como se refleja en el Pacto Internacional de Derechos Civiles y Políticos, en el Pacto Internacional de Derechos Económicos, Sociales y Culturales y en otros instrumentos internacionales pertinentes en materia de derechos humanos que las Partes han ratificado o a los que se han adherido, y el respeto del principio del Estado de Derecho, inspiran las políticas internas e internacionales de las Partes y constituyen un elemento esencial del presente Acuerdo"[304]. De modo similar a las cláusulas referidas, el respeto y la proyección exterior de estos valores de la Unión Europea se manifiesta en

---

b) incumplimiento por la otra Parte de cualquiera de los elementos esenciales del presente Acuerdo a que se refieren el artículo 2, apartado 1, y el artículo 9, apartado 1".

304 Acuerdo Marco entre la Unión Europea y sus Estados miembros, por una parte, y Australia, por otra, *DOUE*, L 237/7, de 15 de septiembre de 2017. La cursiva es mía. Además, el artículo 4 de este acuerdo marco, intitulado *compromiso en pro de los principios democráticos, los derechos humanos y el Estado de Derecho*, establece que "las Partes convienen en: a) fomentar los principios básicos en relación con los valores democráticos, los derechos humanos y el Estado de Derecho, en particular en los foros multilaterales; b) colaborar y, si procede, coordinar, también en terceros países, los aspectos prácticos de la promoción de los principios democráticos, los derechos humanos y el Estado de Derecho; c) fomentar la participación en los esfuerzos mutuos para promover la democracia, incluso a través de la creación de estructuras que faciliten la participación en misiones de observación electoral". La cursiva es mía.

forma de "casos de especial urgencia", constituidos por una vulneración particularmente grave y sustancial de las obligaciones de respeto de dichos valores, que permiten a ambas partes dejar de aplicar este acuerdo sin acudir a los mecanismos de solución de disputas previstos por el mismo[305].

Por otra parte, el acuerdo comercial concluido entre la Unión Europea y Colombia y Perú, al que se adhirió Ecuador en 2017 (y al que puede adherirse Bolivia como miembro de la Comunidad Andina), adoptado en junio de 2012 y objeto de aplicación provisional desde 2013, configura como elementos esenciales del acuerdo, además del *desarme y la no proliferación de armas de destrucción masiva* (artículo segundo), unos principios generales (artículo primero), a saber: "*el respeto de los principios democráticos y los derechos humanos fundamentales* enunciados en la Declaración Universal de los Derechos Humanos, así como de *los principios que sustentan el Estado de Derecho*, inspira las políticas internas e internacionales de las Partes. El respeto de dichos principios constituye un elemento esencial del presente Acuerdo"[306]. Por tanto, este acuerdo comercial contempla previamente el respeto a los valores de la Unión Europea al

---

305 A este respecto, el artículo 57, intitulado *modalidades de ejecución y resolución de litigios*, dispone en su apartado séptimo: "Las Partes acuerdan que, a efectos de la interpretación correcta y la aplicación práctica del presente Acuerdo, el término «casos de especial urgencia» significa una vulneración particularmente grave y sustancial de las obligaciones descritas en el artículo 2, apartado 2, y en el artículo 6, apartado 2, del presente Acuerdo por una de las Partes que conduzca a una situación que requiera una reacción inmediata de la otra. Las Partes consideran que una vulneración particularmente grave y sustancial del artículo 2, apartado 2, o del artículo 6, apartado 2, debería ser de carácter excepcional que suponga una amenaza para la paz y la seguridad internacionales".

306 Acuerdo Comercial entre la Unión Europea y sus Estados miembros por una parte, y Colombia y el Perú, por otra, *DOUE*, L 354, de 21 de diciembre de 2012, pp. 3 ss. La cursiva es mía.

establecimiento de una zona de libre comercio con dichos Estados[307]. En cambio, el Título XII del Acuerdo -sobre solución de controversias (artículos 298-323)- no incorpora un procedimiento especial de suspensión de la aplicación del acuerdo en caso de incumplimiento grave de los elementos esenciales del mismo, entre los que se encuentra el respeto de los valores de la Unión.

Otro acuerdo celebrado con un Estado actualmente candidato a la adhesión a la Unión Europea es el acuerdo que celebraron ésta y sus Estados Miembros con Ucrania el 21 de marzo de 2014, en vigor desde el 1 de septiembre de 2017[308]. Este acuerdo prevé como principios generales que establecen las bases de las políticas interior y exterior de las Partes y como elementos esenciales del mismo "*el respeto de los principios democráticos, los derechos humanos y las libertades fundamentales,* definidos en particular en el Acta Final de Helsinki de 1975 de la Conferencia sobre la Seguridad y la Cooperación en Europa y la Carta de París para una Nueva Europa de 1990, y otros instrumentos relevantes de derechos humanos, entre ellos la Declaración Universal de los Derechos Humanos y el Convenio Europeo para la Protección de los Derechos Humanos y las Libertades Fundamentales *y el respeto del principio del Estado de Derecho*"[309]. También resulta interesante comprobar la inclusión como elementos esenciales del acuerdo "el fomento del respeto de los principios de soberanía e integridad territorial, inviolabilidad de fronteras e independencia, así como la lu-

---

307 PRESTA NOVELLA, D., "Las relaciones comerciales de la UE con Colombia, Perú y Ecuador", en BLANC ALTEMIR, A. (dir.), *Las relaciones comerciales de la Unión Europea con el resto del mundo. Un análisis desde la postpandemia y la agresión rusa a Ucrania, op. cit.*, pp. 359-373.

308 Acuerdo de Asociación entre la Unión europea y sus Estados Miembros, por una parte, y Ucrania, por otra, *DOUE*, L 161/3, de 29 de mayo de 2014.

309 Artículo 2 del Acuerdo de Asociación con Ucrania. La cursiva es mía.

cha contra la proliferación de armas de destrucción masiva, materiales afines y sus vectores", lo que tiene particular relevancia considerando que este acuerdo se adoptó tan solo tres días después del comienzo de la anexión ilegal de la península ucraniana de Crimea por parte de la Federación de Rusia[310]. Pues bien, siguiendo el esquema descrito en otros acuerdos con relación a la eficacia de las cláusulas de derechos humanos y democracia, el artículo 478 de este acuerdo establece como una excepción a las *medidas apropiadas* que se pueden adoptar *en caso de incumplimiento de las obligaciones* creadas por el acuerdo el "incumplimiento por la otra Parte de cualquiera de los elementos esenciales del presente Acuerdo"[311].

Entre estos acuerdos también se inserta el Acuerdo de Asociación concluido entre la Unión Europea y Georgia, adoptado el 27 de junio de 2014 y en vigor desde el 1 de julio de 2016[312]. En dicho acuerdo se afirman como uno de los objetivos de la asociación entre la Unión Europea y este Estado el de "fomentar la cooperación en el ámbito de la libertad, la justicia y la seguridad, con el fin de reforzar el Estado de Derecho y el respeto de los derechos humanos y las libertades

---

310 Como es sabido, el 18 de marzo de 2014 tropas bajo el mando de la Federación de Rusia ocuparon de manera contraria el Derecho Internacional la península ucraniana de Crimea que, hasta la fecha, sigue ilegalmente bajo el control de dicho Estado. En este sentido, véase la obra colectiva BOLLO AROCENA, M. D., y JIMÉNEZ PINEDA, E., (dirs.), *El Derecho Internacional y Europeo contemporáneos ante la agresión rusa a Ucrania*, Tirant Lo Blanch, Valencia, 2023.

311 También se prevé en el artículo 478 del acuerdo como una excepción a las medidas previstas en el acuerdo "una denuncia del Acuerdo no sancionada por las reglas generales del Derecho internacional" (apartado tercero, letra a).

312 Acuerdo de Asociación entre la Unión Europea y la Comunidad Europea de la Energía Atómica y sus Estados miembros, por una parte, y Georgia, por otra, *DOUE*, L 261, de 30 de agosto de 2014, pp. 4 ss.

fundamentales"[313]. Asimismo, como *principios generales* de este acuerdo las partes afirman "*el respeto de los principios democráticos, los derechos humanos y las libertades fundamentales* tal y como se proclaman en la Declaración Universal de Derechos Humanos de las Naciones Unidas de 1948 y se definen en el Convenio Europeo para la Protección de los Derechos Humanos y las Libertades Fundamentales de 1950, el Acta final de Helsinki de 1975 de la Conferencia para la Seguridad y la Cooperación en Europa y la Carta de París para una Nueva Europa de 1990 serán la base de las políticas interior y exterior de las Partes y constituyen un elemento esencial del presente Acuerdo" (artículo segundo, apartado primero) y reafirman "*su respeto de los principios del Estado de Derecho* y la buena gobernanza, así como de sus obligaciones internacionales, principalmente en el marco de las Naciones Unidas, el Consejo de Europa y la OSCE" (artículo segundo, apartado tercero)[314].

Pues bien, este último acuerdo formula con claridad la condicionalidad de la vigencia del mismo al respeto de los valores de la Unión Europea toda vez que exime de las *medidas apropiadas* que se pueden adoptar *en caso de incumplimiento de las obligaciones* derivadas del acuerdo el "incumplimiento por la otra Parte de cualquiera de los elementos esenciales del presente Acuerdo a que se refiere el artículo 2 del título I (Principios generales) del presente Acuerdo"[315]. Esta condicionalidad evi-

---

313 Artículo 1 del Acuerdo de Asociación entre la Unión Europea y Georgia.

314 La cursiva es mía.

315 En particular, el artículo 422, intitulado *medidas apropiadas en caso de incumplimiento de las obligaciones*, dispone: "1. Una Parte podrá adoptar medidas apropiadas si el asunto de que se trate no se resuelve en el plazo de tres meses a partir de la fecha de notificación de una petición formal de solución de la diferencia de conformidad con el artículo 421 del presente Acuerdo y si la Parte demandante sigue considerando que la otra Parte no ha cumplido una obligación en

dente de la vigencia de la *asociación* entre la Unión Europea y Georgia tiene todo el sentido, por cuanto este último Estado ostenta la condición de candidato *potencial* a la adhesión como miembro de la Unión Europea, para lo cual, como señalé anteriormente y en virtud del artículo 49 del TUE, debe respetar los valores de la Unión[316].

En idéntica fecha al acuerdo de asociación con Georgia, el 27 de junio de 2014, se adoptó el acuerdo de asociación con

---

virtud del presente Acuerdo. El requisito de un periodo de consulta de tres meses podrá ser suprimido por mutuo acuerdo de las Partes y no se aplicará a los casos excepcionales mencionados en el apartado 3 del presente artículo. 2. Al seleccionar las medidas apropiadas, se dará prioridad a las que menos perturben el funcionamiento del Acuerdo. Salvo en los casos expuestos en el apartado 3, del presente artículo, tales medidas podrán no incluir la suspensión de los derechos u obligaciones establecidos en el presente Acuerdo, mencionados en el título IV (Comercio y cuestiones relacionadas con el comercio). Las medidas adoptadas conforme al apartado 1 del presente artículo se notificarán inmediatamente al Consejo de Asociación y serán objeto de consultas de conformidad con lo dispuesto en el artículo 420, apartado 2, del presente Acuerdo, así como de una solución de diferencias de conformidad con lo dispuesto en el artículo 420, apartado 3, y en el artículo 421 del presente Acuerdo. 3. Las excepciones mencionadas en los apartados 1 y 2 anteriores se referirán: a) a una denuncia del Acuerdo no sancionada por las reglas generales del Derecho internacional; o bien b) al incumplimiento por la otra Parte de cualquiera de los elementos esenciales del presente Acuerdo a que se refiere el artículo 2 del título I (Principios generales) del presente Acuerdo".

316 Como se indicó, la lista de Estados candidatos y candidatos potenciales a la adhesión puede consultarse en: https://european-union.europa.eu/principles-countries-history/joining-eu_es, última consulta 12/042023. Los Estados candidatos potenciales son definidos por la Unión en el enlace recientemente mencionado como "los posibles países candidatos que no cumplen todavía los requisitos para ingresar en la UE".

Moldavia, otro Estado candidato a la adhesión como miembro de la Unión Europea[317]. Así, debe destacarse que, en lo referido a la promoción de los valores de la Unión, ambos acuerdos incorporan los mismos preceptos, de manera que el artículo 2 (*principios generales*) y el artículo 455 (*medidas apropiadas en caso de incumplimiento de las obligaciones*) del Acuerdo concluido entre la UE y Moldavia son idénticos, respectivamente, al artículo 2 y al artículo 422 del acuerdo de asociación entre la Unión Europea y Georgia.

En cambio, con relación a los acuerdos denominados de nueva generación, el celebrado entre la Unión Europea y Canadá, adoptado el 30 de octubre de 2016 y objeto de aplicación provisional desde el 21 de septiembre de 2017, sigue una fórmula distinta para la salvaguarda de la democracia y de los derechos humanos[318]. Así, en el preámbulo del acuerdo se reafirma y reconoce la importancia del respeto de la democracia y de los derechos humanos, pero no se incorpora como tal una cláusula de derechos humanos en el sentido de las ya comentadas[319]. En su lugar, se incluye como anexo final (Anexo 8-E) una declaración conjunta (relativa a los artículos 8.16, 9.8 y 28.6), en la que se establece que "con respecto a los artículos 8.16, 9.8 (Denegación de ventajas) y 28.6 (Seguridad nacional), *las Partes confirman su entendimiento de que entre las medidas*

---

317 Acuerdo de Asociación entre la Unión Europea y la Comunidad Europea de la Energía Atómica y sus Estados miembros, por una parte, y la República de Moldavia, por otra, *DOUE*, L 260/4, de 30 de agosto de 2014.

318 Acuerdo Económico y Comercial Global (CETA) entre Canadá, por una parte, y la Unión Europea y sus Estados miembros, por otra, *DOUE*, L 11/23, de 14 de enero de 2017.

319 Véase SERRANO LEAL, C., "El '*Comprehensive economic and trade agreement*' (CETA) con Canadá. Implicaciones para España", en BENEYTO PÉREZ, J. M. (dir.), *Acuerdos comerciales de nueva generación de la Unión Europea. Implicaciones para España, op. cit.*, pp. 45-79.

'relacionadas con el mantenimiento de la paz y la seguridad internacionales' se incluye la protección de los derechos humanos"[320]. Como es sabido, el mecanismo de solución de controversias de este acuerdo, en particular de las relativas a las inversiones, ha sido una de las grandes críticas realizadas al mismo por cuanto extrae de la competencia de los sistemas jurisdiccionales europeo y canadiense este tipo de controversias para someterlas a un innovador sistema de solución de disputas comerciales[321].

Otro de los acuerdos comerciales denominados de nueva generación es el celebrado entre la Unión Europea y Japón, adoptado el 17 de julio de 2018 y en vigor desde el 1 de febrero de 2019[322]. Entre los valores de la Unión Europea, este acuerdo

---

320 La cursiva es mía.

321 Puede resultar indicativo de este elemento la Declaración nº 36 de la Comisión y del Consejo sobre la protección de las inversiones y el Tribunal de Inversiones («ICS»): "El AECG tiene por objeto una reforma importante de la resolución de litigios en materia de inversiones, basada en los principios comunes a los órganos jurisdiccionales de la Unión Europea y sus Estados miembros y de Canadá, así como a los órganos jurisdiccionales internacionales reconocidos por la Unión Europea y sus Estados miembros y Canadá, como son la Corte Internacional de Justicia y el Tribunal Europeo de Derechos Humanos, para avanzar en el refuerzo del respeto de la norma jurídica. La Comisión Europea y el Consejo consideran que este mecanismo revisado sobre la base de los términos de la presente declaración marca una etapa en el establecimiento de un tribunal multilateral de inversiones que, con el tiempo, constituirá el órgano jurisdiccional encargado de resolver los litigios entre los inversores y el Estado".
Véase COS SÁNCHEZ, P., "Impacto comercial de la aplicación del acuerdo económico y comercial global (CETA). Efectos de la pandemia Covid-19", en BLANC ALTEMIR, A. (dir.), *Las relaciones comerciales de la Unión Europea con el resto del mundo. Un análisis desde la postpandemia y la agresión rusa a Ucrania, op. cit.*, pp. 281-302.

322 Acuerdo entre la Unión Europea y Japón relativo a una Asociación Económica, *DOUE*, L330/3, de 27 de diciembre de 2018.

únicamente se refiere al respeto de los derechos humanos, reafirmando en su preámbulo el compromiso de las partes "con la Carta de las Naciones Unidas y teniendo en cuenta los principios consagrados en la Declaración Universal de Derechos Humanos". De manera similar al acuerdo celebrado con Canadá, este acuerdo prevé la posibilidad de denegar ventajas relativas al comercio de servicios, a la liberalización de las inversiones y al comercio electrónico y también las ventajas sobre comercio transfronterizo de servicios a personas jurídicas de la otra Parte (es decir, de la Unión Europea o de Japón) que, en realidad, estén bajo el control de una persona física o jurídica de un tercer país respecto del que la Unión Europea o Japón adopten medidas "relacionadas con el mantenimiento de la paz y la seguridad internacionales, incluida la protección de los derechos humanos"[323]. Se advierte, por tanto, la previsión de que

---

323 Así se prevé en el artículo 8.13 del Acuerdo, intitulado *denegación de ventajas*, que establece lo siguiente: "Una Parte podrá denegar las ventajas de la presente sección a un empresario de la otra Parte que sea una persona jurídica de la otra Parte, y a su empresa cubierta, si dicha persona jurídica es propiedad o está bajo control de una persona física o jurídica de un tercer país y la Parte que deniega las ventajas adopta o mantiene medidas con respecto al tercer país que: a) estén relacionadas con el mantenimiento de la paz y la seguridad internacionales, incluida la protección de los derechos humanos; y b) prohíban transacciones con esa persona jurídica o su empresa cubierta, o que serían infringidas o eludidas si se les concedieran las ventajas de la presente sección". Asimismo, el artículo 8.19, también intitulado *denegación de ventajas*, de manera prácticamente idéntica al anterior dispone: "Una Parte podrá denegar las ventajas de la presente sección a un proveedor de servicios de la otra Parte que sea una persona jurídica de la otra Parte y a los servicios de ese proveedor si dicha persona jurídica es propiedad o está bajo control de una persona física o jurídica de un tercer país y la Parte que deniega las ventajas adopta o mantiene medidas con respecto al tercer país que: a) estén relacionadas con el mantenimiento de la paz y la seguridad internacionales, incluida la protección de los derechos humanos; y b) prohíban las

bien la Unión Europea, bien Japón, puedan adoptar sanciones a terceros Estados por su violación de los derechos humanos por mor de las cuales puedan verse perjudicadas -mediante la denegación de ventajas- personas jurídicas domiciliadas en la Unión o en dicho Estado con el que ésta ha celebrado este acuerdo de asociación[324].

En lo que respecta a la promoción de los valores de la Unión Europea a través de los acuerdos internacionales que ésta celebra debe destacarse el acuerdo marco global de colaboración y cooperación celebrado con Reino Unido el 30 de diciembre de 2020, en vigor desde el 1 de mayo de 2021[325]. Como es sabido, este acuerdo reciente es *sui generis* toda vez que es el único concluido hasta la fecha con un antiguo Estado miembro de la Unión Europea que se ha retirado de la misma de acuerdo con el procedimiento previsto en el artículo 50 del TUE[326]. En este acuerdo, está particularmente presente la importancia de los valores de la Unión Europea en sus relaciones con este Estado tercero. Así, su artículo 524,

---

transacciones con el proveedor de servicios, o que serían infringidas o eludidas si se concedieran las ventajas de la presente sección al proveedor de servicios o a sus servicios".

324 Véase JENSANA TANEHASHI, A., "Evolución del Acuerdo de Partenariado Económico UE-Japón y sus consecuencias para España", en BENEYTO PÉREZ, J. M. (dir.), *Acuerdos comerciales de nueva generación de la Unión Europea. Implicaciones para España, op. cit.*, pp. 81-101.

325 Acuerdo de Comercio y Cooperación entre la Unión Europea y la Comunidad Europea de la Energía Atómica, por una parte, y el Reino Unido de Gran Bretaña e Irlanda del Norte, por otra, *DOUE*, L 149/10, de 30 de abril de 2021.

326 Véase PODADERA RIVERA, P., GARASHCHUK, A., "Las relaciones entre la UE y el Reino Unido después del Brexit: ¿Debería considerarse el Reino Unido como nuevo socio estratégico de la UE?", en BLANC ALTEMIR, A. (dir.), *Las relaciones comerciales de la Unión Europea con el resto del mundo. Un análisis desde la postpandemia y la agresión rusa a Ucrania, op. cit.*, pp. 93-113.

apartado primero, dispone que "*la cooperación prevista en la presente parte se basa en la larga tradición de respeto de las Partes y los Estados miembros por la democracia, el Estado de Derecho y la protección de los derechos y libertades fundamentales de las personas,* en particular los establecidos en la Declaración Universal de Derechos Humanos y el Convenio Europeo de Derechos Humanos, así como en la importancia de aplicar plenamente los derechos y libertades de este Convenio a nivel nacional"[327].

De manera aún más patente, el artículo 763 del acuerdo celebrado con Reino Unido, intitulado *democracia, Estado de Derecho y derechos humanos,* prevé que "*las Partes continuarán defendiendo los valores y principios compartidos de democracia, Estado de Derecho y respeto de los derechos humanos,* que fundamentan sus políticas nacionales e internacionales. A este respecto, las Partes reafirman su adhesión a la Declaración Universal de Derechos Humanos y los tratados internacionales sobre derechos humanos en los que son Parte" (apartado primero) y que "*las Partes fomentarán estos valores y principios compartidos en los foros internacionales. Las Partes cooperarán a fin de promover dichos valores y principios, en particular con o en terceros países*" (apartado segundo)[328]. Estos elementos recogidos en el artículo 763, apartado primero, es decir, el respeto de los valores de la Unión (además de los contenidos en el artículo 764, apartado primero y en el artículo 765, apartado primero) "*constituyen elementos esenciales de la asociación* establecida mediante el presente Acuerdo y los acuerdos complementarios"[329], para cuyo incumplimiento se recoge un procedimiento especial en el artículo 772 del acuerdo, que prevé que "si alguna de las

---

327 La cursiva es mía.

328 La cursiva en ambos apartados es mía.

329 La cursiva es mía. El artículo 764 regula la *lucha contra el cambio climático contra el cambio climático* y el artículo 765 regula *la lucha contra la proliferación de armas de destrucción masiva.*

Partes considera que la otra ha incumplido de manera grave y sustancial cualquiera de las obligaciones que se describen como elementos esenciales en el artículo 771, podrá decidir dar por terminado el presente Acuerdo o cualquier acuerdo complementario, o suspender su aplicación, ya sea total o parcialmente" (apartado primero), si bien estas medidas "se adoptarán respetando plenamente el Derecho internacional y serán proporcional" y "se dará prioridad que menos perturben el funcionamiento del presente Acuerdo y de cualquier acuerdo complementario" (apartado tercero)[330].

Quizá el más reciente acuerdo concluido por la Unión Europea sea el Acuerdo Marco Global de colaboración y cooperación celebrado con Tailandia, adoptado el 14 de diciembre de 2022 y aún no en vigor[331]. En este acuerdo, que podemos calificar como *de novísima generación*, la promoción de los valores de la Unión por la vía convencional es patente, como pone de manifiesto el artículo primero, apartado primero, del mismo, que dispone que "el respeto de los principios democráticos, y de los derechos humanos y las libertades fundamentales enunciados en la Declaración Universal de los Derechos Humanos y en otros instrumentos internacionales pertinentes en materia de derechos humanos, así como el respeto del principio del Estado de Derecho, inspiran las políticas internas e in-

---

330 El apartado segundo del artículo 772 dispone que "antes de hacerlo, la Parte que se acoja al presente artículo deberá solicitar que el Consejo de Asociación se reúna inmediatamente con miras a buscar una solución oportuna y de mutuo acuerdo. Si no se encuentra una solución de mutuo acuerdo en un plazo de treinta días a partir de la fecha de la solicitud al Consejo de Asociación, la Parte podrá adoptar las medidas mencionadas en el apartado 1".

331 Acuerdo Marco Global de colaboración y cooperación entre la Unión Europea y sus Estados miembros, por una parte, y el Reino de Tailandia, por otra, *DOUE*, L 330/72, de 23 de diciembre de 2022.

ternacionales de las Partes y constituyen un elemento esencial del presente Acuerdo".

Además de dedicar un precepto a la cooperación en materia de derechos humanos (artículo 30), el acuerdo prevé un procedimiento especial para los incumplimientos sustanciales de las obligaciones que se describen como esenciales, entre ellas las relativas al respeto de los valores de la Unión recogidos en el artículo primero antes referido. Así, el artículo 55 del acuerdo (sobre el *cumplimiento de obligaciones*) prevé en su apartado quinto que si "una de las Partes tiene motivos fundados para considerar que la otra Parte ha incumplido de manera sustancial alguna de las obligaciones que se describen como esenciales en el artículo 1, apartado 1, y en el artículo 3, apartado 1, deberá notificar inmediatamente este incumplimiento a la otra Parte. A instancia de cualquiera de las Partes, el Comité Mixto, o cualquier órgano designado de común acuerdo por las Partes, celebrará inmediatamente consultas en un plazo máximo de treinta días para proceder a un examen en profundidad de cualquier aspecto de la medida o de su fundamento, con objeto de encontrar una solución aceptable para las Partes. Transcurrido ese plazo, la Parte notificante podrá aplicar las medidas apropiadas"[332].

---

[332] A mayor abundamiento, los dos apartados siguientes de este artículo 55 pormenorizan este procedimiento para los incumplimientos sustanciales de las obligaciones relativas a los valores de la Unión, estableciendo que "en la selección de las medidas adecuadas, deberá darse prioridad a las que perturben menos el funcionamiento del presente Acuerdo o, según proceda, de cualquier otro acuerdo específico a que se refiere el artículo 53, apartado 1. Dichas medidas serán de carácter temporal y proporcionales a la infracción, con el fin de fomentar el posible cumplimiento de las obligaciones. A efectos del apartado 4, las 'medidas apropiadas' podrán comprender la suspensión del presente Acuerdo, en su totalidad o en parte. A efectos del apartado 5, las 'medidas apropiadas' podrán comprender la suspensión del presente Acuerdo, en su totalidad o en parte, o de cualquier acuerdo específico de los previstos en el artículo 53,

De este modo, se advierte un refuerzo de la promoción exterior de los valores de la Unión Europea y de la virtualidad de las cláusulas de derechos humanos y democracia en el más reciente acuerdo (marco global de colaboración y cooperación) celebrado por la Unión, lo que tiene sentido si se considera que el Estado con el que se concluye es Tailandia[333].

En esta misma línea, un acuerdo recientemente concluido el 30 de junio de 2022 por la Unión Europea con Nueva Zelanda y aún no en vigor, en su preámbulo reafirma el compromiso de las partes "a los principios articulados en la Declaración Universal de los Derechos Humanos adoptada por la Asamblea General de las Naciones Unidas el 10 de diciembre

---

apartado 1. La decisión de suspensión la adoptaría cada una de las Partes de conformidad con sus respectivas disposiciones legales y reglamentarias" (apartado sexto) y que "Cualquiera de las Partes podrá solicitar al Comité Mixto que revise las circunstancias que dieron lugar a la aplicación de las medidas apropiadas, con el fin de buscar una solución mutuamente aceptable para las Partes. La Parte que adopte las medidas apropiadas las retirará tan pronto como esté justificado" (apartado séptimo).

333 En mi opinión, también resulta de interés en este acuerdo su conclusión, no por periodo indefinido, sino por un periodo de cinco años. En este sentido, el artículo 60, *duración y denuncia del Acuerdo*, dispone lo siguiente: "1. El presente Acuerdo se concluye por un período de cinco (5) años. Se prorrogará automáticamente por períodos sucesivos de un año, a menos que una de las Partes notifique a la otra por escrito su intención de no prorrogar el Acuerdo seis (6) meses antes del final de cualquier período subsiguiente de un año. 2. El presente Acuerdo podrá ser denunciado por una de las Partes mediante notificación escrita dirigida a la otra Parte. El Acuerdo dejará de ser aplicable seis (6) meses después de la recepción de esa notificación por la otra Parte. Dicha denuncia no afectará a los proyectos en curso puestos en marcha en virtud del presente Acuerdo antes del recibo de esa notificación".

de 1948"[334]. De manera similar al modo en que se incluye la cláusula de derechos humanos y democracia en el acuerdo con Tailandia, este acuerdo prevé que una parte "pueda denegar los beneficios de esta sección a un inversor de la otra parte o una empresa encubierta si mediante tal denegación dicha parte *adopta o mantiene medidas relacionadas con el mantenimiento de la paz y la seguridad internacionales, incluyendo la protección de los derechos humanos*"[335].

Resulta llamativo que el Acuerdo de Libre comercio celebrado exclusivamente entre la Unión Europea (sin la participación de sus Estados Miembros) y la República de Singapur, adoptado el 19 de octubre de 2018 y en vigor desde el 21 de noviembre de 2019, no incluya como tal una cláusula de derechos humanos y democracia[336]. Así, en este acuerdo la única referencia a los valores de la Unión se encuentra en su

---

334 El texto de este acuerdo puede consultarse en: https://policy.trade.ec.europa.eu/eu-trade-relationships-country-and-region/countries-and-regions/new-zealand/eu-new-zealand-agreement/text-agreement_en, última consulta 17/04/2023.

335 Artículo 10.12, *ibidem*. La cursiva y la traducción son del autor. Véase también el artículo 10.19, intitulado *denial of benefits*, que prevé lo siguiente: "A Party may deny the benefits of this Section to a service supplier of the other Party if the denying Party adopts or maintains measures related to the maintenance of international peace and security, including the protection of human rights, which: (a) prohibit transactions with that service supplier; or (b) would be violated or circumvented if the benefits of this Section were accorded to that service supplier, including where the measures prohibit transactions with a natural or juridical person who owns or controls that service supplier".

336 Sobre el acuerdo entre la Unión Europea y Singapur véase lo expuesto en el capítulo primero de esta obra respecto del Dictamen 2/2015 del Tribunal de Justicia de la Unión Europea.
Acuerdo de Libre Comercio entre la Unión Europea y la República de Singapur, *DOUE*, L 294/3, de 14 de noviembre de 2019.

preámbulo, que señala que las partes reafirman "su adhesión a la Carta de las Naciones Unidas, firmada en San Francisco el 26 de junio de 1945 y teniendo en cuenta los principios articulados en la Declaración Universal de Derechos Humanos, adoptada por la Asamblea General de las Naciones Unidas el 10 de diciembre de 1948". Sin embargo, el complejo mecanismo de solución de diferencias que incorpora este acuerdo comercial no prevé una posible suspensión de la aplicación del mismo en caso de violación de los derechos humanos, de los principios democráticos o de otros valores de la Unión como el Estado de Derecho[337].

En lo referido a la promoción de los valores de la Unión, resulta prácticamente idéntico el acuerdo celebrado por parte de la Unión Europea con otro Estado miembro de la ASEAN, Vietnam, cuyo acuerdo de libre comercio se adoptó el 30 de junio de 2019 y está en vigor desde el 1 de agosto de 2020[338]. Igualmente, la referencia a los valores de la Unión queda circunscrita al preámbulo del acuerdo con idéntica formulación al anteriormente citado. Asimismo, en lo relativo a la cláusula de suspensión del acuerdo por violación de los valores de la Unión, este tratado no prevé en su complejo sistema de solución de diferencias una posible inaplicación del mismo por violación o incumplimiento de los valores de la Unión, lo que puede ser particularmente criticable considerando el régimen político existente en Vietnam[339].

En fin, sin perjuicio de las consideraciones que se expondrán, no resulta una buena señal que en algunos de los últimos acuerdos celebrados por la Unión Europea no se incluyan

---

337 Véase el capítulo 14 sobre *solución de diferencias* de este acuerdo.

338 Acuerdo de Libre Comercio entre la Unión Europea y la República Socialista de Vietnam, *DOUE*, L 186/3, de 12 de junio de 2020.

339 Véase el Capítulo 15 del Acuerdo anterior intitulado *solución de diferencias*.

cláusulas de derechos humanos y democracia como las estudiadas que fueron una constante en otras etapas de la actividad convencional desarrollada en el marco de la acción exterior de la Unión. A mayor abundamiento, como se expondrá en el epígrafe inmediatamente siguiente, la invocación por parte de la Unión Europea del conjunto de estas cláusulas a lo largo del tiempo ha sido limitada.

1.3. La limitada invocación de las cláusulas de derechos humanos y democracia

Como se ha puesto de manifiesto en el epígrafe precedente, la relación de las cláusulas de derechos humanos y democracia es prolija, existiendo una evolución patente en su configuración a lo largo de las más de tres décadas de existencia de este mecanismo propio del Derecho de los tratados. Ahora bien y como se desprende del título de este epígrafe, la práctica relativa a la invocación de estas cláusulas para inaplicar los acuerdos concluidos por la Unión Europea con terceros Estados ha sido muy limitada.

Ante todo, cabe advertir que las cláusulas de derechos humanos y democracia, en tanto que instrumento de *condicionalidad negativa* -junto con los instrumentos de condicionalidad social (que promueven unos estándares laborales internacionales supeditados a la retirada del sistema de preferencias generalizadas) y las actuaciones de censura política en el marco de la PESC (mediante las posiciones comunes)- revisten una mayor complejidad en su aplicación o invocación que otras medidas como las de condicionalidad positiva[340], entre las que

---

[340] MANGAS MARTÍN, A., LIÑÁN NOGUERAS, D. J., *Instituciones y Derecho de la Unión Europea*, *op. cit.*, p. 154.

cabe mencionar el Instrumento Europeo para la Democracia y los Derechos Humanos[341].

Pues bien, desde su surgimiento hasta la fecha, las más de 100 cláusulas de derechos humanos y democracia incluidas en acuerdos celebrados por la UE con terceros Estados han sido invocadas en tan solo doce ocasiones como base para consultas, suspensión de ayudas y otras medidas. La invocación de estas cláusulas para sancionar a ciertos Estados que han violado de forma grave y persistente los derechos humanos o la democracia ha afectado únicamente a los doce Estados ACP siguientes: Togo, Níger, Comoras, Guinea Bissau, Costa de Marfil, Haití, Fiyi, República Centroafricana, Liberia, Zimbabue, Guinea y Mauritania[342].

Inicialmente, como señalaba anteriormente, el acuerdo celebrado con Mauricio el 4 de noviembre de 1995, que modificaba el cuarto Convenio de Lomé, preveía en su artículo 5 la cláusula como elemento esencial y en su artículo 366 *bis* la cláusula de no ejecución. El Consejo desarrolló el procedimiento marco de aplicación de dicho precepto que en la actualidad se recoge en el artículo 96 del acuerdo de Cotonú, constituyendo la celebración de consultas con el tercer Estado implicado el

---

341 Véase ALBERDI BIDAGUREN, J., "Instrumentos y políticas de la cooperación europea al desarrollo para el fomento de la democracia y los derechos humanos en terceros países", en INNERARITY, D., AYMERICH, I. (coords.), *Derechos Humanos y políticas públicas europeas*, Paidós, Barcelona, 2016, pp. 69-88.

342 Véanse: Regulación del Consejo (CE) nº 310/2002 sobre ciertas medidas restrictivas a Zimbabue, *DOCE*, L 50, de 21 de febrero de 2002; Decisión 131/2001/ce del Consejo sobre la suspensión parcial de ayudas a Haití, de 29 de enero de 2001, *DOCE*, L 48, de 17 de febrero de 2001. Decisión 334/2001/CE del Consejo sobre la suspensión y/o reorientación de las ayudas a la República de las Islas Fiyi, *DOCE*, L 120, de 28 de abril de 2001.

elemento central del procedimiento de invocación de las cláusulas de derechos humanos y democracia[343].

Tras estas consideraciones previas, a continuación, se expondrán, sucintamente, los casos en los que estas cláusulas han sido invocadas haciendo referencia al contexto fáctico que motivó tal invocación, al modo en que se aplicaron y a la situación jurídica en que devino el acuerdo con el tercer Estado[344]:

- Togo

Con relación a este Estado ACP, tras unas elecciones presidenciales celebradas con escasa transparencia el 21 de junio de 1998, el Consejo inició unas consultas con su gobierno por supuesta violación del artículo 5 del acuerdo de Lomé IV relativo

---

343 BULTERMAN M., "Procedure for Implementation of Article 366a of the Lome Convention", *Netherlands Quarterly for Human Rights*, vol. 2, 1999, pp. 204-206. En este sentido, la letra b del artículo 96 dispone que "La Parte que recurra al procedimiento de urgencia especial informará por separado a la otra parte y al Consejo de Ministros, salvo si los plazos no se lo permiten" y la letra c que "Si se adoptan medidas en casos de urgencia especial, éstas se notificarán inmediatamente a la otra Parte y al Consejo de Ministros. A petición de la Parte afectada, se podrán convocar entonces consultas con objeto de examinar a fondo la situación y, si es posible, encontrar una solución. Estas consultas se desarrollarán según las modalidades especificadas en los párrafos segundo y tercero de la letra (a)". Además, este artículo establece que las consultas pueden efectuarse al nivel y en la forma que se consideren más convenientes para encontrar una solución.

344 Véase CANDELA SORIANO, M., "L'Union européenne et la protection des droits de l'homme dans la coopération au développement: le rôle de la conditionnalité politique", *Revue trimestrielle des droits de l'homme*, vol. 52, 2002, pp. 875-900.

al respeto de los principios democráticos[345]. Estas consultas se produjeron el 30 de julio de 1998, sin que se alcanzara una solución debido a la falta de compromiso democrático por parte de las autoridades de Togo. De este modo, el Consejo dio por terminadas las consultas y suspendió la cooperación con este tercer Estado en diciembre de 1998, precisando que apoyaría las iniciativas encaminadas al restablecimiento de la situación democrática[346]. Finalmente, tras comprobar que las medidas más significativas sobre estos elementos esenciales del Acuerdo de Cotonú seguían sin aplicarse, la Comisión propuso al Consejo la conclusión del procedimiento de consulta con la República Togolesa en virtud del artículo 96 del Acuerdo de Cotonú, que tuvo lugar mediante la Decisión del Consejo 2004/793/CE de 15 de noviembre de 2004[347].

- Níger

La segunda ocasión en la que la Unión Europea activó las cláusulas de derechos humanos y democracia contenidas en sus acuerdos con terceros Estados se produjo en 1999, con

---

345 Acuerdo de asociación entre las Comunidades Europeas y sus Estados miembros, por una parte, y el grupo de los denominados *países ACP* (África, Caribe y Pacífico), por otra, renovado en tres ocasiones desde su celebración en 1975 (Lomé II, 1979; Lomé III, 1985; Lomé IV, 1989) y en virtud del cual se estableció entre ambos bloques una relación privilegiada e institucionalizada de cooperación al desarrollo que, tras veinticinco años de vigencia, fue reformulada por el Convenio de Cotonou. Citado *ut supra*.

346 Comunicación de la Comisión relativa al cierre de las consultas con Togo en aplicación del artículo 366 bis del Convenio de Lomé, DOCE 11-1998.

347 Decisión del Consejo, de 15 de noviembre de 2004, relativa a la conclusión del procedimiento de consulta con la República Togolesa en virtud del artículo 96 del Acuerdo de Cotonú, *DOCE*, L 349/17, de 25 de noviembre de 2004.

motivo de un golpe de Estado militar que tuvo lugar en Níger y del asesinato, el 9 de abril de 1999, del presidente democráticamente electo[348]. Como resultado de estos hechos, la Comisión adoptó una Comunicación el 26 de abril de ese año[349], iniciando el Consejo consultas con este Estado el 29 de abril, en las que exigió a las nuevas autoridades de Níger el respeto de los derechos humanos y la elaboración de un calendario encaminado a la restauración de la democracia. Tras la toma en consideración de los esfuerzos realizados por las autoridades militares de dicho Estado para el restablecimiento de la democracia y el Estado de Derecho, se reanudó la cooperación si bien condicionada y gradual en función de los avances realizados por el gobierno en este ámbito, celebrándose elecciones seis meses más tarde y restaurándose el proceso democrático[350].

- Comoras

El 30 de abril de 1999 tuvo lugar un golpe de Estado en Comoras, tras el cual la Comisión propuso al Consejo la celebración de consultas en virtud de los artículos 5 y 366 *bis* del Convenio de Lomé. Dichas consultas terminaron el 14 de febrero de 2000 con el compromiso de las autoridades de dicho Estado de restablecer la democracia y el Estado de Derecho antes de la finalización de ese año, si bien la cooperación quedó

---

348 CANDELA SORIANO, M., *Los derechos humanos, la democracia y el estado de derecho en la acción exterior de la Unión Europea: evolución, actores, instrumentos y ejecución*, Dykinson, Madrid, 2006, p. 318.

349 Véase la Comunicación de la Comisión al Consejo referente a la apertura de consultas con Níger en aplicación del Artículo 366 bis del Convenio de Lomé (COM (99) 204 final).

350 CANDELA SORIANO, M., *Los derechos humanos, la democracia y el estado de derecho en la acción exterior de la Unión Europea: evolución, actores, instrumentos y ejecución*, *op. cit.*, p. 319.

condicionada al cumplimiento de este compromiso[351]. De este modo, se siguió una aproximación gradual en la aplicación de la cláusula de derechos humanos y democracia, de manera similar a la ejercida en el caso de Níger, sin que se dejara de aplicar de forma total el acuerdo celebrado con este Estado.

- Guinea Bissau

Como reacción a la destitución del presidente elegido democráticamente de este Estado y a los ataques contra las misiones diplomáticas, la Comisión propuso el inicio de consultas, que se iniciaron el 19 de julio de 1999, con las autoridades de dicho Estado solicitándoles, entre otras medidas, la convocatoria de unas nuevas elecciones presidenciales[352]. En dichas

---

351 *Ibidem*, p. 320.

352 Comunicación de la Comisión al Consejo sobre la apertura de consultas con Guinea-Bissau en virtud del artículo 366 bis del Convenio de Lomé, COM (1999) 361.
Este procedimiento de consultas está previsto en el artículo 96 del Convenio con los Estados ACP, intitulado *elementos esenciales: procedimiento de consulta y medidas pertinentes respecto de los derechos humanos, los principios democráticos y el Estado de derecho*, que dispone: "2. A) Si, a pesar del diálogo político regular entre las Partes, una de ellas considera que la otra Parte no ha cumplido una obligación derivada del respeto de los derechos humanos, los principios democráticos y el estado de derecho citados al apartado 2 del artículo 9, proporcionara´ a la otra Parte y al Consejo de Ministros, excepto en caso de urgencia particular, los elementos de información pertinentes que sean necesarios para efectuar un examen minucioso de la situación con el fin de buscar una solución aceptable para las Partes. A tal efecto, invitará la otra Parte a celebrar consultas centradas principalmente en las medidas adoptadas o que se vayan a adoptar por la Parte interesada con el fin de remediar la situación. Las consultas se efectuarán al nivel y en la forma que se consideren más convenientes para encontrar una solución. Las consultas comenzarán a más tardar 15 días después de la invitación y continuarán durante un período determinado de común acuerdo, en función de la natu-

consultas, las autoridades de Guinea Bissau resultaron convincentes a juicio de la Comisión y del Consejo, clausurándose dichas consultas al comprobar que las autoridades de este Estado ACP habían adoptado medidas para el restablecimiento de la democracia[353].

Como sostiene la profesora Candela Soriano, en este caso se advierte una falta de continuidad con relación a los previos en los que se reorientó la cooperación condicionándola a los progresos realizados en materia de derechos humanos y

---

raleza y la gravedad del incumplimiento. Las consultas no durarán en ningún caso más de 60 días. Si las consultas no conducen a una solución aceptable para ambas Partes, en caso de denegación de consulta o en caso de urgencia particular, podrían adoptarse medidas oportunas. Estas medidas se suprimirán tan pronto como desaparezcan las razones que las justificaron. b) La expresión 'casos de urgencia especial' se referirá a casos excepcionales de violaciones especialmente graves y evidentes de alguno de los elementos esenciales citados al apartado 2 del artículo 9, que requieran una reacción inmediata. La Parte que recurra al procedimiento de urgencia especial informará por separado a la otra parte y al Consejo de Ministros, salvo si los plazos no se lo permiten. c) Las 'medidas pertinentes' a las que se refiere el presente artículo son medidas adoptadas de conformidad con el derecho internacional y proporcionales a la violación. Al elegir tales medidas, se dará prioridad a las medidas que menos perturben la aplicación del presente Acuerdo. Se entiende que la suspensión sería un último recurso. Si se adoptan medidas en casos de urgencia especial, éstas se notificarán inmediatamente a la otra Parte y al Consejo de Ministros. A petición de la Parte afectada, se podrán convocar entonces consultas con objeto de examinar a fondo la situación y, si es posible, encontrar una solución. Estas consultas se desarrollarán según las modalidades especificadas en los párrafos segundo y tercero de la letra (a)".

353 Propuesta de Decisión del Consejo relativa a la clausura de las consultas celebradas con la República de Guinea Bissau de conformidad con lo dispuesto en el artículo 366 bis del Cuarto Convenio ACP-CE, COM (99) 491 final.

democracia por las autoridades de dichos Estados[354]. Precisamente, tras el golpe de Estado militar que tuvo lugar en dicho Estado el 14 de septiembre de 1999, tampoco se suspendió la aplicación del acuerdo mediante la invocación de la cláusula de derechos humanos y democracia, limitándose nuevamente a la celebración de unas consultas[355].

- Costa de Marfil

Igualmente se produjo un golpe de Estado en Costa de Marfil, en diciembre de 1999, tras el cual el Consejo inició consultas con sus autoridades el 14 de enero de 2000 en aplicación de los artículos 5 y 366 *bis* del Convenio de Lomé[356]. En dichas consultas, se asumieron una serie de compromisos para la celebración de elecciones presidenciales, generales y municipales, la separación de poderes o la elaboración de informes periódicos dirigidos al Consejo sobre los avances llevados a cabo en estos ámbitos[357].

El incumplimiento de los compromisos asumidos por las autoridades de este Estado motivó la celebración de unas nuevas consultas, el 15 de febrero de 2001, en aplicación del artículo 96 del Acuerdo de Cotonú, que provocaron ciertos avances como la celebración de elecciones locales. No obstante, como

---

354 CANDELA SORIANO, M., *Los derechos humanos, la democracia y el estado de derecho en la acción exterior de la Unión Europea: evolución, actores, instrumentos y ejecución, op. cit.*, p. 320.

355 Comunicación de la Comisión al Consejo sobre el inicio de consultas con Guinea-Bissau en aplicación del artículo 96 del Acuerdo de Cotonú, COM (2003) 824 final.

356 Documento n°6038/00 del Consejo, de 8 de febrero de 2000.

357 Propuesta de Decisión del Consejo relativa a la finalización del procedimiento de consultas con Costa de Marfil con arreglo a lo dispuesto en el artículo 366 bis del Cuarto Convenio ACP-CE, COM (2000) 258 final.

consecuencia de la grave crisis político militar y de las violaciones de los derechos humanos, la Comisión propuso al Consejo el inicio de nuevas consultas, que se cerraron sin dejar de aplicar el acuerdo[358].

- Haití

En este Estado se celebraron unas elecciones legislativas el 21 de mayo de 2000, las cuales fueron supervisadas por la misión internacional coordinada por la Organización de Estados Americanos que concluyó la falta de carácter libre, independiente y transparente del proceso electoral como consecuencia del incumplimiento de la ley electoral de dicho Estado[359]. Como respuesta a esta situación, el Consejo, tras la celebración de consultas con las autoridades haitianas, decidió la anulación de un tramo de ayudas económicas en aplicación del acuerdo de cooperación o la suspensión de las ayudas presupuestarias directas a este Estado[360]. Desde entonces, se ha suspendido la

---

358 Propuesta de Decisión del Consejo por la que se concluye el procedimiento de consultas con Costa de Marfil en virtud del artículo 96 del Acuerdo de Cotonú, COM (2001) 290 final.

359 CANDELA SORIANO, M., *Los derechos humanos, la democracia y el estado de derecho en la acción exterior de la Unión Europea: evolución, actores, instrumentos y ejecución, op. cit.*, p. 322.

360 Así lo realizó el Consejo mediante su Decisión 2001/131/CE (Decisión del Consejo, de 29 de enero de 2001, por la que se concluye el procedimiento de consultas con Haití en virtud del artículo 96 del Acuerdo de asociación ACP-CE, *DOCE*, L 48/31, de 17 de febrero de 2001), que fue prorrogada a la finalización de su vigencia por las decisiones 2002/131/CE (Decisión del Consejo, de 21 de enero de 2002, por la que se modifica la Decisión 2001/131/CE, por la que se concluye el procedimiento de consultas con Haití en el marco del artículo 96 del Acuerdo de asociación ACP-CE, *DOCE*, L 47/34, de 19 de febrero de 2002), 2003/53/CE (*DOCE*, L 20/23, de 24 de enero de 2003) y 2003/916/CE (*DOCE*, L 345/156, de 31 de diciembre de 2003).

aplicación del acuerdo de cooperación con Haití por mor de la cláusula de derechos humanos y democracia, limitándose la cooperación con este Estado a determinados proyectos de cooperación al desarrollo[361].

- Fiyi

El 19 de mayo de 2000 se produjo una insurrección armada en este Estado, que dio lugar a unas consultas celebradas el 19 de octubre de 2000 con objeto de inducir a sus autoridades a respetar las obligaciones establecidas en el artículo 5 del Convenio de Lomé relativas al respeto de los derechos humanos y de la democracia. Dichas consultas fueron finalizadas por el Consejo el 9 de abril de 2001 debido al compromiso asumido por Fiyi sobre la celebración de elecciones[362].

- República Centroafricana

El 15 de marzo de 2003 tuvo lugar un golpe de Estado militar en este Estado, por medio del que se destituyó a su presidente y se disolvió la Asamblea General. Como reacción a estos hechos, se celebraron unas consultas el 12 de junio de 2003, iniciadas por la Comisión en aplicación de la cláusula de derechos humanos y democracia contenida en dicho acuerdo (artículos 9 y 96), en las cuales las autoridades de este Estado se comprometieron al restablecimiento del orden constitucional. A pesar de que la Comisión propuso inicialmente al Consejo

---

361 Como se señaló en el capítulo primero, Haití firmó pero no ha ratificado el acuerdo de asociación económica celebrado en 2008 entre la Unión Europea y los Estados miembros del CARIFORUM.

362 Decisión del Consejo, de 9 de abril de 2001, por la que se dan por concluidas las consultas con la República de las Islas Fiyi de conformidad con el artículo 96 del Acuerdo de asociación ACP-CE–Proyecto de carta al Presidente de la República de las Islas Fiyi, *DOCE*, L 120/33, de 28 de abril de 2001.

la clausura del procedimiento de consultas[363], en atención al incumplimiento de los compromisos de respeto de la democracia, el Consejo suspendió la aplicación del acuerdo de cooperación respecto a la República Centroafricana[364].

- Liberia

Con motivo de las reiteradas violaciones de los derechos humanos y de los principios democráticos en este Estado, se celebraron unas consultas con sus autoridades el 9 de noviembre de 2001 en las que éstas se comprometieron, entre otras actuaciones, a la creación de una comisión independiente de derechos humanos y de reconciliación nacional[365]. No obstante, ante la

---

363 COM (2003) 629.

364 Decisión 2003/837/CE del Consejo, de 24 de noviembre de 2003, por la que se concluye el procedimiento de consultas con la República Centroafricana en virtud del artículo 96 del Acuerdo de Cotonú, *DOCE*, L 319, de 4 de diciembre de 2003.

365 Como señala la profesora Candela Soriano, esta fue la primera ocasión en la que se invocó el artículo 97 del acuerdo de Cotonú con los Estados ACP (CANDELA SORIANO, M., *Los derechos humanos, la democracia y el estado de derecho en la acción exterior de la Unión Europea: evolución, actores, instrumentos y ejecución, op. cit.*, p. 324). El artículo 97 del acuerdo *-procedimiento de consulta y medidas pertinentes sobre corrupción-* dispone lo siguiente: "1. Las Partes consideran que, cuando la Comunidad sea un socio importante en términos de apoyo financiero a políticas y programas económicos y sectoriales, los casos graves de corrupción deberían ser objeto de consultas entre las Partes. 2. En tales casos, cualquiera de las Partes podrá invitar a la otra Parte a celebrar consultas- Éstas comenzarán a más tardar 21 días después de la invitación y no podrán durar más de 60 días. 3. Si las consultas no conducen a una solución aceptable para las Partes o en caso de denegación de consulta, las Partes adoptarán las medidas pertinentes. En todos los casos, corresponde a la Parte en la que se hayan constatado los casos graves de corrupción adoptar inmediatamente las medidas necesarias para remediar la situación. Las medidas adoptadas por cualquiera de las Partes deben ser pro-

constatación del incumplimiento de los citados compromisos, el Consejo decidió suspender el acuerdo de cooperación y no desembolsar ciertos fondos previstos que quedaron vinculados a la reinstauración de estructuras democráticas eficaces[366].

- Zimbabue

Respecto de este Estado de la comunidad ACP también se ha aplicado la cláusula de derechos humanos y democracia, en particular, el artículo 96 del Acuerdo de asociación ACP, de modo que, tras las consultas celebradas el 11 de enero de 2002, se decidió suspender la cooperación de la entonces Comunidad Europea con Zimbabue como consecuencia de las actuaciones contrarias a los principios democráticos llevadas a cabo por su gobierno[367].

- Guinea

Debido al deterioro de la situación democrática en Guinea, donde se celebraron unas elecciones en 2003 con serias dudas sobre su carácter democrático, igualmente se celebraron, en virtud del artículo 96 del Acuerdo ACP, consultas con las autoridades de dicho Estado y el Consejo adoptó una decisión

---

porcionales a la gravedad de la situación. Al elegir tales medidas, se dará prioridad a las medidas que menos perturben la aplicación del presente Acuerdo. Se entiende que la suspensión sería un último recurso. 4. A efectos del presente artículo, se entiende por 'Parte' la Comunidad y los Estados miembros de la Unión Europea, por un lado, y a cada uno de los Estados ACP, por otro lado".

366 Decisión 2002/274/CE del Consejo, de 25 de marzo de 2002, por la que se dan por concluidas las consultas con Liberia de conformidad con los artículos 96 y 97 del Acuerdo de asociación ACP-CE, *DOCE*, L 96/23, de 13 de abril de 2002.

367 COM (2001) 623.

condicionando futuras ayudas económicas a la consolidación de la democracia en dicho Estado[368].

- Mauritania

Mauritania es el último Estado ACP respecto del que la Unión Europea ha invocado las cláusulas de derechos humanos y democracia como consecuencia del golpe de Estado militar que tuvo lugar el 3 agosto de 2005, de la disolución del parlamento de dicho Estado y la constitución de una junta militar. Aunque la Comisión entendió que concurría la urgencia especial que prevé el artículo 96, apartado primero, letra a del Acuerdo de Cotonú, tras las consultas celebradas con las autoridades de este Estado, se decantó por el mantenimiento de la aplicación del acuerdo de cooperación en relación con Mauritania[369].

Del recorrido realizado por los casos en los que la Unión Europea ha invocado la cláusula de derechos humanos y democracia se advierte, ante todo, la escasa correlación entre la aplicación de las sanciones y los criterios objetivos para su imposición o levantamiento. En otras palabras, resulta llamativo la muy limitada aplicación de las cláusulas de derechos humanos y democracia considerando tanto el elevado número de acuerdos internacionales en las que éstas se incluyen como las violaciones de los derechos humanos y de la democracia en un número significativo de los Estados con los que la Unión Europea mantiene un acuerdo de cooperación.

---

368 Decisión del Consejo, de 14 de abril de 2005, por la que se concluye el procedimiento de consultas abierto con la República de Guinea en virtud del artículo 96 del Acuerdo de Cotonú, *DOCE*, L 104/33, de 23 de marzo de 2005.

369 COM (2005) 546 final.

Así lo pone de manifiesto, por ejemplo, la no invocación del artículo 107 del Acuerdo de colaboración y cooperación con la Federación de Rusia tras las violaciones de los derechos humanos cometidas en Chechenia, la reanudación parcial de la cooperación con Sudán en enero de 2005, a pesar de las violaciones extremadamente graves de los derechos humanos en la región de Darfur[370], o la no invocación de estas cláusulas en casos de violación flagrante de los derechos humanos o de la democracia (o de ambos valores de la Unión Europea) producidos en Nigeria, Turquía, Israel o China.

En cambio, la invocación en tan solo doce ocasiones de estas cláusulas se ha producido únicamente respeto de acuerdos celebrados con Estados de África, Caribe y El Pacífico, en su inmensa mayoría respeto de Estados del África Subsahariana debido, fundamentalmente, a los escasos intereses económicos que los Estados miembros tienen en dichos países[371]. A mayor abundamiento, la aplicación de estas cláusulas ha respondido en una gran mayoría a violaciones del principio democrático y en solo un supuesto -el de Libera- a la violación grave de los derechos humanos. Como afirma acertadamente la profesora Candela Soriano, resulta paradójica la condena de las violaciones del valor de la democracia, considerando la vigencia del principio básico del Derecho Internacional de no intervención en los asuntos internos, mientras que la Unión ha mantenido una actitud aún más laxa ante las violaciones de los derechos

---

370 DÍAZ-SILVEIRA SANTOS, C., "La cláusula de derechos humanos y democráticos en las relaciones entre la UE y América Latina y el Caribe", *Revista Electrónica Iberoamericana-ALCUE,* vol. 1, nº 1, pp. 101-115, p. 104.

371 WARD A., "Frameworks for cooperation between the European Union and third states: a viable matrix for uniform human rights standards?", *European Foreign Afairs Review, nº 3,* 1998, p. 514.

humanos, cuyo respeto constituye una obligación en virtud del Derecho Internacional General[372].

No obstante, la virtualidad de las cláusulas sobre derechos humanos se ha puesto de manifiesto también en forma de intervenciones *ex ante*, impidiendo la conclusión de los tratados bilaterales con Australia y Nueva Zelanda, con los que, en su lugar, se acordaron unas declaraciones conjuntas, que pueden considerarse como instrumentos de *soft law*, en 1997 y 1999, respectivamente[373]. De la misma manera, el

---

372 CANDELA SORIANO, M., *Los derechos humanos, la democracia y el estado de derecho en la acción exterior de la Unión Europea: evolución, actores, instrumentos y ejecución, op. cit.*, p. 322.
Véase en este sentido BIANCHI, A., "Humman rights and the magic of *jus cogens*", *European Journal of International Law*, vol. 19, nº 3, 2008, pp. 491-508; o, ÖZDAN, S., *The Human Rights Challenge to Immunity in International Law*, Palgrave Macmillan Cham, 2022, pp. 47-78.

373 Como es sabido, el *soft law* constituye un conjunto de "actos jurídicos que sin tener fuerza vinculante obligatoria contienen las pautas inspiradoras de una futura regulación de una materia, abriendo paso a un posterior proceso de formación normativa". Así es definido en el Diccionario Panhispánico del Español Jurídico, que puede consultarse en https://dpej.rae.es/lema/soft-law, última consulta 10/07/2023. Una definición más completa de este término es la realizada por el profesor Hinojo Rojas, quien lo define como "derecho suave, derecho blando, derecho en agraz. En referencia al proceso de formación en el que se puede encontrar una norma internacional, esta locución inglesa viene a referirse al momento o estado en que esa norma aún no se ha concretado, no ha nacido, pero del que cabe deducir indicios del contenido de la misma si definitivamente se constituyera en Derecho entrando en vigor. En este sentido, diríase que la norma estaría en un estadio pre-jurídico. También dicha expresión puede aludir al proceso normativo que se deduce de un conjunto de instrumentos sin naturaleza jurídica, por tanto sin fuerza obligatoria, pero que tienen relevancia para el Derecho internacional puesto que inciden, o pueden incidir, para que se conforme en un futuro un instrumento internacional jurídico,

Acuerdo de Asociación y Cooperación con Bielorrusia, que se negoció durante 1995, no llegó a entrar en vigor como consecuencia de la deriva hacia el autoritarismo que experimentó Aleksander Lukashenko[374], quien a día de hoy continúa siendo su presidente.

En otro orden de ideas, se advierte que la aplicación de la cláusula de derechos humanos y democracia se articula en tres fases consistentes, en primer lugar, en la celebración de consultas, en segundo lugar, en la suspensión del acuerdo de cooperación (y la consiguiente ayuda económica) y, en tercer lugar, en el levantamiento de las sanciones gradualmente atendiendo a las actuaciones realizadas en dicho Estado para el restablecimiento del respeto a los derechos humanos o a los principios democráticos. En este sentido, de modo similar a cómo se prevé en la aplicación del artículo 7 del TUE para los Estados miembros en los que concurra un riesgo claro de vio-

---

por tanto obligatorio. Ese conjunto de instrumentos al que aludo está compuesto por declaraciones que se adoptan en conferencias diplomáticas, por resoluciones de organizaciones internacionales, como en el caso de la Asamblea General de las Naciones Unidas, que en principio no tienen carácter obligatorio, y de otros textos fruto de diferentes reuniones internacionales de donde se puede desprender el estado de opinión o el pensamiento que tienen los Estados y las organizaciones internacionales en relación con una cuestión que afecta al Derecho internacional, pero que aún no está regulada jurídicamente por él. Diríase que aquellos instrumentos indican la dirección hacia donde debe propender esa regulación, caso de que la misma se estableciera. En definitiva, dicha locución viene a señalar que la regla, o reglas, está *in statu nascendi*, entre lo que no es Derecho y entre lo que es Derecho", en HINOJO ROJAS, M., y GARCÍA GARCÍA-REVILLO, M., *La protección del medio ambiente en el Derecho Internacional y en el Derecho de la Unión Europea*, Tecnos, Madrid, 2016, p. 279.

374 Puede consultarse en http://eur-lex.europa.eu/legal-content/ES/TXT/?uri=URISERV%3Ar10101, última consulta 05/05/2023.

lación grave de los valores o una violación grave y persistente de los mismos, la Unión Europea suele mantener la ayuda humanitaria y la encaminada a la sociedad civil con objeto de no perjudicar a la población de dicho Estado y, como se expondrá en el capítulo siguiente de este trabajo, de perseguir el objetivo de la cooperación al desarrollo.

Asimismo, cabe señalar la incoherencia en las posiciones seguidas en lo relativo al respeto de los derechos humanos y de la democracia por las distintas instituciones de la Unión Europea, toda vez que no existe correlación alguna entre las frecuentes condenas aprobadas por el Parlamento Europeo contra los Estados terceros en los que se violan estos valores de la Unión y la posición de la Comisión Europea y del Consejo respeto de la invocación de la cláusula de derechos humanos y democracia en dichos Estados. Igualmente, en aquellos casos en los que estas últimas instituciones aplican dicha cláusula, las consultas celebradas con el tercer Estado son secretas, lo que resta credibilidad y transparencia a esta manifestación de la acción exterior de la Unión Europea.

Ahora bien, como sostienen los profesores Liñán Nogueras e Hinojosa Martínez, el empleo del comercio como acicate para la promoción del respeto a los derechos humanos en terceros Estados presenta problemas jurídicos complejos que no pueden ser fácilmente resueltos en el marco del Derecho internacional[375]. Así, la cláusula de derechos humanos y democracia permite la suspensión de las relaciones comerciales con terceros Estados en los supuestos de violaciones graves y sistemáticas de los derechos humanos y de los principios democráticos, si bien se pueden producir problemas de legitimidad

---

375 LIÑÁN NOGUERAS, D. J., HINOJOSA MARTÍNEZ, L. M., "Human rights conditionality in the external trade of the European Union: legal and legitimacy problems", *Columbia Journal of European Law*, vol. 7, nº 3, 2001, pp. 307-336, p. 334.

para la Unión Europea debido a la ausencia de unos criterios claros que permitan identificar cuáles son los casos que dan lugar a la activación de estas cláusulas. De lo contrario, bien la Unión podría situarse en una posición política inconveniente, bien su acción exterior en materia de derechos humanos y democracia podría resultar ineficaz[376]. A la luz del estudio realizado, a mi juicio parece claro que esta última opción ha sido la que se ha materializado en la práctica de la Unión con relación a estas cláusulas.

En todo caso, considero que las críticas a la limitada invocación por parte de la Unión Europea de estas cláusulas deben ser matizadas debido, en primer lugar, a los lógicos intereses económicos, estratégicos, políticos y de otra índole que la UE debe igualmente tener en cuenta en su acción exterior para continuar actuando como uno de los actores internacionales de mayor relevancia. En segundo lugar, como afirman los profesores Mangas Martín y Liñán Nogueras, no existe Estado ni organización internacional que pueda mostrar una política acabada y de implacable aplicación de medidas de condicionalidad negativa en materia de derechos humanos y democracia, especialmente a la luz de la difícil, compleja y cambiante situación del escenario mundial, sin olvidarnos del propio papel inacabado que el proceso de construcción europea ha impuesto a la acción exterior de esta organización internacional[377]. En fin, en mi opinión debe ser bienvenida la política exterior de la Unión consistente en la intensificación del diálogo político con los Estados terceros

---

376 En este trabajo, los profesores Liñán Nogueras e Hinojosa Martínez planteaban el conflicto entre dos sectores del Derecho internacional (el Derecho internacional comercial y el Derecho internacional de los derechos humanos) entre los que no existe una clara relación jerárquica (*ibidem*, pp. 335-336).

377 MANGAS MARTÍN, A., LIÑÁN NOGUERAS, D. J., *Instituciones y Derecho de la Unión Europea*, *op. cit.*, p. 155.

reflejada singularmente en los acuerdos celebrados recientemente, aunque resulte deseable una mayor transparencia y rigor en la aplicación de estas cláusulas que, en suma, brinde una mayor coherencia y credibilidad a la acción exterior de la Unión Europea.

2. LA PROMOCIÓN DEL VALOR DEL ESTADO DE DERECHO

Como es sabido, en los últimos años se ha asistido a una revitalización significativa de la cuestión del Estado de Derecho en tanto que valor de la Unión Europea y a un interés renovado en los procedimientos para su defensa y promoción[378]. En este sentido, la Comisión Europea aprobó una iniciativa el 11 de marzo de 2014, titulada *un nuevo marco de la Unión Europea para reforzar el Estado de Derecho,* como muestra de la preocupación de las instituciones comunitarias ante el debilitamiento de este valor en algunos Estados Miembros y ante la fragilidad que mostraban los medios del ordenamiento jurídico de la Unión para la protección de este valor[379].

---

378 LIÑÁN NOGUERAS, D. J., "La internacionalización del Estado de Derecho y la Unión Europea: una traslación categorial imperfecta", en LIÑÁN NOGUERAS, D. J., y MARTÍN RODRÍGUEZ, P. J. (dirs.), *Estado de Derecho y Unión Europea, op. cit.*, 2018, pp. 39-69, p. 39. Sobre esta cuestión y el interés del Estado de Derecho en España, véase MARCO MARCO, J. J., "La situación del Estado de Derecho en la Unión Europea. Especial referencia al caso de España", en SANZ CABALLERO, S. (dir.), *La Unión Europea y el reto del Estado de Derecho,* Thomson Reuters Aranzadi, Pamplona, 2022, pp. 181-205.

379 COMISIÓN EUROPEA, Comunicación al Consejo y al Parlamento Europeo "Un nuevo marco de la UE para reforzar el Estado de Derecho", *COM (2014) 158 final,* Estrasburgo, 11 de marzo de 2014.

El interés renovado que despierta la noción de "Estado de Derecho", que se ha convertido en una categoría esencial para la legitimidad del sistema de la Unión y de sus Estados Miembros, puede derivar en un uso inadecuado de la misma, que la vacíe de contenido, a riesgo de invalidarla[380]. Como ha afirmado el profesor Von Danwitz, el Estado de Derecho, al igual que otros principios fundamentales, ha encontrado un reconocimiento general, si bien esa aceptación no es una garantía para su eficacia, toda vez que su exigencia puede considerarse tan obvia que no requiera mayor atención[381].

Como sostiene el profesor Liñán Nogueras, aunque comience a ser habitual la inclusión en el marco del Estado de Derecho del tratamiento exclusivo del sistema de garantía de derechos y libertades fundamentales -contenido esencial de la más moderna formulación del Estado de Derecho- en ningún caso son elementos equivalentes[382].

A mayor abundamiento, la inclusión de la condicionalidad de la aplicación de los acuerdos celebrados con terceros por la Unión Europea al respeto del valor del Estado de Derecho

---

380 LIÑÁN NOGUERAS, D. J., "La internacionalización del Estado de Derecho y la Unión Europea: una traslación categorial imperfecta", en LIÑÁN NOGUERAS, D. J., y MARTÍN RODRÍGUEZ, P. J. (dirs.), *Estado de Derecho y Unión Europea, op. cit.*, p. 40.

381 VON DANWITZ, T., "The rule of law in recent jurisprudence of the ECJ", *Fordham International Law Journal*, vol. 37, nº 5, 2014, p. 1311-1347, p. 1313.

382 LIÑÁN NOGUERAS, D. J., "La internacionalización del Estado de Derecho y la Unión Europea: una traslación categorial imperfecta", en LIÑÁN NOGUERAS, D. J., y MARTÍN RODRÍGUEZ, P. J. (eds.), *Estado de Derecho y Unión Europea, op. cit.*, p. 40. Véase PONS RAFOLS, X., "La Unión Europea y la promoción del estado de derecho", en MARTÍNEZ CAPDEVILA, y C., MARTÍNEZ PÉREZ, E. J. (dirs.), *Retos para la acción exterior de la Unión Europea, op. cit.*, pp. 509-534.

es posterior a la original fórmula consistente en las *cláusulas de derechos humanos y democracia*, expuesta en el apartado anterior. La diferencia entre los valores consistentes, de un lado, en la democracia y los derechos humanos, y, del otro, del Estado de Derecho, la inclusión de estas condicionalidades en distintos momentos de la acción exterior de la Unión Europea, amén de la existencia de una concepción propia de la noción de Estado de Derecho para la Unión Europea, me llevan a dotar de autonomía al estudio de la promoción del Estado de Derecho a través de los acuerdos con terceros de la Unión Europea respecto a la promoción de la democracia y de los derechos humanos.

A tal efecto, se abordará, en primer lugar, la concepción de Estado de Derecho para la Unión Europea (que ésta intenta proyectar al exterior a través de sus acuerdos), en segundo lugar, se considerará la inclusión de dicha condicionalidad en los distintos acuerdos de la Unión y, en tercer lugar, se pondrá de manifiesto la muy limitada invocación de la violación de este valor por terceros Estados para dejar de aplicar los distintos acuerdos, elemento que comparte con las cláusulas de derechos humanos y democracia.

2.1. Introducción: el valor del Estado de Derecho en la Unión Europea

El término Estado de Derecho (*Rule of Law, État de droit, Rechtsstaat*) alberga cierta polisemia, que puede llevar a confusión considerando su compleja evolución histórica y sus características particulares que no permiten una formulación general, única y absoluta del mismo. Como sostiene con todo acierto el profesor Liñán Nogueras, la evolución última de este término hacia concepciones más sustantivas ha reforzado sus elementos normativos e ideológicos marcando incluso más las diferencias al añadirle algunas adjetivaciones (tales como *Estado social y democrático de Derecho, Estado democrático de Derecho*) que abundan en el problema de la formulación de una categoría de Estado de Derecho común o, al menos, generalmente aceptable[383].

A este respecto, resulta interesante traer a colación la afirmación en la materia de la Comisión Europea para la Democracia por el Derecho (conocida como Comisión de Venecia), que mantiene que, a pesar de las diferentes opiniones, "existe un consenso sobre las características esenciales del Estado de Derecho, el *Rechtstaat* y el *Rule of Law*, que no solo son formales sino también sustantivas o materiales"[384]. La Comisión de Venecia es el órgano consultivo en materia constitucional del Consejo de Europa, organización internacional, esta última, que, como recuerda la profesora Salinas de Frías, fue la primera en instituir el Estado de Derecho como requisito a cumplir obligatoriamente por los Estados aspirantes a convertirse en miembros de la misma[385]. Precisamente, el órgano judicial de esta organización internacional, el Tribunal Europeo de Derechos Humanos, en una célebre sentencia del año 1979, articuló en una única formulación los principios democráticos, el Estado de Derecho y los derechos fundamentales como principios inescindibles de un orden público europeo

---

383 LIÑÁN NOGUERAS, D. J., "La internacionalización del Estado de Derecho y la Unión Europea: una traslación categorial imperfecta", en LIÑÁN NOGUERAS, D. J., y MARTÍN RODRÍGUEZ, P. J. (eds.), *Estado de Derecho y Unión Europea, op. cit.*, p. 40.

384 COMMISSION EUROPÉENNE POUR LA DÉMOCRATIE PAR LE DROIT, *Liste des critères de l'état de droit,* adoptée par la Commission de Venise à sa 106 session plénière (Venise, 11-12 mars 2016), *CDL-AD (2016)007, Etude nº 711/2013,* Estrasburgo, 18 de marzo de 2016.

385 SALINAS DE FRÍAS, A., "Estado de Derecho o 'Rule of Law': valor de base y principio de acción del Consejo de Europa", en LIÑÁN NOGUERAS, D. J., y MARTÍN RODRÍGUEZ, P. J. (dirs.), *Estado de Derecho y Unión Europea, op. cit.*, pp. 89-125, p. 91.

al afirmar que "no puede existir una sociedad democrática sin que pluralismo, tolerancia y amplitud de espíritu encuentren su expresión práctica en un régimen constitucional que esté sometido al principio de la preeminencia del Derecho, que comporte esencialmente un control eficaz del ejecutivo, ejercido, sin perjuicio del control parlamentario, por un poder judicial independiente que asegure el respeto de la persona humana"[386].

Debe destacarse que ninguna constitución europea ni tampoco los tratados internacionales más relevantes (entre ellos, los tratados de la Unión Europea, el Estatuto del Consejo de Europa, el Convenio Europeo de Derechos Humanos, la Declaración Universal de Derechos Humanos o la Carta de Derechos Fundamentales de la Unión Europea) definen qué se entiende por Estado de Derecho. No obstante, la Declaración Universal de los Derechos Humanos, aprobada en 1948, además de establecer una relación de derechos y libertades fundamentales, considera esencial en su preámbulo "que los derechos humanos sean protegidos por un régimen de derecho" y, además, su artículo 28 añade que "toda persona tiene derecho a que se establezca un orden social e internacional en el que

---

[386] La versión original en inglés del *dictum* referido es la siguiente: "We wish to recall at this juncture that there can be no democratic society unless 'pluralism, tolerance and broad-mindedness' (see the Handyside judgment, loc. cit., p. 23, para. 49) find effective expression in the society's institutional system, and unless this system is subject to the rule of law, makes basic provision for an effective control of executive action to be exercised, without prejudice to parliamentary control, by an independent judiciary (see the Klass and others judgment, loc. cit., pp. 25-26, para. 55), and assures respect of the human person". Sentencia de 26 de abril de 1979, *Sunday Times c. Reino Unido*, Serie A, n° 30, p. 526, para. 8. La traducción ha sido extraída de la obra *Tribunal Europeo de Derechos Humanos. 25 años de jurisprudencia, 1959-1983*, Publicaciones de las Cortes Generales, 1983.

los derechos y libertades proclamados en esta Declaración se hagan plenamente efectivos"[387].

Entre la doctrina, existe un acuerdo relativamente aceptado por el cual la evolución de este término ha arribado en dos concepciones distintas de Estado Derecho[388]. De un lado, la concepción formal, referida a la sumisión a la ley de particulares y del poder político, al imperio de la ley y al principio de igualdad ante la ley de los sujetos del ordenamiento jurídico. Del otro, la concepción material, que incluye un elemento valorativo muy plural, respondiendo a la concepción liberal del poder (a partir de la soberanía popular) y, en la actualidad, un elemento finalista que vincula al Estado de Derecho con la garantía de los derechos y de las libertades fundamentales[389]. Esta última concepción material lleva aparejada además la legitimidad democrática como un elemento esencial e irrenunciable del Estado de Derecho en su formulación constitucional europea actual[390].

De manera muy interesante, la Comisión Europea, en su comunicación antes referida sobre *un nuevo marco de la UE para reforzar el Estado de Derecho*, afirma que el "principio del Estado

---

387 ONU, Asamblea General, *Declaración Universal de Derechos Humanos*, 10 Diciembre 1948, 217 A (III).

388 LIÑÁN NOGUERAS, D. J., "La internacionalización del Estado de Derecho y la Unión Europea: una traslación categorial imperfecta", en LIÑÁN NOGUERAS, D. J., y MARTÍN RODRÍGUEZ, P. J. (eds.), *Estado de Derecho y Unión Europea, op. cit.*, p. 43.

389 *Ibidem*, p. 44.

390 Como ha afirmado el profesor Pérez Luño, "el Estado de Derecho no es solo un Estado de legalidad formal sino aquel Estado en el que la legalidad se funda en la soberanía popular y se dirige a la tutela de los derechos fundamentales. El Estado de Derecho es por tanto una expresión de legitimidad política", en PÉREZ LUÑO, A., *La seguridad jurídica*, Ariel, Barcelona, 1991, p. 59, citado a su vez por DE CARRERAS, F., *El Estado de Derecho como sistema*, Centro de Estudios Constitucionales, Madrid, 1996, p. 13.

de Derecho se ha ido convirtiendo poco a poco en el modelo organizativo preponderante del Derecho constitucional moderno y de las organizaciones internacionales (incluidas las Naciones Unidas y el Consejo de Europa) para regular el ejercicio de los poderes públicos. Garantiza que todos los poderes públicos actúen dentro de los límites fijados por la ley, de conformidad con los valores de la democracia y los derechos fundamentales, y bajo el control de órganos jurisdiccionales independientes e imparciales"[391].

En este orden de ideas, la Comisión de Venecia, a la que nos referimos previamente, identificó de modo acertado en un informe de 2011 seis elementos que expresan un contenido común de las concepciones del Estado de Derecho en los Estados de Europa, a saber: 1) la *legalidad*, que implica un proceso legislativo transparente, responsable, democrático y pluralista; 2) la *seguridad jurídica*; 3) la *prohibición de la arbitrariedad* de los poderes ejecutivos; 4) la existencia de *tribunales independientes e imparciales*; 5) la *tutela judicial efectiva*, incluido el respeto de los derechos fundamentales; y, 6) la *igualdad ante la ley*[392]. Esta lista, aunque bastante completa, no es exhaustiva, toda vez que la propia Comisión de Venecia ha desarrollado los elementos que, a su juicio, están comprendidos en el término Estado de Derecho: la legalidad; la seguridad jurídica; la prevención del abuso de poder; la igualdad ante la ley y la no discriminación; y, el acceso a la justicia[393].

---

391 COMISIÓN EUROPEA, Comunicación al Consejo y al Parlamento Europeo "Un nuevo marco de la UE para reforzar el Estado de Derecho", *op. cit.*, p. 4.

392 COMMISSION EUROPÉENNE POUR LA DÉMOCRATIE PAR LE DROIT, *Rapport sur la prééminence du* droit, adopté lors de sa 86 session plénière (Venise, 25-26 mars 2011), *CDL-AD (2011)003rev., Etude nº 512/2009*, Estrasburgo, 28 de marzo de 2001.

393 COMMISSION EUROPÉENNE POUR LA DÉMOCRATIE PAR LE DROIT, *Liste des critères de l'état de droit,* adoptée par la Commission

En un sentido similar, la Comisión Europea, en el anexo 1 a la comunicación sobre el nuevo marco para reforzar el Estado de Derecho, anteriormente mencionada, trayendo a colación la jurisprudencia del Tribunal de Justicia de la Unión Europea -que indica que el Estado de Derecho es la fuente de principios plenamente justiciables aplicables en el ordenamiento jurídico de la UE-, ha realizado un listado de los principios que, según dicha jurisprudencia, integran el Estado de Derecho: a) el principio de legalidad; b) la seguridad jurídica; c) la prohibición de la arbitrariedad de los poderes ejecutivos; d) la tutela judicial efectiva e independiente, incluido el respeto de los derechos fundamentales; e) la relación entre el derecho a un juicio justo y la separación de poderes; y, f) la igualdad ante la ley[394].

Lógicamente, estas tentativas de definiciones del Estado de Derecho emanadas en el marco de la Unión Europea y del Consejo de Europa no son totalmente exhaustivas ni únicas. También los sucesivos secretarios generales de la Organización de las Naciones Unidas han descrito el concepto de Estado de Derecho de manera similar, definiciones que podrían sintetizarse en la opinión expresada por el antiguo Secretario General Kofi Annan, a cuyo juicio el "Estado de Derecho", que ocupa un lugar central en el cometido de la Organización, "se refiere a un principio de gobierno según el cual todas las personas, instituciones y entidades, públicas y privadas, incluido el propio Estado, están sometidas a unas leyes que se promulgan públicamente, se hacen cumplir por igual y se aplican con in-

---

de Venise à sa 106 session plénière (Venise, 11-12 mars 2016), *op. cit.*, pp. 11-47.

394 COMISIÓN EUROPEA, Comunicación al Consejo y al Parlamento Europeo "Un nuevo marco de la UE para reforzar el Estado de Derecho", Anexo 1: El Estado de Derecho como principio fundacional de la Unión, *op. cit.*, p. 4.

dependencia, además de ser compatibles con las normas y los principios internacionales de derechos humanos. Asimismo, exige que se adopten medidas para garantizar el respeto de los principios de primacía de la ley, igualdad ante la ley, rendición de cuentas ante la ley, equidad en la aplicación de la ley, separación de poderes, participación en la adopción de decisiones, legalidad, no arbitrariedad, y transparencia procesal y legal"[395].

Por su parte, el *World Justice Project*, una organización internacional no gubernamental específicamente dedicada al estudio del Estado de Derecho y a la medición de su grado de cumplimiento en el mundo, ha elaborado cuatro principios, a su juicio universales, que vendrían a componer el concepto de Estado de Derecho (que es "*a durable system of laws, institutions, norms, and community commitment that delivers*"), a saber: "*Accountability (the government as well as private actors are accountable under the law); Just Law (the law is clear, publicized, and stable and is applied evenly. It ensures human rights as well as property, contract, and procedural rights); Open Government (the processes by which the law is adopted, administered, adjudicated, and enforced are accessible, fair, and efficient); Accessible and Impartial Justice (justice is delivered timely by competent, ethical, and independent representatives and neutrals who are accessible, have adequate resources, and reflect the makeup of the communities they serve). These four universal principles constitute a working definition of the rule of law. They were developed in accordance with internationally accepted standards and norms, and were tested and refined in consultation with a wide variety of experts worldwide*"[396].

---

[395] Informe del Secretario General, *El Estado de derecho y la justicia de transición en las sociedades que sufren o han sufrido conflictos*, NACIONES UNIDAS, Doc S/2004/616, que puede consultarse en file:///C:/Users/Usuario/Downloads/S_2004_616-ES.pdf, última consulta 31/05/2023.

[396] WORLD JUSTICE PROJECT, disponible en https://worldjusticeproject.org/about-us/overview/what-rule-law, última consulta

Como he señalado, a la promoción de los derechos humanos y de la democracia como régimen político se ha venido añadiendo la defensa del Estado de Derecho mediante unas reglas políticas y jurídicas internacionales, de manera que, según se ha afirmado, es posible hablar actualmente de una rama del Derecho Internacional de la democracia y del Estado de Derecho, que está conectada y es complementaria de otros valores públicos globales como la paz y el desarrollo[397]. Como sostiene el profesor Roldán Barbero, "el ordenamiento jurídico-internacional ha ido cubriendo, amparando la triada política liberal: derechos humanos, democracia y Estado de Derecho, tal como aparecen consecutivamente en el derecho primario de la Unión Europea como nociones correlativas, pero diferenciadas"[398].

A mayor abundamiento, la interacción conceptual y axiológica entre los tres principios es ineludible, ya que, como puso de relieve el profesor Elías Díaz, un Estado, por el mero hecho de serlo, no es necesariamente un Estado de Derecho, sino que para tal condición debe estar sustentado en elecciones libres y plurales, en la separación de poderes, en el imperio de la ley y en el respeto de los derechos fundamentales[399]. De este modo, el concepto de Estado de Derecho, en la concepción seguida por la Unión Europea y que proyecta *ad extra* en sus relaciones con terceros, alude a unos procedimientos y a unos valores, re-

---

31/05/2023.

397 ROLDÁN BARBERO, F. J., "El Estado de Derecho y la Acción exterior de la UE", en LIÑÁN NOGUERAS, D. J., MARTÍN RODRÍGUEZ, P. J. (dirs.), *Estado de Derecho y Unión Europea, op. cit*, pp. 231-262, p. 232.

398 *Ibidem.* Véase RABAN, O., "The rationalisation of policy on the relation between democracy and the rule of law", *New York University Journal of Legislation and Public Policy*, nº 1, vol. 18, 2015, pp. 45-66.

399 DÍAZ GARCÍA, E., *Estado de Derecho y sociedad democrática*, Taurus, 2010.

vistiendo tanto la dimensión formal como la material a las que nos referíamos previamente.

No por obvia debe omitirse la evidente contradicción existente entre el afán de la Unión Europea de promover en el exterior el Estado de Derecho y el principio de no intervención en los asuntos internos o, en otras palabras, la contradicción entre este principio de no injerencia y la interferencia en esos asuntos en aras de los principios democráticos y el Estado de Derecho. Este último precisa un orden internacional consecuente con sus principios para no resultar deteriorado, para ser sostenible y el Derecho internacional requiere Estados de Derecho donde se apliquen y se proyecten al exterior los principios democráticos y los derechos humanos[400]. Como se ha afirmado acertadamente, existe un Derecho internacional de la democracia y del Estado de Derecho, pero también una internacional de autocracias (piénsese en Rusia, China y otros tantos) que desmiente rotundamente el pensamiento único, la hegemonía incontestada de la democracia liberal[401].

El Estado de Derecho dentro y en el ámbito exterior de la Unión Europea presentan para esta una relación estrecha, como ponen de relieve, entre otros aspectos, los informes sobre el Estado de Derecho en la UE y en el mundo o la Estrategia global para la Política Exterior y de Seguridad de la Unión Europea, de 28 de junio de 2016[402].

---

400 ROLDÁN BARBERO, F. J., "El Estado de Derecho y la Acción exterior de la UE", en LIÑÁN NOGUERAS, D. J., MARTÍN RODRÍGUEZ, P. J. (dirs.), *Estado de Derecho y Unión Europea, op. cit*, pp. 231-262, p. 236.

401 *Ibidem*, p. 237. Véase MÁRQUEZ CARRASCO, C., "La implementación de los principios rectores de las Naciones Unidas sobre empresas y derechos humanos por medio de los planes nacionales de acción", *Revista de Responsabilidad Social de la Empresa*, nº 20, 2015, pp. 55-87.

402 *Una visión común, una actuación conjunta: una Europa más fuerte — Estrategia global para la política exterior y de seguridad común de la Unión*

Como he venido señalando, las expresiones y muestras del imperio del Derecho están patentes en la acción exterior de la UE, estando presentes en el Derecho de la Unión y el de sus Estados miembros, en el ordenamiento interno del Estado tercero en sus relaciones bilaterales o multilaterales compartidas con la Unión Europea y, también, en el Derecho Internacional General[403].

Ahora bien, una de las manifestaciones principales de la relevancia que el Estado de Derecho tiene en la acción exterior de la Unión Europea es, sin duda, su inclusión como elemento esencial de los acuerdos que ésta celebra con terceros, de modo que la violación por estos últimos de este valor europeo le habilita a la Unión a la inaplicación del mismo, constituyendo, por tanto, una verdadera *cláusula de Estado de Derecho*, análoga a las cláusulas de derechos humanos y democracia ya estudiadas.

En todo caso, no debe perderse de vista que la respuesta que se articule ante la vulneración del Estado de Derecho en terceros Estados está afectada por múltiples factores políticos tales como el cumplimiento del principio de no intervención en los asuntos internos; el doble rasero ante estos casos, considerando también los problemas internos en este ámbito de algunos Estados Miembros de la UE; o, en fin, la dificultad de precisar el grado de eficacia de una determinada medida

---

Europea, puede consultarse en https://www.eeas.europa.eu/sites/default/files/eugs_review_web_0.pdf, última consulta 01/06/2023. En este sentido, véase LIÑÁN NOGUERAS, D. J., "Un nuevo discurso estratégico para la política exterior europea", *Revista de Derecho Comunitario Europeo,* vol. 56, nº 1, 2017, pp. 11-24.

403 ROLDÁN BARBERO, F. J., "El Estado de Derecho y la Acción exterior de la UE", en LIÑÁN NOGUERAS, D. J., MARTÍN RODRÍGUEZ, P. J. (dirs.), *Estado de Derecho y Unión Europea, op. cit,* pp. 231-262, p. 243.

gubernativa sobre la evolución democrática y el Estado de Derecho de un país[404].

Tras estas consideraciones introductorias sobre el valor del Estado de Derecho en la Unión Europea, tanto en su dimensión interior como en sus relaciones exteriores, se procederá en el epígrafe inmediatamente siguiente al estudio de la condicionalidad de la aplicación de los tratados internacionales celebrados por la UE al respeto de dicho valor por los terceros Estados partes en los mismos.

2.2. Origen y estudio del valor del Estado de Derecho en los tratados internacionales celebrados por la Unión Europea

Como señalaba en el apartado anterior, la primera alusión a los derechos humanos en el texto principal de un acuerdo celebrado por la entonces Comunidad Europea se produjo en el Cuarto Convenio de Lomé, adoptado el 15 de diciembre de 1989, cuyo artículo cinco disponía que "la cooperación aspira a lograr un desarrollo centrado en el hombre, su agente y beneficiario principal, postulando, en consecuencia, el respeto y la promoción del conjunto de sus derechos. Las acciones de cooperación se enmarcarán en esta perspectiva positiva, en la que el respeto de los derechos humanos se reconocerá como factor fundamental de un verdadero desarrollo, y en la que la propia cooperación se concebirá como una contribución

---

[404] Véanse, además de los trabajos ya citados, JANER TORRENS, J. D., *La promoción de los derechos humanos y de los principios democráticos en las relaciones exteriores de la Unión Europea: mecanismos jurídicos*, Atelier, Barcelona, 2005; o, ARENAS MEZA, M., "Cláusula de derechos humanos en los acuerdos pesqueros de la UE", en PUEYO LOSA, J., y JORGE URBINA, J. (coords.), *La gobernanza marítima europea. Retos planteados por la reforma de la política pesquera común*, Thomson Aranzadi, Pamplona, 2016, pp. 265-292.

a la promoción de dichos derechos. En esta perspectiva, la política de desarrollo y la cooperación estarán estrechamente vinculadas al respeto y al disfrute de los derechos y las libertades fundamentales del hombre (...)"[405].

Ahora bien, como también se puso de manifiesto, esta cláusula no constituía un elemento esencial del acuerdo y no permitía la suspensión de la aplicación del acuerdo en caso de violación de los derechos humanos. En cambio, en un anterior acuerdo de cooperación celebrado en 1992 con Albania se incluía el respeto de los principios democráticos y de los derechos humanos como un elemento esencial de dicho acuerdo[406].

Esta fórmula combinada con la llamada cláusula búlgara, a la que hice referencia anteriormente, se plasmó en forma de Declaración conjunta relativa al artículo 99 del Acuerdo de Cooperación concluido con Moldavia, que establecía que "las Partes acuerdan que, para los efectos de su interpretación correcta y su aplicación práctica, por 'casos de especial urgencia' incluidos en el artículo 99 del Acuerdo se entenderá casos de violación material del Acuerdo por una de las Partes. Una violación material del Acuerdo consistirá en: a. un rechazo del Acuerdo no sancionado por las normas generales de la legislación internacional o b. una violación de los elementos esenciales del Acuerdo expuestos en

---

405 Acuerdo de asociación entre las Comunidades Europeas y sus Estados miembros, por una parte, y el grupo de los denominados *países ACP* (África, Caribe y Pacífico), por otra, renovado en tres ocasiones desde su celebración en 1975 (Lomé II, 1979; Lomé III, 1985; Lomé IV, 1989), *op. cit.*

406 *DOCE*, L, 343/2, de 25 de noviembre de 1992. En particular, este acuerdo disponía que "el respeto de los principios democráticos y de los derechos humanos consagrado en el Acta final de Helsinki y la Carta de París para una nueva Europa inspira las políticas nacionales y exteriores de la Comunidad y de Albania y constituye un elemento esencial del presente Acuerdo".

el artículo 2"[407]. El artículo 2 de dicho acuerdo, intitulado *principios generales*, dispone, en su apartado primero, que "el respeto de los principios democráticos, los derechos humanos y las libertades fundamentales tal y como se proclaman en la Declaración Universal de Derechos Humanos y se definen en el Convenio Europeo para la Protección de los Derechos Humanos, el Acta final de la Conferencia para la Seguridad y la Cooperación en Europa de Helsinki de 1975 y la Carta de París para una Nueva Europa de 1990, serán la base de la política interior y exterior de las Partes y constituyen un elemento esencial del presente Acuerdo. La lucha contra la proliferación de armas de destrucción masiva y materiales conexos y sus vectores también constituye un elemento esencial del presente Acuerdo", mientras que establece en su apartado tercero que "las Partes reafirman su respeto de los principios del Estado de Derecho y de la buena gobernanza, así como sus obligaciones internacionales, especialmente en el marco de las Naciones Unidas, el Consejo de Europa y la OSCE".

Por tanto, como se ha desarrollado en el apartado anterior, se consolida desde entonces esta formulación con relación al respeto de los derechos humanos y de la democracia. Sin embargo, esta cláusula de derechos humanos y democracia no incorpora el respeto del Estado de Derecho como un elemento esencial de dicho acuerdo. Así, no es hasta el acuerdo concluido con los Estados de África, El Caribe y El Pacífico el 12 de diciembre del año 2000 cuando se incluye por primera vez el respeto del Estado de Derecho como un elemento esencial de dicho acuerdo. Siguiendo una formulación conjunta con el respeto de los derechos humanos y de la democracia, su artículo noveno (apartado segundo) dispone que "el respeto de los derechos humanos, de los principios democráticos y del Estado de derecho, en que se fundamenta la asociación ACP-UE,

---

407 *DOCE*, L, 181/3, de 24 de junio de 1998.

inspirará las políticas internas e internacionales de las Partes y constituirá un elemento esencial del presente Acuerdo"[408].

Posteriormente, el acuerdo de estabilización y asociación con la Antigua República Yugoslava de Macedonia, concluido el 9 de abril de 2001 y que entró en vigor el 1 de abril de 2004, también dispone en su artículo segundo, intitulado *principios generales*, que "*el respeto a los principios democráticos y de los derechos humanos* proclamados en la Declaración Universal de los Derechos Humanos y definidos en el Acta final de Helsinki y en la Carta de París para una nueva Europa, los principios del Derecho Internacional *y del Estado de Derecho*, así como los principios de la economía de mercado reflejados en el Documento de la CSCE de la Conferencia de Bonn sobre cooperación económica, constituirán la base de las políticas interior y exterior de las Partes y *serán elementos esenciales del presente Acuerdo*"[409].

De este modo, el respeto del Estado de Derecho no constituyó un elemento esencial de los tratados celebrados con anterioridad al año 2000, entre los que mencionamos los siguientes acuerdos: 1) el concluido en 1993 con Venezuela (que no alude al Estado de Derecho)[410]; 2) el celebrado en

---

[408] Acuerdo de Asociación entre los Estados de África, del Caribe y del Pacífico, por una parte, y la Comunidad Europea y sus Estados miembros, por otra firmado en Cotonú el 23 de junio de 2000, *DOCE*, L 317, de 15 de diciembre de 2000, *op. cit.*

[409] *DOCE*, L 84/13, de 20 de marzo de 2004. La cursiva es mía.
Véase sobre este particular LÓPEZ JURADO ROMERO DE LA CRUZ, C., "El Estado de Derecho en la Acción exterior de la Unión Europea en los Balcanes occidentales", en LIÑÁN NOGUERAS, D. J., MARTÍN RODRÍGUEZ, P. J. (dirs.), *Estado de Derecho y Unión Europea, op. cit.*, pp. 425-448.

[410] Acuerdo Marco de Cooperación entre la Comunidad Económica Europea y el Acuerdo de Cartagena y sus países miembros, la República de Bolivia, la República de Colombia, la República del Ecua-

1994 con Sri Lanka (sin referencias a este valor)[411]; 3) los concluidos en 1995 con Israel (acuerdo que no incluye referencias a este valor de la Unión Europea)[412], con Túnez (sin referencias al Estado de Derecho)[413] o con Nepal (sin alusión alguna a esta cuestión)[414]; 4) los celebrados en 1996 con Marruecos (que tampoco incluye referencias al Estado de Derecho)[415], con Uzbekistán (que sí se refiere a este valor en su preámbulo y en el artículo 68)[416], con Corea (que no hace referencia a este valor)[417] o con Azerbaiyán (que también incluye alusiones a la relevancia del Estado de Derecho

---

dor, la República del Perú y la República de Venezuela, *DOCE*, L 127/11, de 29 de abril de 1998, *op. cit.*

411 Acuerdo de Cooperación entre la Comunidad Europea y la República Democrática Socialista de Sri Lanka para la colaboración y el desarrollo, *DOCE*, L, 85/32, de 19 de abril de 1995, *op. cit.*

412 Acuerdo Euromediterráneo por el que se crea una asociación entre las Comunidades Europeas y sus Estados miembros, por una parte, y el Estado de Israel, por otra, *DOCE*, L 147/3, de 21 de junio de 2000, *op. cit.*

413 Acuerdo Euromediterráneo por el que se crea una asociación entre las Comunidades Europeas y sus Estados miembros, por una parte, y la República de Túnez, por otra, *DOCE*, L 97/2, de 30 de marzo de 1998, *op. cit.*

414 Acuerdo de Cooperación entre la Comunidad Europea y el Reino de Nepal, *DOCE*, L 137/15, de 8 de agosto de 1996, *op. cit.*

415 Acuerdo Euromediterráneo por el que se crea una asociación entre las Comunidades Europeas y sus Estados miembros, por una parte, y el Reino de Marruecos, por otra, *DOCE*, L 70/2, de 18 de marzo de 2000, *op. cit.*

416 Acuerdo de Colaboración y de Cooperación por el que se establece una colaboración entre las Comunidades Europeas y sus Estados miembros, por una parte, y la República de Uzbekistán por otra, *DOCE*, L 229/3, de 31 de agosto de 1999, *op. cit.*

417 Acuerdo Marco sobre comercio y cooperación entre la Comunidad Europea y sus Estados miembros, por una parte, y la República de Corea, por otra, *DOCE*, L 90/46, de 30 de marzo de 2001, *op. cit.*

en su preámbulo y en su artículo 71)[418]; o, 5) los concluidos en 1997 con México (que se refiere al Estado de Derecho en su preámbulo y en parte del articulado)[419], con Jordania (sin alusiones a este valor de la Unión)[420] o con Yemen (éste sin referencias al Estado de Derecho)[421].

A partir del citado acuerdo con los Estados ACP del año 2000, la inclusión de lo que podemos denominar *cláusula de Estado de Derecho* ha corrido una suerte desigual con relación a las cláusulas de derechos humanos y democracia. De este modo, como se expondrá a continuación, en algunos acuerdos con terceros se incluye el respeto del Estado de Derecho como un elemento esencial del tratado -junto con el de los derechos humanos y la democracia-. En cambio, en otros acuerdos la referencia al Estado de Derecho consta en el preámbulo, en otros puntos del articulado o, por el contrario, no forma parte de los mismos.

Entre los a*cuerdos que sí incluyen la citada cláusula de Estado de Derecho como elemento esencial del tratado* menciono, en primer

---

418 Acuerdo de colaboración y de cooperación entre las Comunidades Europeas y sus Estados miembros, por una parte, y la República Azerbaiyana, por otra, *DOCE*, L 246, de 17 de septiembre de 1999, *op. cit.*

419 Acuerdo de asociación económica, concertación política y cooperación entre la Comunidad Europea y sus Estados miembros, por una parte, y los Estados Unidos Mexicanos, por otra, *DOCE*, L 276/45, de 28 de octubre de 2000, *op. cit.* En particular, el artículo 39 del acuerdo sobre cooperación sobre derechos humanos y democracia hace referencia al acuerdo, así como una declaración conjunta.

420 Acuerdo Euromediterráneo por el que se crea una asociación entre las Comunidades Europeas y sus Estados miembros, por una parte, y el Reino Hachemita de Jordania, por otra, *DOCE*, 129/3, de 15 de mayo de 2002, *op. cit.*

421 Acuerdo de Cooperación entre la Comunidad Europea y la República del Yemen, *DOCE*, L 72/18, de 11 de marzo de 1998, *op. cit.*

lugar, el acuerdo concluido entre la Unión Europea y Montenegro en 2007 que, en su artículo segundo, establece que "*el respeto de los principios democráticos y de los derechos humanos* proclamados en la Declaración Universal de los Derechos Humanos y definidos en el Convenio Europeo para la Protección de los Derechos Humanos y de las Libertades Fundamentales, en el Acta final de Helsinki y en la Carta de París para una nueva Europa, *los principios de Derecho internacional y del Estado de Derecho, el respeto de los principios de Derecho Internacional*, incluida la plena cooperación con el Tribunal Penal Internacional para la antigua Yugoslavia (TPIY), así como *los principios de la economía de mercado* reflejados en el Documento de la CSCE de la Conferencia de Bonn sobre cooperación económica, constituirán la base de las políticas interior y exterior de las Partes y serán elementos esenciales del presente Acuerdo"[422].

Asimismo, el respeto del Estado de Derecho constituye un elemento esencial de los acuerdos concluidos con Afganistán[423], con los Estados de Centroamérica[424], con Bosnia y Herzegovina[425], con los Estados miembros de la Comunidad

---

[422] Acuerdo de Estabilización y Asociación entre las Comunidades Europeas y sus Estados miembros, por una parte, y la República de Montenegro, por otra, *DOUE*, L 108/3, de 29 de abril de 2010, *op. cit.* La cursiva es mía.

[423] Acuerdo de Cooperación sobre Asociación y Desarrollo entre la Unión Europea y sus Estados miembros, por una parte, y la República Islámica de Afganistán, por otra, *DOUE*, L 67, 14 de marzo de 2017, *op. cit.*

[424] Acuerdo por el que se establece una Asociación entre la Unión Europea y sus Estados miembros, por un lado, y Centroamérica, por otro, *DOUE*, L 346/3, de 15 de diciembre de 2012, *op. cit.*

[425] Acuerdo de Estabilización y Asociación entre las Comunidades Europeas y sus Estados miembros, por una parte, y Bosnia y Herzegovina, por otra, *DOUE*, L 164, de 30 de junio de 2015, *op. cit.*

Andina[426], con Filipinas[427], con Reino Unido[428], con Serbia[429], con Tailandia[430] y con Ucrania[431]. Amén de la relevancia del respeto del Estado de Derecho entre los Estados candidatos a la adhesión a la Unión Europea, tales como Bosnia y Herzegovina, Montenegro, Serbia o Ucrania, señalaré la referencia al Estado de Derecho como elemento esencial en los dos acuerdos de más reciente conclusión. Me refiero, de un lado, al acuerdo con Reino Unido, concluido en 2021, y, del otro, al acuerdo con Tailandia, concluido en 2022.

El primero de ellos reitera en su preámbulo la adhesión de la UE y del Reino Unido a "los principios democráticos, el Estado de Derecho, los derechos humanos y la lucha contra la proliferación de las armas de destrucción masiva y contra el cambio climático, que constituyen elementos esenciales del presente Acuerdo y los acuerdos complementarios" y establece en su ar-

---

426 Acuerdo Comercial entre la Unión Europea y sus Estados miembros por una parte, y Colombia y el Perú, por otra, *DOUE*, L 354, de 21 de diciembre de 2012, *op. cit.*

427 Acuerdo Marco de Colaboración y Cooperación entre la Unión Europea y sus Estados miembros, por una parte, y la República de Filipinas, por otra, *DOUE*, L 343/3, de 22 de diciembre de 2017, *op. cit.*

428 Acuerdo de Comercio y Cooperación entre la Unión Europea y la Comunidad Europea de la Energía Atómica, por una parte, y el Reino Unido de Gran Bretaña e Irlanda del Norte, por otra, *DOUE*, L 149/10, de 30 de abril de 2021, *op. cit.*

429 Acuerdo de Estabilización y Asociación entre las Comunidades Europeas y sus Estados miembros, por una parte, y la República de Serbia, por otra, *DOUE*, L 278/16, de 18 de octubre de 2013, *op. cit.*

430 Acuerdo Marco Global de colaboración y cooperación entre la Unión Europea y sus Estados miembros, por una parte, y el Reino de Tailandia, por otra, *DOUE*, L 330/72, de 23 de diciembre de 2022, *op. cit.*

431 Acuerdo de Asociación entre la Unión europea y sus Estados Miembros, por una parte, y Ucrania, por otra, *DOUE*, L 161/3, de 29 de mayo de 2014, *op. cit.*

tículo 524 que "la cooperación prevista en la presente parte se basa en la larga tradición de respeto de las Partes y los Estados miembros por la democracia, el Estado de Derecho y la protección de los derechos y libertades fundamentales de las personas, en particular los establecidos en la Declaración Universal de Derechos Humanos y el Convenio Europeo de Derechos Humanos, así como en la importancia de aplicar plenamente los derechos y libertades de este Convenio a nivel nacional"[432]. Igualmente, prevé en su artículo 693 que, "en caso de deficiencias graves y sistemáticas en una Parte con respecto a la protección de los derechos fundamentales o al principio del Estado de Derecho, la otra Parte podrá suspender la presente parte o sus títulos mediante notificación escrita por vía diplomática".

En fin, en su artículo 763 -*democracia, Estado de Derecho y derechos*- dispone que "las Partes continuarán defendiendo los valores y principios compartidos de democracia, Estado de Derecho y respeto de los derechos humanos, que fundamentan sus políticas nacionales e internacionales. A este respecto, las Partes reafirman su adhesión a la Declaración Universal de Derechos Humanos y los tratados internacionales sobre derechos humanos en los que son Parte". En este sentido, resulta interesante comprobar el grado tan específico en que la Unión Europea y este antiguo Estado Miembro de la UE se comprometen a respetar este valor de la Unión Europea consistente en el Estado de Derecho, sobre todo, si se toma en consideración que, como se pondrá de manifiesto a continuación, otros recientes tratados celebrados por la Unión Europea con otros Estados democráticos (por ejemplo, Japón) no se refieren al respeto de dicho valor.

---

432 Acuerdo de Comercio y Cooperación entre la Unión Europea y la Comunidad Europea de la Energía Atómica, por una parte, y el Reino Unido de Gran Bretaña e Irlanda del Norte, por otra, *DOUE*, L 149/10, de 30 de abril de 2021, *op. cit.*

Por su parte, el acuerdo celebrado en 2022 entre la Unión Europea y Tailandia, aún no en vigor, con una formulación más clásica, además de reafirmar en el preámbulo la adhesión de las Partes "a los principios del Estado de Derecho y de la buena gobernanza", dispone en su artículo primero que "el respeto de los principios democráticos, y de los derechos humanos y las libertades fundamentales enunciados en la Declaración Universal de los Derechos Humanos y en otros instrumentos internacionales pertinentes en materia de derechos humanos, así como *el respeto del principio del Estado de Derecho, inspiran las políticas internas e internacionales de las Partes y constituyen un elemento esencial del presente Acuerdo*"[433].

A mayor abundamiento, este tratado incorpora un precepto específico relativo al Estado de Derecho por cuanto su artículo 20 establece que, "en la cooperación que lleven a cabo en virtud del presente título, las Partes concederán especial importancia a la promoción del Estado de Derecho y a garantizar la igualdad de acceso a la justicia para todos. En beneficio mutuo, las Partes cooperarán plenamente para el funcionamiento efectivo de las instituciones de los ámbitos de las funciones coercitivas y de la administración de justicia". Siguiendo la formulación habitual para las cláusulas de derechos humanos y democracia, el artículo 55 de este acuerdo, sobre el *cumplimiento de obligaciones*, prevé que, "*si una de las Partes tiene motivos fundados para considerar que la otra Parte ha incumplido de manera sustancial alguna de las obligaciones que se describen como esenciales* en el artículo 1, apartado 1, y en el artículo 3, apartado 1, *deberá notificar inmediatamente este incumplimiento a la otra Parte.* A instancia de cualquiera de las Partes, el Comité Mixto, o

---

433 Acuerdo Marco Global de colaboración y cooperación entre la Unión Europea y sus Estados miembros, por una parte, y el Reino de Tailandia, por otra, *DOUE*, L 330/72, de 23 de diciembre de 2022, *op. cit.* La cursiva es mía.

cualquier órgano designado de común acuerdo por las Partes, celebrará inmediatamente consultas en un plazo máximo de treinta días para proceder a un examen en profundidad de cualquier aspecto de la medida o de su fundamento, con objeto de encontrar una solución aceptable para las Partes. *Transcurrido ese plazo, la Parte notificante podrá aplicar las medidas apropiadas*"[434].

Entre los acuerdos posteriores a la primera inclusión de una *cláusula de Estado de Derecho* que incluyen referencias a este valor de la Unión Europea, pero sin que el respeto de este valor constituya un elemento esencial de dicho tratado pueden mencionarse los concluidos con Canadá (adoptado en 2016 y objeto de aplicación provisional desde 2017)[435], Georgia (adoptado en 2014 y en vigor desde 2016)[436], Líbano (adoptado el 17 de junio de 2002 y en vigor desde el 1 de abril de 2006)[437] y Moldavia (adoptado en 2014 y en vigor desde el 1 de julio de 2016)[438]. Las referencias al Estado de Derecho en estos acuerdos -aunque no como elemento esencial de los mismos- se han realizado en distintos puntos de sus articulados.

---

434 La cursiva es mía.

435 Acuerdo Económico y Comercial Global (CETA) entre Canadá, por una parte, y la Unión Europea y sus Estados miembros, por otra, *DOUE*, L 11/23, de 14 de enero de 2017, *op. cit.*

436 Acuerdo de Asociación entre la Unión Europea y la Comunidad Europea de la Energía Atómica y sus Estados miembros, por una parte, y Georgia, por otra, *DOUE*, L 261, de 30 de agosto de 2014, *op. cit.*

437 Acuerdo Euromediterráneo de Asociación entre la Comunidad Europea y sus Estados miembros, por una parte, y la República Libanesa, por otra, *DOUE*, L 143/2, de 30 de mayo de 2006.

438 Acuerdo de Asociación entre la Unión Europea y la Comunidad Europea de la Energía Atómica y sus Estados miembros, por una parte, y la República de Moldavia, por otra, *DOUE*, L 260/4, de 30 de agosto de 2014, *op. cit.*

En primer lugar, el acuerdo con Canadá únicamente reconoce en su preámbulo "la importancia de la seguridad internacional, la democracia, los derechos humanos y el Estado de Derecho para el desarrollo del comercio internacional y la cooperación económica". En segundo lugar, el acuerdo con Georgia contiene referencias al Estado de Derecho tanto en su preámbulo como en distintos puntos de su articulado, a saber: artículo primero, que prevé que los objetivos de la asociación son "fomentar la cooperación en el ámbito de la libertad, la justicia y la seguridad, con el fin de reforzar el Estado de Derecho y el respeto de los derechos humanos y las libertades fundamentales"; artículo segundo sobre los principios generales; artículo cuarto sobre la reforma nacional; o, el artículo decimotercero sobre Estado de Derecho y respeto de los derechos humanos y las libertades fundamentales[439]. En tercer lugar, el acuerdo con Líbano tan solo alude al Estado de Derecho en su artículo 59 sobre cooperación en materia de desarrollo institucional y Estado de Derecho. Por último, el acuerdo con Moldavia alude el valor del Estado de Derecho en su preámbulo y al regular los objetivos del acuerdo (artículo primero), sus principios generales (artículo segundo), los objetivos del diálogo político (artículo tercero), las reformas nacionales (artículo cuarto) o, precisamente, el Estado de Derecho (artículo duodécimo)[440].

---

439 Este último precepto prescribe que "en su cooperación en el ámbito de la libertad, la seguridad y la justicia, las Partes concederán especial importancia a la promoción del Estado de Derecho, en particular a la independencia del poder judicial, el acceso a la justicia y el derecho a un juicio justo".

440 De este acuerdo concluido con Moldavia resulta interesante la referencia realizada a la Corte Penal Internacional en su artículo sexto, al disponer que "1. Las Partes reafirman que los delitos más graves que afectan a la comunidad internacional en su conjunto no deben quedar impunes y que, a tal fin, debe garantizarse su procesamiento efectivo mediante la adopción de medidas a nivel

Finalmente, pondré de relieve aquellos acuerdos posteriores a la primera inclusión de la cláusula de Estado de Derecho (insistimos, en el año 2000 en el acuerdo con los Estados ACP) concluidos por la Unión Europea con terceros Estados que, de manera relevante, no incluyen referencia alguna a la promoción de este valor de la Unión Europea. Son los concluidos con los siguientes Estados: Japón (concluido en 2018), Nueva Zelanda (concluido en 2022), Pakistán (adoptado en 2001), Singapur (adoptado en 2018) y Vietnam (concluido en 2019).

En el caso de Pakistán, tanto por la "generación" de este acuerdo como por la tipología (de cooperación y desarrollo), puede comprenderse la falta de referencia a la promoción este valor de la Unión Europea. Por otro lado, dado que con Japón, Nueva Zelanda, Singapur y Vietnam se han concluido acuerdos de asociación económica (Japón) o de libre comercio (los demás) también puede admitirse la lógica de la Unión Europea de no incluir referencias a la obligación de respeto del Estado de Derecho, toda vez que no son acuerdos más comprehensivos que instauren una asociación más estrecha con dichos Estados que incluya elementos como el respeto de este valor de la Unión.

---

nacional e internacional, según proceda, incluida la Corte Penal Internacional (CPI). 2.Las Partes consideran que el establecimiento y funcionamiento efectivo de la CPI constituyen avances importantes para la paz y la justicia internacionales. Las Partes aceptan apoyar a la CPI en la aplicación del Estatuto de Roma de la Corte Penal Internacional y los instrumentos relacionados, dando la debida atención a preservar su integridad".

2.3. La limitada invocación de la cláusula sobre el respeto del Estado de Derecho por un tercer Estado

Como se señaló en el apartado anterior, la invocación de las cláusulas de derechos humanos y democracia ha sido muy reducida. Esta dinámica es aún más acentuada respeto de la invocación de esta *cláusula de Estado de Derecho.* Únicamente en cuatro ocasiones se han invocado estas cláusulas para iniciar el proceso de inaplicación de un acuerdo concluido por la Unión Europea con un tercer Estado; la relación es elocuente: Níger, Guinea Bissau, Costa de Marfil y Liberia.

En el caso de Níger, tras el golpe de Estado militar acaecido en dicho Estado en 1999, la Comisión propuso la apertura de consultas que finalizaron con la reanudación de la cooperación con dicho Estado dos meses después en atención al restablecimiento de la democracia en Níger y, precisamente, de los esfuerzos de sus autoridades para fortalecer el Estado de Derecho.

En cuanto a Guinea Bissau, la destitución del Presidente elegido democráticamente motivó la apertura de consultas entre cuyos objetivos se encontraban la restauración de la democracia y el Estado de Derecho, la separación de los poderes civil y militar y la fijación de un calendario para la celebración de elecciones[441]. Considerando los compromisos adquiridos por las autoridades de dicho Estado, y a pesar del golpe de Estado militar que tuvo lugar el 14 de septiembre de 1999, se mantuvo la cooperación con este Estado y no se dejó de aplicar como consecuencia del incumplimiento de la obligación de respeto de este valor de la Unión Europea.

---

441 CANDELA SORIANO, M., *Los derechos humanos, la democracia y el estado de derecho en la acción exterior de la Unión Europea: evolución, actores, instrumentos y ejecución, op. cit.*, p. 320.

En tercer lugar, en el caso de Costa de Marfil, tras el golpe de Estado que se produjo en el mismo en diciembre de 1999, se iniciaron consultas con dicho Estado encaminadas a la restauración de la democracia y del Estado de Derecho, comprometiéndose las autoridades marfileñas a la adopción de medidas en este sentido. No obstante, a pesar de los incumplimientos de la obligación de respeto de este valor, la Unión no invocó esta cláusula de Estado de Derecho y no dejó de aplicar el acuerdo con este Estado[442].

Por último, respecto de Liberia, la violación de los derechos humanos, de los principios democráticos y del Estado de Derecho conllevó la apertura de consultas con sus autoridades en noviembre de 2001. En este caso y en contraposición a lo ocurrido en los tres anteriores, el Consejo suspendió la aplicación del acuerdo de cooperación con este Estado por mor de la cláusula de derechos humanos y democracia y de la cláusula de Estado de Derecho.

Como se puede advertir, de todos los acuerdos en los que se han incluido cláusulas de Estado de Derecho, únicamente en cuatro ocasiones se ha invocado la misma por incumplimiento de dicho valor. A mayor abundamiento, solamente en el caso de Liberia se ha dejado de aplicar el acuerdo como consecuencia de la violación del Estado de Derecho en el tercer Estado parte en el acuerdo con la UE. Nuevamente se pueden traer a colación las consideraciones realizadas sobre la escasa invocación de las cláusulas de derechos humanos y democracia en la acción exterior de la Unión Europea y sobre la falta de coherencia de esta última teniendo en cuenta particularmente la ambición de la proyección externa de sus valores que contrasta con su muy limitada materialización en la práctica[443].

---

[442] *Ibidem*, p. 322.

[443] Me remito al respecto a lo expuesto en el apartado segundo del presente capítulo de esta obra.

En otro orden de ideas, también puede resultar llamativo el recorrido diferente que, en cuanto a técnica legislativa, siguen, de un lado, las cláusulas de derechos humanos y democracia y, del otro, las cláusulas de Estado de Derecho, particularmente si se considera que estos tres elementos constituyen valores de la Unión Europea de acuerdo con el artículo 2 de su Tratado. En este sentido, las primeras suelen formar parte de la mayoría de los acuerdos concluidos por la Unión como elementos esenciales de los mismos, mientras que el Estado de Derecho es un elemento esencial de los tratados con terceros en un número mucho más reducido. Pudiera intuirse, quizá, un menor interés de la Unión Europea por este valor, sobre todo en los primeros acuerdos, respecto a los otros dos valores, lo que resulta paradójico ya que la realización de los derechos humanos y de la democracia difícilmente puede conseguirse sin la existencia de un Estado de Derecho en el sentido que ha sido definido en este trabajo.

Capítulo tercero

La persecución de los objetivos de la Unión Europea en su acción exterior. Particular referencia a la cooperación al desarrollo y a la protección del medio ambiente

Los objetivos de la Unión Europea están previstos en el artículo tercero del Tratado de la Unión Europea. Dichos objetivos, siguiendo la teoría general de las organizaciones internacionales, justifican la existencia de la Unión Europea así como la atribución del ejercicio poderes soberanos nacionales concretos y limitados a favor de la Unión. Se trata de unos objetivos generales, diferentes de los objetivos específicos que se persiguen por cada una de las políticas de la UE[444].

Dicho artículo tercero dispone en su apartado primero que la "Unión tiene como finalidad promover la paz, sus valores y el bienestar de sus pueblos". Cabe advertir que constituyen unos fines generales de carácter político, provenientes de la Declaración de Robert Schuman, que representan los elementos fundamentales de la ética que inspira y guía el proceso de integración europeo.

Como resultado de las presiones por una Europa más social, más próxima e implicada en los problemas de los ciudadanos de la Unión, se incluyeron en el Tratado de Lisboa

---

444 MANGAS MARTÍN, A., LIÑÁN NOGUERAS, D. J., *Instituciones y Derecho de la Unión Europea*, *op. cit.*, p. 52.

nuevos objetivos que no se incluían en los Tratados precedentes, como los recogidos en el apartado tercero de este precepto, que establece que la "Unión establecerá un mercado interior. Obrará en pro del desarrollo sostenible de Europa basado en un crecimiento económico equilibrado y en la estabilidad de los precios, en una economía social de mercado altamente competitiva, tendente al pleno empleo y al progreso social, y en un nivel elevado de protección y mejora de la calidad del medio ambiente. Asimismo, promoverá el progreso científico y técnico (...)".

A pesar de la difícil clasificación de los objetivos, coincidimos con la profesora Salinas de Frías cuando define como transversales los siguientes objetivos de la Unión Europea, también recogidos en el apartado tercero del artículo 3 del TUE[445]: "La Unión combatirá la exclusión social y la discriminación y fomentará la justicia y la protección sociales, la igualdad entre mujeres y hombres, la solidaridad entre las generaciones y la protección de los derechos del niño. La Unión fomentará la cohesión económica, social y territorial y la solidaridad entre los Estados miembros. La Unión respetará la riqueza de su diversidad cultural y lingüística y velará por la conservación y el desarrollo del patrimonio cultural europeo".

También se han definido otros objetivos igualmente recogidos en el artículo tercero del TUE como "valores-meta". Y es que, según afirma la profesora Mangas Martín, "a diferencia de los valores identificados en el artículo 2 TUE, los objetivos o valores-meta del artículo 3 TUE son aquellos valores más peculiares del conjunto organizativo europeo de desarrollo

---

445 SALINAS DE FRÍAS, A., "La Unión Europea", en ALCAIDE FERNÁNDEZ, J., y CASADO RAIGÓN, R. (eds.), *Curso de Derecho de la Unión Europea, op. cit.*, pp. 81-102.

continuado en el tiempo"[446]. Entre otros de estos objetivos calificables como "valores-meta", la profesora Mangas incluye los recogidos en el apartado segundo de este precepto: "la Unión ofrecerá a sus ciudadanos un espacio de libertad, seguridad y justicia sin fronteras interiores, en el que esté garantizada la libre circulación de personas conjuntamente con medidas adecuadas en materia de control de las fronteras exteriores, asilo, inmigración y de prevención y lucha contra la delincuencia". En mi opinión, a estos objetivos denominados "valores-meta" igualmente podría añadirse el previsto en el apartado cuarto de este precepto, a saber: "la Unión establecerá una unión económica y monetaria cuya moneda es el euro".

Además, este artículo tercero del TUE concluye con el apartado sexto que, en suma, sintetiza los principios de proporcionalidad y de atribución de competencias aplicables a la persecución de los objetivos, al prever que "la Unión perseguirá sus objetivos por los medios apropiados, de acuerdo con las competencias que se le atribuyen en los Tratados". Comoquiera que los objetivos de la Unión representan sus metas a alcanzar, suponen una condición del ejercicio de las competencias atribuidas ya que deben informar de toda acción legislativa y las políticas de las instituciones de la Unión.

Ahora bien, uno de los objetivos fundamentales para nuestro objeto de estudio es el que inspira las relaciones de la Unión Europea con su entorno, establecido en el apartado quinto del artículo tercero del Tratado de la Unión Europea, a saber: "*en sus relaciones con el resto del mundo, la Unión afirmará y promoverá sus valores e intereses y contribuirá a la protección de sus ciudadanos. Contribuirá a la paz, la seguridad, el desarrollo sostenible del planeta, la solidaridad y el respeto mutuo entre los pueblos, el comercio libre y justo, la erradicación de la pobreza y la protección de*

446 MANGAS MARTÍN, A., LIÑÁN NOGUERAS, D. J., *Instituciones y Derecho de la Unión Europea*, *op. cit.*, p. 52.

los derechos humanos, especialmente los derechos del niño, así como al estricto respeto y al desarrollo del Derecho internacional, en particular el respeto de los principios de la Carta de las Naciones Unidas"[447].

A mayor abundamiento, esta disposición se desarrolla en los artículos 21 y 23 del Tratado de la Unión Europea en el ámbito de la PESC[448]. De un lado, este artículo 23 del TUE prevé que la "acción de la Unión en la escena internacional, en virtud del presente capítulo [sobre la Política Exterior y de Seguridad Común], se basará en los principios, perseguirá los objetivos y se realizará de conformidad con las disposiciones generales contempladas en el capítulo 1".

Del otro, el artículo 21 prevé, en su apartado primero, que "*la acción de la Unión en la escena internacional se basará en los principios que han inspirado su creación, desarrollo y ampliación y que pretende fomentar en el resto del mundo: la democracia, el Estado de Derecho, la universalidad e indivisibilidad de los derechos humanos y de las libertades fundamentales, el respeto de la dignidad humana, los principios de igualdad y solidaridad y el respeto de los principios de la Carta de las Naciones Unidas y del Derecho internacional.* La Unión procurará desarrollar relaciones y crear asociaciones con los terceros países y con las organizaciones internacionales, regionales o mundiales que compartan los principios mencionados en el párrafo primero. Propiciará soluciones multilaterales a los problemas comunes, en particular en el marco de las Naciones Unidas"[449]. Al estudio de la

---

447 La cursiva es mía.

448 SALINAS DE FRÍAS, A., "La Unión Europea", en ALCAIDE FERNÁNDEZ, J., y CASADO RAIGÓN, R. (eds.), *Curso de Derecho de la Unión Europea, op. cit,*, pp. 53-79.

449 La cursiva es mía. Véase al respecto ALCAIDE FERNÁNDEZ, J., "La Unión Europea, promotora del multilateralismo: la prevención y resolución de los conflictos internacionales", en BLANC ALTEMIR, A. (dir.), *Las relaciones comerciales de la Unión Europea con el resto del*

acción exterior de la Unión a través de sus acuerdos internacionales encaminada al fomento de la democracia, el Estado de Derecho y la universalidad de los derechos humanos se dedicó en el capítulo anterior de esta obra.

Asimismo, el apartado segundo del artículo 21 del TUE establece que la "*Unión definirá y ejecutará políticas comunes y acciones y se esforzará por lograr un alto grado de cooperación en todos los ámbitos de las relaciones internacionales con el fin de*: a) defender sus valores, intereses fundamentales, seguridad, independencia e integridad; b) consolidar y respaldar la democracia, el Estado de Derecho, los derechos humanos y los principios del Derecho internacional; c) mantener la paz, prevenir los conflictos y fortalecer la seguridad internacional, conforme a los propósitos y principios de la Carta de las Naciones Unidas, así como a los principios del Acta Final de Helsinki y a los objetivos de la Carta de París, incluidos los relacionados con las fronteras exteriores; *d) apoyar el desarrollo sostenible en los planos económico, social y medioambiental de los países en desarrollo, con el objetivo fundamental de erradicar la pobreza*; e) fomentar la integración de todos los países en la economía mundial, entre otras cosas mediante la supresión progresiva de los obstáculos al comercio internacional; f) *contribuir a elaborar medidas internacionales de protección y mejora de la calidad del medio ambiente y de la gestión sostenible de los recursos naturales mundiales, para lograr el desarrollo sostenible*; g) ayudar a las poblaciones, países y regiones que se enfrenten a catástrofes naturales o de origen humano; y h) promover un sistema internacional basado en una cooperación multilateral sólida y en una buena gobernanza mundial"[450].

---

mundo. Un análisis desde la postpandemia y la agresión rusa a Ucrania, *op. cit.*, pp. 73-90, pp. 75 ss.

450 La cursiva es mía. Este artículo 21 del TUE concluye con un apartado tercero que dispone: "La Unión respetará los principios y perseguirá los objetivos mencionados en los apartados 1 y 2 al formular

De entre estos objetivos que la Unión debe perseguir en sus relaciones mediante la definición y ejecución de políticas comunes y acciones, deben destacarse, a mi juicio, la cooperación al desarrollo llevada a cabo por la Unión y sus esfuerzos en aras del desarrollo sostenible y la protección del medio ambiente. En el primer ámbito, la Unión, como se ha apuntado y se expondrá, es la primera potencia mundial, junto con sus Estados Miembros, en ayudas al desarrollo a terceros países. Respecto del segundo ámbito, el relativo a la protección del medio ambiente, la Unión es igualmente una potencia normativa, constituyendo uno de sus grandes objetivos estratégicos, particularmente en el contexto del Pacto Verde Europeo[451]. Estas razones, junto con las expuestas en la introducción a esta obra y los que se pondrán de manifiesto más adelante, motivan la selección de estos dos objetivos para su

---

y llevar a cabo su acción exterior en los distintos ámbitos cubiertos por el presente título y por la quinta parte del Tratado de Funcionamiento de la Unión Europea, así como los aspectos exteriores de sus demás políticas. La Unión velará por mantener la coherencia entre los distintos ámbitos de su acción exterior y entre éstos y sus demás políticas. El Consejo y la Comisión, asistidos por el Alto Representante de la Unión para Asuntos Exteriores y Política de Seguridad, garantizarán dicha coherencia y cooperarán a tal efecto".

451 COMISIÓN EUROPEA, "El Pacto Verde Europeo", *COM(2019) 640 final*, 11 de diciembre de 2019. A este respecto, véanse, entre otros, los siguientes trabajos: PEROTTLO, G., "Il Green Deal europeo e il sistema delle risorse proprie", *European papers: a journal on law and integration*, vol. 7, nº 1, 2022, pp. 385-398; MARTÍN PASCUAL, E., "El pacto verde europeo, ¿posible salida verde de la crisis de la Covid-19?", *Revista General de Derecho Europeo*, vol. 51, 2020; OTTAVIO, Q., "The European Green Deal, a Gateway to strategic energy autonomy?", *Cuadernos europeos de Deusto*, vol. 68, 2023, pp. 69-87; o, GARCÍA LUPIOLA, A., "El Pacto Verde Europeo. Adopción y puesta en marcha en un complejo contexto", *Unión Europea Aranzadi*, vol. 2, 2023.

estudio en este capítulo a la luz de los acuerdos celebrados por la Unión Europea con terceros.

En fin, tras estas consideraciones introductorias sobre la persecución por la Unión Europea de sus objetivos y, sobre todo, su relación con la acción exterior de la Unión, en este capítulo me propongo estudiar, por una parte, la cooperación al desarrollo como objetivo de la Unión Europea. A tal efecto, realizaré una introducción sobre la cooperación al desarrollo y la Unión Europea, expondré el contexto y la regulación internacionales en la materia y, finalmente, me centraré en el modo en que se contempla este objetivo de la UE en sus acuerdos con terceros. Por otra parte, se analizará la proyección exterior de la Unión Europea en materia de medio ambiente, abordando su competencia exterior en este ámbito y, en particular, la regulación de la persecución del objetivo de la protección del medio ambiente en los tratados internacionales concluidos por la UE.

1. LA COOPERACIÓN AL DESARROLLO COMO OBJETIVO DE LA UNIÓN EUROPEA

1.1. Introducción: la cooperación al desarrollo y la Unión Europea

Ante todo, debe señalarse que la condición de la Unión Europea como potencia comercial, que se puso de relieve en el primer capítulo, es paralela a su liderazgo como donante mundial de ayuda oficial al desarrollo (AOD), toda vez que -junto con sus Estados Miembros- aporta cerca de la mitad (el 43%) de la ayuda pública mundial destinada a la cooperación[452].

---

452 Según el informe del Consejo de 2022, en 2021 la AOD colectiva de la UE ascendió a 70.200 millones de euros, en CONSEJO, *Informe*

Desde sus orígenes, la cooperación al desarrollo de la Unión Europea se ha desenvuelto en el contexto internacional caracterizado por los retos mundiales, la interdependencia o el surgimiento de nuevos participantes en el desarrollo, fundamentando su labor en los objetivos internacionales fijados por la Organización de las Naciones Unidas y en las conferencias internacionales celebradas al respecto y atendiendo a lo establecido por el Comité de Ayuda al Desarrollo (CAD) de la Organización para la Cooperación y el Desarrollo Económico (OCDE)[453].

La política de cooperación al desarrollo de la Unión Europea constituye uno de los pilares de su Acción Exterior que la Unión ejerce de conformidad con los objetivos de desarrollo acordados a nivel internacional y aprobados por la Unión y sus

---

anual de 2022 al Consejo Europeo sobre los objetivos de la UE en materia de ayuda al desarrollo, 18 de julio de 2022, que puede consultarse en https://data.consilium.europa.eu/doc/document/ST-11303-2022-INIT/es/pdf, última consulta 08/06/2023.

453 Como es sabido, el CAD coadyuva a las políticas de ayuda al desarrollo de los países miembros planteando las directrices generales de política, obligatorias para los miembros en la realización de sus programas de cooperación al desarrollo y realizando revisiones periódicas de los programas de cooperación al desarrollo de los Estados Miembros de la OCDE. Asimismo, cada tres años el CAD examina la aplicación por parte de cada miembro de las directrices políticas del CAD, la gestión de programas, la coherencia de las demás políticas con los objetivos de desarrollo y las tendencias en la cantidad y en la asignación de los recursos. Véase ABBONDANZIERI, C., FLORENCIA GUZMÁN, M., "El rol de los países participantes del Comité de Ayuda al Desarrollo (CAD). Perspectivas para un análisis en el marco de las transformaciones globales", *Estudios internacionales: Revista del Instituto de Estudios Internacionales de la Universidad de Chile,* vol. 199 (Mayo-Agosto), 2021, pp. 9-32.

Estados Miembros en el marco de las Naciones Unidas y de otros foros internacionales competentes[454].

Actualmente, el artículo 208 del Tratado de Funcionamiento de la Unión Europea, con el que da comienzo el capítulo primero (*cooperación al desarrollo*) del título III (*cooperación con terceros países y ayuda humanitaria*) de la quinta parte (*acción exterior de la Unión*) de dicho tratado, establece que la "política de la Unión en el ámbito de la cooperación para el desarrollo se llevará a cabo en el marco de los principios y objetivos de la acción exterior de la Unión" y que las "políticas de cooperación para el desarrollo de la Unión y de los Estados miembros se complementarán y reforzarán mutuamente", siendo el "*objetivo principal de la política de la Unión en este ámbito será la reducción y, finalmente, la erradicación de la pobreza*"[455]. Para ello, la "Unión tendrá en cuenta los objetivos de la cooperación para el desarrollo al aplicar las políticas que puedan afectar a los países en desarrollo" y ésta y sus Estados miembros "respetarán los compromisos y tendrán en cuenta los objetivos que han acordado en el marco de las Naciones Unidas y de otras organizaciones internacionales competentes".

De este modo, la erradicación de la pobreza en el contexto del desarrollo sostenible se configura como objetivo principal y horizontal de la cooperación para el desarrollo de la Unión. Así lo recoge igualmente *El nuevo Consenso Europeo sobre Desarrollo,* adoptado el 7 de junio de 2017, que proporciona una visión común de la política de desarrollo para la Unión Europea y de sus Estados Miembros y pretende guiarlos en su cooperación con los países en desarrollo durante los próximos quince años

---

[454] CANO LINARES, M. A., "La cooperación al desarrollo, cooperación técnica y ayuda humanitaria", en BENEYTO PÉREZ, J. M. (ed.), *Tratado de Derecho y Políticas de la Unión Europea. Tomo IX. Acción exterior de la UE, op. cit.*, pp. 255-301, p. 265.

[455] La cursiva es mía.

para contribuir a la consecución de la Agenda 2030 para el Desarrollo Sostenible, así como el Acuerdo de París sobre cambio climático, y para responder a otros cambios en el contexto mundial[456]. Coincido plenamente con mi maestro, el profesor Casado Raigón, cuando pone de manifiesto la preocupación global por la pobreza que, como él recuerda trayendo a colación las palabras del Secretario General de las Naciones Unidas en un informe presentado en el año 2.000 ante la llegada del nuevo milenio, "constituye una afrenta a nuestra humanidad común"[457].

Aunque la erradicación de la pobreza sigue siendo el objetivo principal de la política de desarrollo, el nuevo Consenso integra las dimensiones económicas, sociales y medioambientales del desarrollo sostenible y destaca los vínculos entre el desarrollo y otras políticas, incluidas la paz y la seguridad, la ayuda humanitaria, la migración y el clima[458].

Los Objetivos de Desarrollo Sostenible respondieron a la aspiración a un comercio internacional más sostenible y fueron aprobados mediante la resolución 70/1 de la Asamblea General, de 25 de septiembre de 2015, tratando de promover una prosperidad concebida como un desarrollo humano inclusivo y un progreso económico, social y tecnológico "en armonía con

---

456 El nuevo Consenso Europeo sobre Desarrollo «Nuestro mundo, nuestra dignidad, nuestro futuro». Declaración conjunta del Consejo y los representantes de los Gobiernos de los Estados miembros reunidos en el seno del Consejo, del Parlamento Europeo y de la Comisión Europea, de 7 de junio de 2017, *DOUE*, 2017/C 210/01.

457 ONU, "Nosotros los pueblos: la función de las Naciones Unidas en el siglo XXI", *Informe del Secretario General, Documento A/54/2000*, paras. 68 ss.

458 Véase SOTILLO LORENZO, J. Á., "Un nuevo Consenso Europeo para el Desarrollo: la política europea de cooperación en crisis", *Revista General de Derecho Europeo*, vol. 43, 2017.

la naturaleza"[459]. Como afirma el profesor Fernández Pons, la Unión Europea está tratando de liderar a escala mundial la transición del tradicional modelo de regulación del comercio internacional a un nuevo modelo regulatorio centrado en el impulso de un comercio internacional sostenible, tomando como referentes los ODS y su propio Pacto Verde Europeo[460].

Sin embargo, esta aspiración no será sencillamente concretada y aplicada en la práctica, toda vez que otros Estados, particularmente emergentes y en desarrollo, pueden tener una reacción crítica a este intento de cambio de modelo por parte de la UE por cuanto estos suelen entender estas medidas comerciales autónomas extraterritoriales "como ejemplos de proteccionismo encubierto" y "tienden a mirar los ODS desde sus propios prismas, poniendo el foco en el trato especial y diferenciado, la cooperación al desarrollo o el principio de responsabilidades comunes pero diferenciadas"[461].

En todo caso, el impulso de la coherencia de la acción exterior europea y de la complementariedad, particularmente en el ámbito de la cooperación al desarrollo, representa uno de sus principales desafíos, habida cuenta de la relevancia de la política de la cooperación al desarrollo en la definición de la identidad europea en el ámbito internacional. Además, como recuerda la profesora Cano Linares, esta identidad se complementa con otras políticas comunitarias o intergubernamentales

---

459 ONU, "Transformar nuestro mundo: la Agenda 2030 para el Desarrollo Sostenible", *Resolución 70/1 aprobada por la Asamblea General el 25 de septiembre de 2015, A/RES/70/1*, 21 de octubre de 2015.

460 FERNÁNDEZ PONS, X., "La Unión Europea y la promoción del desarrollo sostenible a través del comercio internacional", en PIGRAU SOLÉ, A., *et al.* (dirs.), *La comunidad internacional ante el desafío de los objetivos de desarrollo sostenible. XXIX Jornadas de la Asociación Española de Profesores de Derecho Internacional y Relaciones Internacionales,* Tirant Lo Blanch, Valencia, 2023, pp. 289-310.

461 *Ibidem*, p. 310.

elaboradas en el marco de la Unión, como la política agraria común, la política comercial común, la política pesquera común o las políticas de la Unión en los ámbitos del medio ambiente, la investigación y el desarrollo tecnológico, la inmigración, el asilo, la prevención de conflictos, la sanidad, la competencia o la protección del consumidor[462].

En este sentido, se torna necesario para la Unión en el marco de su cooperación al desarrollo, de un lado, la identificación de los agentes y actividades mediante la creación de los mecanismos para mejorar el conocimiento y la reputación sobre las actividades de desarrollo y, del otro, en aras de conseguir una mayor eficacia de estas políticas es igualmente deseable una mayor visibilidad de las acciones que la Unión lleva a cabo para la cooperación al desarrollo[463].

A continuación realizaremos un análisis de la evolución y del contenido de la persecución del objetivo de la cooperación al desarrollo por parte de la Unión Europea a través de los acuerdos que ésta ha celebrado con terceros. De este modo, se pondrá de manifiesto la aproximación jurídica de la Unión a la cooperación al desarrollo en el ámbito internacional mediante la asunción de compromisos internacionales en esta materia en los distintos tratados de cooperación o de carácter más amplio en los que la Unión es Parte.

---

462 CANO LINARES, M. A., "La cooperación al desarrollo, cooperación técnica y ayuda humanitaria", en BENEYTO PÉREZ, J. M. (ed.), *Tratado de Derecho y Políticas de la Unión Europea. Tomo IX. Acción exterior de la UE, op. cit.*, p. 297.

463 GRANELL TRÍAS, F., "La cooperación al desarrollo de la Unión Europea", en ORTEGA GÓMEZ, M., y AÑOVEROS TERRADAS, B. (dirs.), *Las políticas de la Unión Europea en el siglo XXI*, J. M. Bosch Editor, Barcelona, 2017, pp. 627-654.

1.2. La cooperación al desarrollo en los acuerdos con terceros de la Unión Europea

Las referencias al desarrollo son constantes en tanto que elementos regulados en la inmensa mayoría de los acuerdos concluidos por la Unión Europea con terceros, tanto si son acuerdos comerciales o acuerdos de cooperación como si se tratan de acuerdos de asociación.

No obstante, estas referencias al desarrollo en muy pocos acuerdos se incluyen con un precepto o conjunto de artículos específicos dedicados a la cooperación al desarrollo. Como se pondrá de manifiesto a continuación, la mayoría de estas referencias directas a la cooperación al desarrollo se incluyen en acuerdos que fueron adoptados en la década de los noventa del siglo pasado. En cambio, como también se explicará, en los acuerdos posteriores, el desarrollo aparece relacionado, fundamentalmente, con el desarrollo sostenible y la protección del medio ambiente, lo que conecta con el apartado siguiente de este capítulo.

Pues bien, como señalaba, las referencias a la cooperación al desarrollo en los acuerdos de la Unión Europea son propias, mayoritariamente, de los acuerdos adoptados en la década de los 90. El primero de ellos fue el acuerdo celebrado en 1993 con Venezuela, que dispone en su artículo 21 que "con el fin de aumentar la eficacia en los ámbitos de cooperación que se citan a continuación, las Partes tratarán de elaborar una programación plurianual. Además, *las partes reconocen que la voluntad de contribuir a un desarrollo más controlado implica, por una parte, conceder prioridad a las capas de población más pobres y a las regiones deprimidas y, por otra, que los problemas ambientales vayan estrechamente unidos a la dinámica del desarrollo*"[464]. Entre los ámbitos de

[464] Acuerdo Marco de Cooperación entre la Comunidad Económica Europea y el Acuerdo de Cartagena y sus países miembros, la

la cooperación apuntados, se incluyen los de los sectores agrarios, forestal y rural (artículo 22), de la salud (artículo 23), en materia de desarrollo social (artículo 24), lucha contra la droga (artículo 25), en materia de información, comunicación y cultura (artículo 28), en materia de pesca (artículo 29) o en materia de formación (artículo 30). Además de la regulación de la cooperación al desarrollo, se advierte desde dicho acuerdo el vínculo entre la cooperación al desarrollo con otro de los objetivos de la Unión Europea, el relativo a la protección del medio ambiente.

Mucho más interesante en su formulación y regulación de la cooperación al desarrollo resulta, a mi juicio, el acuerdo son Sri Lanka, adoptado en 1994, que establece en su artículo 13 (apartado primero) que "la Comunidad reconoce que Sri Lanka *necesita ayuda para el desarrollo y está dispuesta reforzar su cooperación y aumentar su eficiencia, para contribuir al esfuerzo realizado por Sri Lanka por conseguir un desarrollo económico sostenible y el progreso social de sus ciudadanos* mediante proyectos y programas concretos. La ayuda comunitaria será llevada a cabo conforme a la política y reglamentación comunitaria y dentro de los límites de los medios financieros disponibles para la cooperación"[465]. Estos proyectos de cooperación "dirigidos a los sectores más necesitados de la población" prestarán especial atención "al desarrollo rural, con participación de los grupos a los que va dirigido y, cuando proceda, de organizaciones no gubernamentales cualificadas que gocen de la aceptación mutua de las Partes contratantes" y abarcarán también

---

República de Bolivia, la República de Colombia, la República del Ecuador, la República del Perú y la República de Venezuela, *DOCE*, L 127/11, de 29 de abril de 1998, *op. cit.* La cursiva es mía.

465 Acuerdo de Cooperación entre la Comunidad Europea y la República Democrática Socialista de Sri Lanka para la colaboración y el desarrollo, *DOCE*, L, 85/32, de 19 de abril de 1995, *op. cit.*

"políticas demográficas y de fomento del empleo en ciudades del área rural y del papel de las mujeres en el desarrollo, así como la formación y la creación de instituciones para la defensa y fomento de los derechos humanos"[466]. En particular, debe destacarse el artículo inmediatamente siguiente de este acuerdo que, regulando la *lucha contra la pobreza*, prevé que las "Partes contratantes se comprometen a dirigir sus actividades de cooperación, siempre que sea posible, para mitigar la pobreza en Sri Lanka. A este respecto, la Comunidad podrá apoyar, en el marco de la cooperación de desarrollo, medidas emprendidas por el Gobierno de Sri Lanka". La cooperación articulada por este acuerdo también regula los ámbitos del medio ambiente, del desarrollo de los recursos humanos y del control del abuso de drogas[467].

También regula pormenorizadamente la cooperación al desarrollo el acuerdo celebrado con Nepal en 1995, en virtud de cuyo artículo quinto, en su apartado primero, la entonces Comunidad "reconoce que *Nepal precisa asistencia para el desarrollo, dada su actual categoría de país menos desarrollado y su situación geográfica interior*. La Comunidad se halla dispuesta a aumentar su cooperación, con objeto de contribuir a los esfuerzos del propio Nepal para conseguir un desarrollo económico duradero y el progreso social de sus ciudadanos, para lo cual se arbitrarán proyectos y programas específicos. El volumen de la ayuda dependerá de las políticas comunitarias, de las regulaciones y de las limitaciones de los recursos financieros disponibles para la cooperación"[468]. Esta cooperación está centrada en la mejora de la calidad y del nivel de vida de las personas más pobres de

---

466 Artículo 13, apartado segundo, *ibidem*.

467 Artículos 15, 16 y 17, respectivamente, *ibidem*.

468 Acuerdo de Cooperación entre la Comunidad Europea y el Reino de Nepal, *DOCE*, L 137/15, de 8 de agosto de 1996, *op. cit.* La cursiva es mía.

la población nepalí y da prioridad a un desarrollo agrario equilibrado, prestando su apoyo "*a la atención sanitaria primaria, a la población y al papel de la mujer*"[469]. La cooperación con este Estado tercero comprende los ámbitos económico, científico y tecnológico, energético y los de la agricultura, las inversiones, el desarrollo de los recursos humanos, el medio ambiente o las drogas y el sida[470].

Un acuerdo adoptado dos años más tarde, el acuerdo de cooperación concluido con Yemen en 1997, también recoge de manera expresa una obligación de implementar políticas de cooperación al desarrollo por parte de la entonces Comunidad Europea respecto de este tercer Estado[471]. Así, el artículo cuarto de dicho acuerdo, al regular la *cooperación al desarrollo*, establece que "la Comunidad reconoce que es necesario *contribuir al desarrollo de la República del Yemen y que, si no se continúa luchando rápidamente y de modo sostenible contra la pobreza y el crecimiento demográfico* en la República del Yemen, *aumentarán los riesgos de dificultades y conflictos capaces de obstaculizar el progreso económico del país y el desarrollo económico y social de la población (especialmente los sectores más vulnerables)*"[472]. Este precepto también prevé que "se puede aumentar considerablemente, en términos de magnitud e impacto, su contribución al desarrollo de la República del Yemen, en particular en los sectores estratégicos siguientes: *lucha contra la pobreza a través de la enseñanza básica, formación y mejora de las condiciones de trabajo, acceso al agua, desarrollo rural y sanidad, en particular la asistencia médica*

---

469 Artículo quinto, apartado segundo, *ibidem*. La cursiva es mía.

470 Estos ámbitos de cooperación están regulados en los artículos comprendidos entre el sexto y el decimotercero, respectivamente, del acuerdo de cooperación con Nepal, *ibidem*.

471 Acuerdo de Cooperación entre la Comunidad Europea y la República del Yemen, *DOCE*, L 72/18, de 11 de marzo de 1998, *op. cit.*

472 La cursiva es mía.

de base, incluidas la promoción de la planificación familiar y las acciones demográficas"[473]. Además, estas medidas de cooperación deberán, en su caso, "promover la igualdad de oportunidades y concentrarse positivamente en las niñas y las mujeres", poniendo de manifiesto expresamente la Comunidad su intención de colaborar con organizaciones no gubernamentales locales[474]. La cooperación comprende, además de los citados, los siguientes ámbitos: económico, de agricultura y pesca, en materia de medio ambiente, turismo, cooperación regional, en materia de ciencia y tecnología, para la lucha contra el abuso de estupefacientes y el control de los precursores químicos y del blanqueo de dinero, la cooperación social, el desarrollo de los recursos humanos, la información, comunicación y cultura y los aspectos institucionales[475].

---

473 La cursiva es mía.

474 Este artículo cuarto del Acuerdo de cooperación con Yemen referido también dispone lo siguiente: "Tomando en consideración cuando precede, y de conformidad con el Reglamento (CEE) no 443/92 del Consejo, de 25 de febrero de 1992, relativo a la ayuda financiera y técnica y a la cooperación económica con los países en vías de desarrollo de América Latina y Asia, se seguirá desarrollando la cooperación en el ámbito de una estrategia bien definida y de un diálogo encaminado a definir conjuntamente las prioridades, en aras de una mayor eficacia y sostenibilidad. De forma compatible con sus disponibilidades financieras y con sus respectivos procedimientos e instrumentos, las Partes proporcionarán los fondos necesarios para facilitar la consecución de los objetivos enunciados en el Acuerdo. En el ámbito de su planificación financiera para las actividades de cooperación, la Comunidad tendrá en cuenta la necesidad de garantizar una distribución geográfica equitativa de sus compromisos. Las Partes se asegurarán de que las acciones emprendidas en el ámbito de la cooperación al desarrollo se atengan a las estrategias de desarrollo concertadas con las instituciones de Bretton Woods".

475 Artículos 5 a 15 del Acuerdo de cooperación con Yemen.

Por su parte, el acuerdo de asociación con los Estados de África, del Caribe y del Pacífico, adoptado en el año 2000, recoge una regulación detallada sobre las estrategias de cooperación con dichos Estados (parte tercera del mismo) y sobre la cooperación para la financiación del desarrollo (parte cuarta de dicho acuerdo)[476]. También el artículo cuarto de un posterior acuerdo, el celebrado con Pakistán en 2001, recoge el objetivo de la cooperación al desarrollo de la Unión con este Estado[477]. A tal efecto, prevé que los proyectos y programas de esta cooperación al desarrollo se orientarán principalmente "la salud, la educación, el desarrollo de los recursos humanos, en particular de las mujeres, el bienestar social, el medio ambiente y el desarrollo rural, y se dirigirán específicamente a la franja más pobre y más desfavorecida de la población"[478]. Resulta llamativo que este precepto pormenorice la necesidad de una mayor cooperación con este Estado "en materia de control de las drogas y del sida", afirmando las Partes a este respecto "su decisión de cooperar en la prevención, el seguimiento y la reducción del sida y del uso de estupefacientes, en particular mediante el fortalecimiento de la capacidad de los servicios de salud y el apoyo a actividades clave de educación sanitaria"[479]. En este acuerdo, la cooperación engloba los sectores siguientes: ambiental, económico, industrial y de servicios, de agricultura,

---

[476] Acuerdo de asociación entre las Comunidades Europeas y sus Estados miembros, por una parte, y el grupo de los denominados *países ACP* (África, Caribe y Pacífico), por otra, renovado en tres ocasiones desde su celebración en 1975 (Lomé II, 1979; Lomé III, 1985; Lomé IV, 1989), *op. cit.*

[477] Acuerdo de Cooperación entre la Comunidad Europea y la República Islámica de Pakistán sobre colaboración y desarrollo, *DOUE*, L 378/23, de 23 de diciembre de 2004, *op. cit.*

[478] Apartado primero del artículo cuarto del Acuerdo de cooperación con Pakistán, *ibidem.*

[479] Apartado segundo del artículo cuarto del Acuerdo de cooperación con Pakistán, *ibidem.*

ganadería y pesca, turístico, energético, regional, científico y tecnológico, de productos químicos precursores de las drogas y blanqueo de capitales, de recursos humanos, de información, cultura y comunicación e institucional[480].

Todos estos acuerdos celebrados con terceros Estados por la entonces Comunidad Europea en menos de una década, entre 1993 y 2001, siguen una misma estructura con relación a la regulación del objetivo de la cooperación al desarrollo. En este sentido, reconocen el margen para aumentar la cooperación por parte de la Unión y configuran los ámbitos en los que desarrollar tal cooperación. Puede resultar llamativo que otros acuerdos de esta *generación*, adoptados en la década mencionada, a pesar de celebrarse con Estados en desarrollo, no recogen la obligación para la Unión de proyectar el citado objetivo de la cooperación al desarrollo. Me refiero a los acuerdos de cooperación con Túnez (1995), Uzbekistán (1996) o Jordania (1997)[481].

Asimismo, cabe destacar que, desde el acuerdo de cooperación con Pakistán de 2001 en adelante, los acuerdos celebrados por la Unión no recogieron la proyección de este objetivo hasta la adopción de un acuerdo de cooperación con Afganistán

---

480 Artículos 5 a 16 del Acuerdo de cooperación con Pakistán, *ibidem.*

481 Acuerdo Euromediterráneo por el que se crea una asociación entre las Comunidades Europeas y sus Estados miembros, por una parte, y la República de Túnez, por otra, *DOCE*, L 97/2, de 30 de marzo de 1998, *op. cit.*; Acuerdo de Colaboración y de Cooperación por el que se establece una colaboración entre las Comunidades Europeas y sus Estados miembros, por una parte, y la República de Uzbekistán por otra, *DOCE*, L 229/3, de 31 de agosto de 1999, *op. cit.*; Acuerdo Euromediterráneo por el que se crea una asociación entre las Comunidades Europeas y sus Estados miembros, por una parte, y el Reino Hachemita de Jordania, por otra, *DOCE*, 129/3, de 15 de mayo de 2002, *op. cit.*

en 2017[482]. Este acuerdo dedica su título III a la cooperación al desarrollo, regulando este objetivo de la Unión en su artículo 12, que, en su apartado primero, establece que "*los objetivos principales de la cooperación al desarrollo son alcanzar los Objetivos de Desarrollo del Milenio (y cualquier otro indicador de desarrollo posterior), erradicar la pobreza y lograr un desarrollo sostenible y la integración en la economía mundial, con especial atención a los elementos más vulnerables de la sociedad*" y que "las Partes reconocen que su cooperación es esencial para abordar los desafíos de desarrollo de Afganistán y que el fortalecimiento institucional debe ser una parte fundamental de la misma"[483].

Tras hacer referencia a distintas estrategias y programas de desarrollo de este Estado[484], se prevé que las Partes apliquen esta cooperación al desarrollo en aras de "consolidar las instituciones afganas encargadas de la gobernanza y establecer las condiciones para un desarrollo sostenible y un

---

482 Acuerdo de Cooperación sobre Asociación y Desarrollo entre la Unión Europea y sus Estados miembros, por una parte, y la República Islámica de Afganistán, por otra, *DOUE*, L 67, 14 de marzo de 2017, *op. cit.*

483 *Ibidem*, la cursiva es mía.

484 Así se recoge en el apartado segundo de este acuerdo, que dispone lo siguiente: "Esta cooperación tendrá en cuenta las estrategias y programas de desarrollo socioeconómico de Afganistán, y en particular su Estrategia nacional de desarrollo y otras medidas acordadas en conferencias internacionales sobre el desarrollo de Afganistán, la Declaración de Londres de 2010, el Proceso de Kabul, las conclusiones de la Conferencia de Bonn de diciembre de 2011, la Declaración de Tokio sobre una alianza en pro de la autonomía en Afganistán y el Marco de Tokio para la Rendición Mutua de Cuentas de julio de 2012, tomando asimismo plenamente en consideración la estrategia económica y de desarrollo del Gobierno Afgano denominada 'Lograr la autonomía: Compromisos con las reformas y una asociación renovada', presentada en la Conferencia de Londres de 2014".

crecimiento económico a largo plazo" y se confirma "el objetivo de alcanzar los Objetivos de Desarrollo del Milenio adoptados por Afganistán, y cualquier otro indicador de desarrollo ulterior, y reafirman su compromiso con la Declaración de París sobre la Eficacia de la Ayuda al Desarrollo, el Programa de Acción de Accra y las Conclusiones de Busán, en particular en lo que se refiere al Nuevo pacto para la actuación en Estados frágiles"[485]. De manera interesante, el acuerdo contempla la realización de un seguimiento periódico del impacto de su cooperación al desarrollo y que ésta comprenda todos los ámbitos siguientes: "derechos humanos, cuestiones de género, democracia, buena gobernanza, sostenibilidad medioambiental, cambio climático, salud, desarrollo institucional y refuerzo de las capacidades, eficacia de la ayuda, y medidas de lucha contra la corrupción y los estupefacientes"[486]. En fin, este acuerdo también impone que la "cooperación económica deberá aplicarse de forma que garantice la protección de los intereses de los miembros más vulnerables de la sociedad, incluidas las mujeres y los niños, y haciendo hincapié en la salud, la educación, la agricultura y el desarrollo rural"[487] y que se promoverá la aplicación efectiva de las normas laborales de la Organización Internacional del Trabajo y que se cooperará en todos los foros y organizaciones regionales e internacionales pertinentes, con particular referencia a las Naciones Unidas[488].

---

485 Apartados tercero y cuarto del artículo 12 del Acuerdo de cooperación con Afganistán.

486 Apartados sexto y séptimo del artículo 12 del Acuerdo de cooperación con Afganistán.

487 Apartado noveno del artículo 12 del Acuerdo de cooperación con Afganistán.

488 Apartados 11 y 13 del artículo 12 del Acuerdo de cooperación con Afganistán.

En este orden de ideas, debe destacarse que una gran cantidad de acuerdos celebrados entre el acuerdo de cooperación con Pakistán (2001) y el acuerdo de cooperación con Afganistán (2017) no incluyeron una regulación expresa de la cooperación al desarrollo, de modo que la persecución *ad extra* de este objetivo de la Unión Europea se realiza en esos otros acuerdos de una forma indirecta, como se pondrá de relieve en seguida. Me refiero, sobre todo, a los acuerdos de cooperación celebrados con Estados en desarrollo que se han concluido en el periodo descrito, tales como el celebrado con Líbano (adoptado en 2002)[489], con los Estados de Centroamérica (adoptado en 2012 y objeto de aplicación provisional con Nicaragua o Guatemala)[490], con los Estados de la Comunidad Andina (adoptado en 2012 y objeto de aplicación provisional para Estados como Perú)[491] o con Filipinas (también adoptado en 2012)[492].

A mayor abundamiento, con posterioridad a la última referencia directa al objetivo de la cooperación al desarrollo en un acuerdo de la Unión Europea, también se han concluido otros acuerdos con terceros países, algunos de ellos en desarrollo, que no han incluido una regulación expresa de dicho objetivo, a saber: el acuerdo de cooperación con

489 Acuerdo Euromediterráneo de Asociación entre la Comunidad Europea y sus Estados miembros, por una parte, y la República Libanesa, por otra, *DOUE*, L 143/2, de 30 de mayo de 2006, *op. cit.*

490 Acuerdo por el que se establece una Asociación entre la Unión Europea y sus Estados miembros, por un lado, y Centroamérica, por otro, *DOUE*, L 346/3, de 15 de diciembre de 2012, *op. cit.*

491 Acuerdo Comercial entre la Unión Europea y sus Estados miembros por una parte, y Colombia y el Perú, por otra, *DOUE*, L 354, de 21 de diciembre de 2012, *op. cit.*

492 Acuerdo Marco de Colaboración y Cooperación entre la Unión Europea y sus Estados miembros, por una parte, y la República de Filipinas, por otra, *DOUE*, L 343/3, de 22 de diciembre de 2017, *op. cit.*

Vietnam (adoptado en 2019)[493] o el acuerdo de cooperación Tailandia (adoptado en 2022)[494].

Entre estos otros acuerdos que no recogen expresamente la cooperación al desarrollo resulta interesante analizar, en primer lugar, el celebrado con los Estados de Centroamérica. Dicho acuerdo, en cambio, recoge esta cooperación como un principio del mismo, disponiendo que las "Partes confirman su compromiso con la promoción del desarrollo sostenible, que es un principio rector para la aplicación del presente Acuerdo, teniendo especialmente en cuenta los Objetivos de Desarrollo del Milenio" y que las "Partes velarán por que se logre un equilibrio adecuado entre los componentes económicos, sociales y medioambientales del desarrollo sostenible"[495]. En este sentido, el conjunto de la Parte III de este acuerdo regula la cooperación con estos Estados que, mediante la construcción de una asociación entre la Unión Europea y estos países de Centroamérica, aspira entre otros objetivos a "promover el crecimiento económico para favorecer el desarrollo sostenible, reducir los desequilibrios entre las Partes y dentro de estas, y desarrollar sinergias entre ambas regiones"[496].

---

493 Acuerdo de Libre Comercio entre la Unión Europea y la República Socialista de Vietnam, *DOUE*, L 186/3, de 12 de junio de 2020, *op. cit.*

494 Acuerdo Marco Global de colaboración y cooperación entre la Unión Europea y sus Estados miembros, por una parte, y el Reino de Tailandia, por otra, *DOUE*, L 330/72, de 23 de diciembre de 2022, *op. cit.*

495 Acuerdo por el que se establece una Asociación entre la Unión Europea y sus Estados miembros, por un lado, y Centroamérica, por otro, *DOUE*, L 346/3, de 15 de diciembre de 2012, *op. cit.*, artículo primero, apartado segundo.

496 Artículo 24, apartado segundo del acuerdo de cooperación con Centroamérica, *ibidem.*

En este orden de ideas, otro modo de articular la cooperación con terceros países con los que la Unión celebra acuerdos es el seguido en los tratados de asociación con los Estados candidatos a la adhesión a la Unión Europea. Entre ellos, me refiero, en primer lugar, al acuerdo de estabilización y asociación celebrado con Montenegro en 2007 que impone unas especiales obligaciones de cooperación de este Estado con otros países que hayan firmado un acuerdo de estabilización y asociación (artículo 15), con otros países que participen en el proceso de estabilización y asociación (artículo 16) y con otros países candidatos a la adhesión a la UE que no participan en el proceso de estabilización y asociación (artículo 17)[497].

En segundo lugar, el acuerdo con Bosnia y Herzegovina, adoptado en 2008, configura en su Título VIII las *políticas de cooperación* y prevé en el apartado segundo de su artículo 86 que "se adoptarán políticas y otras medidas para lograr el desarrollo económico y social sostenible de Bosnia y Herzegovina", que "deberán incluir, desde el principio, consideraciones medioambientales y estar adaptadas a las necesidades de un desarrollo social armónico"[498]. Esta cooperación comprende ámbitos muy diversos -y más amplios que los acuerdos de cooperación previamente referidos- tales como el estadístico, los servicios bancarios, de seguros, las auditorías, las inversiones, el turismo o las redes de comunicación electrónica[499].

---

497 Acuerdo de Estabilización y Asociación entre las Comunidades Europeas y sus Estados miembros, por una parte, y la República de Montenegro, por otra, *DOUE*, L 108/3, de 29 de abril de 2010, *op. cit.*

498 Acuerdo de Estabilización y Asociación entre las Comunidades Europeas y sus Estados miembros, por una parte, y Bosnia y Herzegovina, por otra, *DOUE*, L 164, de 30 de junio de 2015, *op. cit.*

499 Véanse los artículos 87 y siguientes de este acuerdo, *ibidem.*

Asimismo, otros tres acuerdos de estabilización y asociación celebrados con Estados candidatos o potencialmente candidatos a la adhesión a la Unión Europea -celebrados en 2014 con Georgia, con Moldavia y con Ucrania- también hacen especial referencia a la cooperación regional. El primero de los tratados señalados, el celebrado con Georgia contempla como objetivo "lograr una integración económica gradual de Georgia en el mercado interior de la UE, tal como se establece en el presente Acuerdo, en particular a través de la creación de una zona de libre comercio de alcance amplio y profundo que proporcionará un amplio acceso al mercado, sobre la base de una aproximación reglamentaria continua y global, de conformidad con los derechos y obligaciones que se derivan de su pertenencia a la OMC"[500]. Además, entre los principios generales de este acuerdo -aunque sin rango de elementos esenciales del mismo- se recogen el "compromiso con los principios de una economía de libre mercado, el desarrollo sostenible y un multilateralismo eficaz" y con "el Estado de Derecho, *la buena gobernanza, la lucha contra la corrupción, la lucha contra las diferentes formas de delincuencia transnacional organizada y el terrorismo, la promoción del desarrollo sostenible, un multilateralismo eficaz y la lucha contra la proliferación de armas de destrucción masiva y sus vectores*", siendo este último "un factor fundamental para el desarrollo de las relaciones y la cooperación entre las Partes, contribuyendo a la paz y la estabilidad regionales"[501].

De manera similar, el acuerdo de asociación concluido en 2014 con Moldavia recoge como objetivo, en su artículo primero, el apoyo a "los esfuerzos de la República de Moldavia para

---

500 Acuerdo de Asociación entre la Unión Europea y la Comunidad Europea de la Energía Atómica y sus Estados miembros, por una parte, y Georgia, por otra, *DOUE*, L 261, de 30 de agosto de 2014, *op. cit.*, artículo primero, apartado segundo, letra h).

501 Apartados segundo y cuarto del artículo segundo de este acuerdo, *ibidem*. La cursiva es mía.

desplegar su potencial económico a través de la cooperación internacional, especialmente mediante la aproximación de su legislación a la de la UE", reiterando las partes el compromiso que mantienen "con los principios de una economía de mercado, el desarrollo sostenible y un multilateralismo eficaz"[502]. Igualmente, el desarrollo sostenible está presente en múltiples ámbitos de cooperación que se vehiculan con este país candidato a la adhesión como el empleo, la industria, la política pesquera o el medio ambiente[503].

El tercero de estos acuerdos de asociación con Estados actualmente candidatos a la adhesión adoptados en 2014, el celebrado con Ucrania, contempla como objetivos el establecimiento de las condiciones "para que existan mejores relaciones económicas y comerciales que conduzcan a la integración gradual de Ucrania en el mercado interior de la UE" y como aspectos esenciales para reforzar la cooperación entre las Partes "el Estado de Derecho, la buena gobernanza, la lucha contra la corrupción, la lucha contra las distintas formas de delincuencia organizada transnacional y terrorismo, el fomento del desarrollo sostenible y el multilateralismo efectivo"[504]. De manera relevante, el artículo 289 de este acuerdo, sobre el *comercio y desarrollo sostenible*, en el que las Partes "recuerdan la Agenda 21 sobre Medio ambiente y Desarrollo de 1992, el Plan de aplicación de Johannesburgo sobre el Desarrollo Sostenible de 2002 y las agendas acordadas internacionalmente en materia de empleo y política social, en especial la Agenda del

---

502 Acuerdo de Asociación entre la Unión Europea y la Comunidad Europea de la Energía Atómica y sus Estados miembros, por una parte, y la República de Moldavia, por otra, *DOUE*, L 260/4, de 30 de agosto de 2014, *op. cit.*, artículos primero y segundo.

503 Artículos 31, 66, 72 y 86 del acuerdo de asociación con Moldavia, *ibidem*.

504 Acuerdo de Asociación entre la Unión europea y sus Estados Miembros, por una parte, y Ucrania, por otra, *DOUE*, L 161/3, de 29 de mayo de 2014, *op. cit.*

Trabajo Decente acordada por la Organización Internacional del Trabajo (en lo sucesivo 'OIT') y la Declaración Ministerial de 2006 del Consejo Económico y Social de las Naciones Unidas sobre el Empleo Pleno y el Trabajo Decente" y reafirman "su compromiso para *promover el desarrollo del comercio internacional, de tal manera que contribuya al objetivo del desarrollo sostenible, y para velar por que ese objetivo quede integrado y reflejado en todos los niveles de su relación comercial*"[505]. Dicho compromiso, a pesar del derecho de las Partes a "establecer y reglamentar sus propios niveles de protección en materia ambiental y laboral y sus políticas y prioridades de desarrollo sostenible, conforme a los principios pertinentes reconocidos internacionalmente y los acuerdos correspondientes, así como a adoptar o modificar en consecuencia su legislación pertinente", se materializa en la obligación que la Unión Europea y Ucrania contraen consistente en que "su legislación disponga altos niveles de protección ambiental y laboral y se esforzarán por seguir mejorando dicha legislación"[506].

Finalmente, ha de ponerse de manifiesto la ausencia de previsión de la cooperación al desarrollo con terceros países en vías de desarrollo en los acuerdos de cooperación, comercio o asociación concluidos por la Unión Europea con Estados desarrollados. En estos acuerdos, no se establecen obligaciones para las partes con relación a las políticas de cooperación al desarrollo, lo que, por otro lado, puede tener sentido, toda vez que estos acuerdos articulan las relaciones comerciales entre la Unión Europea y terceros países, estrechando sus lazos "bilaterales" en el marco del multilateralismo que la Unión promueve[507].

---

505 Artículo 289, apartado primero, del acuerdo de asociación con Ucrania, *ibidem*. La cursiva es mía.

506 Artículo 290, apartado primero, del acuerdo de asociación con Ucrania, *ibidem*.

507 Véase DE CASTRO RUANO, J. L., "La UE frente a un multilateralismo en crisis", en BLANC ALTEMIR, A. (dir.), *Las relaciones comer-*

En los acuerdos celebrados con países desarrollados, en cambio, son habituales las referencias al desarrollo sostenible, particularmente en los más recientes. Así, en el acuerdo económico y comercial global con Canadá, de 2016, la Unión Europea y este último Estado, de manera elocuente, recuerdan "la Declaración de Río sobre el Medio Ambiente y el Desarrollo, de 1992, la Agenda 21 de la Conferencia de las Naciones Unidas sobre el Medio Ambiente y el Desarrollo, de 1992, la Declaración de Johannesburgo sobre el Desarrollo Sostenible, de 2002, y el Plan de Aplicación de la Cumbre Mundial sobre el Desarrollo Sostenible, de 2002, la Declaración Ministerial del Consejo Económico y Social de las Naciones Unidas sobre la 'creación de un entorno a escala nacional e internacional que propicie la generación del empleo pleno y productivo y el trabajo decente para todos, y sus consecuencias sobre el desarrollo sostenible', de 2006, y la Declaración de la OIT sobre la justicia social para una globalización equitativa, de 2008" y reconocen que "*el desarrollo económico, el desarrollo social y la protección del medio ambiente son componentes interdependientes del desarrollo sostenible que se refuerzan mutuamente, y reafirman su voluntad de promover el desarrollo del comercio internacional, de manera que se contribuya al objetivo del desarrollo sostenible, para el bienestar de las generaciones presentes y futuras*"[508].

---

ciales de la Unión Europea con el resto del mundo. Un análisis desde la postpandemia y la agresión rusa a Ucrania, op. cit., pp. 55-72.

508 Acuerdo Económico y Comercial Global (CETA) entre Canadá, por una parte, y la Unión Europea y sus Estados miembros, por otra, *DOUE*, L 11/23, de 14 de enero de 2017, *op. cit.*, artículo 22.1, que da comienzo al capítulo 22 del acuerdo, intitulado comercio y desarrollo. La cursiva es mía.
Véase COS SÁNCHEZ, P., "Impacto comercial de la aplicación del acuerdo económico y comercial global (CETA). Efectos de la pandemia Covid-19", en BLANC ALTEMIR, A. (dir.), *Las relaciones comerciales de la Unión Europea con el resto del mundo. Un análisis desde la postpandemia y la agresión rusa a Ucrania, op. cit.*, pp. 281-302.

De manera muy similar, en el acuerdo de libre comercio celebrado entre la Unión Europea y Singapur, adoptado en 2018, la Unión y dicho Estado subrayan que "el desarrollo económico, el desarrollo social y la protección del medio ambiente son interdependientes y, asimismo, componentes del desarrollo sostenible que se refuerzan mutuamente" y que "las ventajas de la cooperación en cuestiones sociales y medioambientales relacionadas con el comercio en el marco de un enfoque global del comercio y del desarrollo sostenible"[509]. A mayor abundamiento, la aproximación que vincula el comercio con el desarrollo sostenible está presente en el conjunto de este acuerdo.

Por consiguiente, cabe colegir que la persecución en el ámbito exterior del objetivo de desarrollo sostenible de la Unión Europea únicamente se prevé en acuerdos bilaterales que ésta celebra con Estados en vías de desarrollo y, además, en un número limitado de los mismos. No obstante, la mayor parte de los acuerdos de cooperación celebrados con terceros regulan tanto múltiples ámbitos de cooperación encaminados al desarrollo de dichos Estados como el desarrollo sostenible, erigido en la vía principal para articular la cooperación económica de la Unión en el plano multilateral. En todo caso, podría ser interesante que, en aras de perseguir este objetivo del artículo 3 del TUE, la Unión incorporara estas obligaciones de cooperación al desarrollo no solo en los acuerdos concluidos con Estados

---

[509] Acuerdo de Libre Comercio entre la Unión Europea y la República de Singapur, DOUE, L 294/3, de 14 de noviembre de 2019, *op. cit.*, artículo 12.1, con el que da comienzo el capítulo doce del acuerdo intitulado también *comercio y desarrollo sostenible*.
Véase MOLTÓ ARIBAU, M., "Relaciones comerciales entre la Unión Europea y Singapur y Vietnam. Efecto de la COVID19 y de los nuevos acuerdos", en BLANC ALTEMIR, A. (dir.), *Las relaciones comerciales de la Unión Europea con el resto del mundo. Un análisis desde la postpandemia y la agresión rusa a Ucrania, op. cit.*, pp. 473-493, en particular pp. 481 ss.

en vías de desarrollo sino también con Estados desarrollados, de manera similar a cómo hace respecto del objetivo consistente en la protección del medio ambiente, que se estudiará en el apartado siguiente.

2. LA PROTECCIÓN Y MEJORA DE LA CALIDAD DEL MEDIO AMBIENTE COMO OBJETIVO PERSEGUIDO POR LA UNIÓN EUROPEA EN SUS ACUERDOS CON TERCEROS

Como se señaló al principio de este capítulo, la Política Exterior de la Unión Europea en el ámbito de medio ambiente presenta rasgos particulares que la caracterizan frente al resto de las políticas exteriores de la Unión Europea. A este respecto, el artículo 191 del Tratado de Funcionamiento de la Unión Europea, en su apartado primero, dispone que la "*política de la Unión en el ámbito del medio ambiente contribuirá a alcanzar los siguientes objetivos: la conservación, la protección y la mejora de la calidad del medio ambiente*, la protección de la salud de las personas, la utilización prudente y racional de los recursos naturales, *el fomento de medidas a escala internacional destinadas a hacer frente a los problemas regionales o mundiales del medio ambiente y en particular a luchar contra el cambio climático*"[510]. Este objetivo, además de reconocer una competencia exterior expresa, se complementa con el apartado cuarto del precepto referido que le añade los rasgos de compartida y concurrente con la competencia de los Estados miembros[511].

---

510 La cursiva es mía.

511 Dicho apartado establece lo siguiente: "En el marco de sus respectivas competencias, la Unión y los Estados miembros cooperarán con los terceros países y las organizaciones internacionales competentes. Las modalidades de la cooperación de la Unión podrán ser objeto de acuerdos entre ésta y las terceras partes interesadas. El

Por otra parte, el artículo tercero, apartado segundo, del TFUE, que se ha mencionado en distintos puntos de esta obra, prevé que "la Unión dispondrá también de competencia exclusiva para la celebración de un acuerdo internacional cuando dicha celebración esté prevista en un acto legislativo de la Unión, cuando sea necesaria para permitirle ejercer su competencia interna o en la medida en que pueda afectar a normas comunes o alterar el alcance de las mismas". Igualmente, el artículo 21 del Tratado de la Unión Europea antes mencionado, establece que "la Unión definirá y ejecutará políticas comunes y acciones y se esforzará por lograr un alto grado de cooperación en todos los ámbitos de las relaciones internacionales con el fin de: (...) d*) apoyar el desarrollo sostenible en los planos económico, social y medioambiental de los países en desarrollo, con el objetivo fundamental de erradicar la pobreza;* (...) *f) contribuir a elaborar medidas internacionales de protección y mejora de la calidad del medio ambiente y de la gestión sostenible de los recursos naturales mundiales, para lograr el desarrollo sostenible* (...)"[512].Como se verá más adelante, estos preceptos son esenciales para la proyección exterior del fin a alcanzar por la Unión Europea atinente a la protección del medio ambiente.

Por último, citaré el artículo 11 del TFUE, particularmente relevante, en virtud del cual "las exigencias de la protección del medio ambiente deberán integrarse en la definición y en la realización de las políticas y acciones de la Unión, en particular con objeto de fomentar un desarrollo sostenible". Este precepto consagra la naturaleza horizontal de la competencia sobre el medio ambiente e incorpora este ámbito material en el marco de las políticas de la Unión Europea incluidas las

---

párrafo precedente se entenderá sin perjuicio de la competencia de los Estados miembros para negociar en las instituciones internacionales y para concluir acuerdos internacionales".

512 La cursiva es mía.

políticas exteriores, donde la protección del medio ambiente y la promoción del desarrollo sostenible constituyen un objetivo más, albergando un lugar permanente como capítulo específico de la política de vecindad o como cláusula en los acuerdos de cooperación y asociación y en los acuerdos sectoriales de investigación, energía, agricultura o pesca[513]. Asimismo, como afirma la profesora Fajardo Del Castillo, este artículo 11 del TFUE ha servido también para inspirar la evolución progresiva hacia una condicionalidad ambiental que se ha impuesto en las relaciones exteriores de la Unión y en la política de vecindad, en los acuerdos de asociación y cooperación, en la política de cooperación al desarrollo y en los nuevos acuerdos de asociación comercial, lo que se desarrollará en el epígrafe segundo de este apartado[514].

En este orden de ideas, puede mencionarse la Diplomacia Europea para el Medio Ambiente y el Desarrollo Sostenible, puesta en marcha a partir del Consejo Europeo de Tesalónica de junio de 2003. Inicialmente, se trataba de una fórmula intergubernamental de apoyo a las iniciativas ambientales desarrollada mediante la red de diplomacia verde de los servicios exteriores de los Estados miembros de la Unión Europea[515].

---

513 FAJARDO DEL CASTILLO, T., "La política Exterior de la Unión Europea en materia de medio ambiente", en BENEYTO PÉREZ, J. M. (ed.), *Tratado de Derecho y Políticas de la Unión Europea. Tomo IX. Acción exterior de la UE, op. cit.*, pp. 303-379, p. 321.

514 *Ibidem.*

515 En el marco de la Diplomacia del Cambio Climático, el liderazgo de la UE antes y durante la COP21, mediante gestiones diplomáticas conjuntas llevadas a cabo dentro del Plan de acción para la diplomacia climática de 2015, contribuyó al resultado satisfactorio de la Cumbre del Clima de París, que resultó en la adopción del Acuerdo de París, que entró en vigor el 4 de noviembre de 2016 y cuenta con 194 partes (193 Estados más la Unión Europea); *BOE* n° 28, de 2 de febrero de 2017, pp. 7703-7727. Véase FAJARDO DEL CASTILLO,

Como se pondrá de manifiesto en el epígrafe siguiente, la Unión Europea ha asumido el liderazgo en la acción contra el cambio climático tanto multilateralmente como en sus relaciones bilaterales, incorporando cláusulas medioambientales en sus acuerdos.

2.1. Introducción: la protección del medio ambiente como objetivo de la acción exterior de la Unión Europea

La Unión Europea, como se expuso, mantiene un compromiso patente con la nueva agenda de desarrollo que, agotados los Objetivos del Milenio, representa la Agenda 2030 que instaura los Objetivos de Desarrollo Sostenible, teniendo como principales metas las de erradicación del hambre y el logro de la seguridad alimentaria, la garantía de una vida sana y de una educación de calidad, el logro de la igualdad de género, el acceso al agua y a la energía, la promoción del crecimiento económico sostenido, la adopción de medidas urgentes contra el cambio climático o, en fin, la promoción de la paz y la facilitación del acceso a la justicia[516].

Y es que, como expresión de ese compromiso con los ODS, la Unión despliega una actuación conjunta en los foros multilaterales y en sus relaciones bilaterales en materia

T., "Competencia exterior medioambiental de la Unión Europea y desarrollo progresivo del derecho internacional en el marco de la Asamblea General de Naciones Unidas", *Revista General de Derecho Europeo*, vol. 47, 2019.

516 Véase FERNÁNDEZ PONS, X., "La Unión Europea y la promoción del desarrollo sostenible a través del comercio internacional", en PIGRAU SOLÉ, A., *et al.* (dirs.), *La comunidad internacional ante el desafío de los objetivos de desarrollo sostenible. XXIX Jornadas de la Asociación Española de Profesores de Derecho Internacional y Relaciones Internacionales*, *op. cit.*, pp. 289-310.

medioambiental, como evidencia su política de acuerdos que integra cláusulas ambientales en acuerdos comerciales como los celebrados con Chile, con Japón, con Singapur, con Canadá o con otros Estados, que se desarrollarán en el epígrafe siguiente.

De este modo, las políticas de la Unión Europea favorecen una acción permanente en aras de la protección medioambiental y contra el cambio climático al incluir capítulos específicos sobre medioambiente[517]. Así ha ocurrido en el acuerdo entre la Unión Europea y el Mercosur en el que ambas partes se comprometen a implementar de forma efectiva el Acuerdo de París sobre Cambio Climático, que incluye un capítulo dedicado al desarrollo sostenible, abarcando cuestiones como la gestión sostenible y la conservación de los bosques y ofreciendo a las organizaciones de la sociedad civil un papel activo en la ejecución del acuerdo, particularmente en los ámbitos social, de los derechos humanos o del medio ambiente[518].

En este sentido, debe mencionarse que la Unión introdujo su primera *Estrategia de Desarrollo Sostenible* en 2001, con la que dotó la Estrategia de Lisboa de una dimensión medioambiental. A raíz de la Agenda 2030 para el Desarrollo Sostenible, la

---

517 GUEVARA CORTÉS, D., "Tratados comerciales y cooperación medioambiental en la acción contra el cambio climático. Perspectivas desde la Unión Europea y Chile", en BLANC ALTEMIR, A. (ed.), *La Unión Europea, promotora del libre comercio. Análisis e impacto de los principales acuerdos comerciales, op. cit.*, pp. 219-239, p. 233.

518 Como se explicó anteriormente, el 28 de junio de 2019 la Unión Europea y los Estados Partes del MERCOSUR -Argentina, Brasil, Paraguay y Uruguay-, adoptaron una enmienda al anterior acuerdo de 1995, enmienda que todavía no ha entrado en vigor. El texto del acuerdo enmendado puede consultarse en el siguiente enlace: https://circabc.europa.eu/ui/group/09242a36-a438-40fd-a7aff-fe32e36cbd0e/library/5896ba4d-b083-485d-a8d2-62b50264c3b3/details, última consulta 16/06/2023.

Comisión Europea publicó una Comunicación en 2016, titulada *Próximas etapas para un futuro europeo sostenible- Acción europea para la sostenibilidad*, en la que se perfila la forma en la que integrar los Objetivos de Desarrollo Sostenible en las prioridades políticas de la Unión[519].

Posteriormente, en enero de 2019, también la Comisión presentó un documento de reflexión sobre los Objetivos de Desarrollo Sostenible que, con el título *Para una Europa sostenible de aquí a 2030*, contempla tres escenarios de cara al futuro[520]. El Parlamento Europeo mostró su apoyo al escenario más ambicioso, que propone orientar todas las acciones de la Unión y los Estados miembros estableciendo metas específicas de aplicación de los Objetivos de Desarrollo Sostenible, sugiriendo propuestas concretas para 2030 y estableciendo un mecanismo para supervisar el progreso de los Objetivos de Desarrollo Sostenible y elaborar informes sobre el mismo.

Por otro lado, la Unión aprobó en 2011 la *Estrategia sobre la Biodiversidad hasta 2020*, que refleja los compromisos tomados conforme al *Convenio de las Naciones Unidas sobre la Diversidad Biológica*, el principal acuerdo internacional en materia de

---

519 COMUNICACIÓN DE LA COMISIÓN AL PARLAMENTO EUROPEO, AL CONSEJO, AL COMITÉ ECONÓMICO Y SOCIAL EUROPEO Y AL COMITÉ DE LAS REGIONES, “Próximas etapas para un futuro europeo sostenible Acción europea para la sostenibilidad”, *COM/2016/0739 final*, de 22 de noviembre de 2016, que puede consultarse en https://eur-lex.europa.eu/legal-content/ES/TXT/?uri=CELEX%3A52016DC0739, última consulta 16/06/2023.

520 COMISIÓN EUROPEA, “Documento De Reflexión Para Una Europa Sostenible De Aquí A 2030”, de 30 de enero de 2019, que puede consultarse en https://commission.europa.eu/system/files/2019-03/rp_sustainable_europe_es_v2_web.pdf, última consulta 16/06/2023.

biodiversidad, en el que la Unión es parte[521]. Como contribución a las discusiones sobre el marco mundial de la diversidad biológica posterior a 2020, en el marco de la Conferencia de las Partes en el Convenio sobre la Diversidad Biológica (COP 15), la Comisión presentó su *Estrategia sobre la biodiversidad de aquí a 2030* en mayo de 2020 como un plan a largo plazo, ambicioso y exhaustivo para proteger la naturaleza y revertir la degradación de los ecosistemas, aprobada en junio de 2021 por el Parlamento Europeo[522].

En todo caso, resulta patente que la Unión Europea desempeña un papel clave en las negociaciones internacionales sobre el medio ambiente, como demuestra su condición de parte en numerosos acuerdos globales, regionales o subregionales en materia de medio ambiente que tratan sobre una gran variedad de cuestiones, como la protección de la naturaleza y la biodiversidad, el cambio climático o la contaminación transfronteriza del aire y del agua[523]. Así lo evidencia el hecho de que la Unión

---

521 Convenio sobre la Diversidad Biológica, en vigor desde el 29 de diciembre de 1993, *BOE* nº 27, de 1 de febrero de 1994, pp. 3113-3125.

522 COMUNICACIÓN DE LA COMISIÓN AL PARLAMENTO EUROPEO, AL CONSEJO, AL COMITÉ ECONÓMICO Y SOCIAL EUROPEO Y AL COMITÉ DE LAS REGIONES, "Estrategia de la UE sobre la biodiversidad de aquí a 2030 Reintegrar la naturaleza en nuestras vidas", *COM/2020/380 final*, de 20 de mayo de 2020, que puede consultarse en https://eur-lex.europa.eu/legal-content/ES/TXT/?uri=celex%3A52020DC0380, última consulta 17/06/2023. Puede mencionarse también que, en el marco del Pacto Verde Europeo, en mayo de 2020 la Comisión presentó su Estrategia *De la Granja a la Mesa*, que tiene como objetivo conseguir que los sistemas alimentarios sean justos, saludables y respetuosos con el medio ambiente respaldada por el Parlamento Europeo en octubre de 2021.

523 PARLAMENTO EUROPEO, "La política de medio ambiente: principios generales y marco básico", de marzo de 2023, que puede consultarse en https://www.europarl.europa.eu/factsheets/es/sheet/71/la-politica-de-medio-ambiente-principios-generales-

haya contribuido activamente en las negociaciones encaminadas a la adopción de acuerdos internacionales importantes en 2015 en el marco de las Naciones Unidas, como la Agenda 2030 para el Desarrollo Sostenible, que incluye los 17 Objetivos de Desarrollo Sostenible y sus 169 metas, el Acuerdo de París sobre el Cambio Climático o el Marco de Sendai para la Reducción del Riesgo de Desastres[524]. Igualmente, la Unión es parte en la Convención sobre el comercio internacional de especies amenazadas de fauna y flora silvestres[525].

La participación de la Unión Europea en la negociación de estos acuerdos y su condición de parte en los mismos ponen de relieve su papel de líder en la política ambiental en el marco del multilateralismo internacional, produciéndose una interacción activa entre la Unión Europea y otras organizaciones internacionales en tres niveles: el de los Estados miembros, el de las instituciones de la Unión y el de las organizaciones internacionales[526].

Sin perjuicio de estos convenios multilaterales para la protección del medio ambiente, en los que la Unión Europea es parte, en el epígrafe siguiente nos centraremos en las cláusulas

---

y-marco-basico#:~:text=La%20pol%C3%ADtica%20medioambiental%20europea%20se,la%20pol%C3%ADtica%20de%20medio%20ambiente, última consulta 16/06/2023.

524 El Marco de Sendai para la Reducción del Riesgo de Desastres 2015-2030, adoptado en la tercera Conferencia Mundial de las Naciones Unidas celebrada en Sendai (Japón) el 18 de marzo de 2015, que puede consultarse en https://www.unisdr.org/files/43291_spanishsendaiframeworkfordisasterri.pdf, última consulta 17/06/2023.

525 Convenio sobre el Comercio Internacional de Especies Amenazadas de Fauna y Flora Silvestres, adoptado el 3 de marzo de 1973, *BOE* nº 181, de 30 de julio de 1986, pp. 27045-27067.

526 Véase RUIZ CAMPILLO, X., "El papel de la Unión Europea en las negociaciones sobre el cambio climático", *Revista UNISCI*, vol. 39 (octubre), 2015, pp. 105-126.

medioambientales incluidas en los acuerdos de cooperación, comercio o asociación celebrados por la Unión Europea con terceros, haciendo igualmente referencia al modo en que se regula en los mismos la lucha contra el cambio climático.

2.2. La protección y mejora del medio ambiente y la lucha contra el cambio climático en los acuerdos con terceros celebrados por la Unión Europea

En cuanto a la protección y la mejora del medio ambiente como objetivo de la Unión Europea recogido en sus acuerdos con terceros, se ha de poner de manifiesto que la previsión de este objetivo es una constante en los acuerdos estudiados. En este sentido, como se desarrollará a continuación, la protección del medio ambiente está presente en todos los acuerdos analizados como uno de los objetivos de la cooperación que se articula en virtud de los mismos.

Por tanto, la protección del medio ambiente es un objetivo aún más relevante para la política exterior de la Unión Europea que la cooperación al desarrollo. Así se deduce de los acuerdos celebrados por ésta con terceros, toda vez que la protección del medio ambiente se recoge en todos ellos mientras que la cooperación al desarrollo, aunque se prevé en la mayoría de los mismos, no está contemplada como un objetivo en todos estos acuerdos. A mayor abundamiento, la protección del medio ambiente tiene una presencia en estos acuerdos aún más destacada que la promoción del Estado de Derecho, que constituye no un objetivo sino un valor de la Unión[527].

Por otro lado, con relación a la lucha contra el cambio climático, ante todo debe recordarse que la misma no se recoge

527 Me remito al respecto a lo expuesto en el apartado segundo del capítulo segundo de esta obra.

como un objetivo *stricto sensu* en el artículo 3 del Tratado de la Unión Europea. Así, la única referencia en los tratados a la lucha contra el cambio climático, como apuntaba anteriormente, se recoge en el artículo 191, apartado primero, del Tratado de Funcionamiento de la Unión Europea, que prevé que "*la política de la Unión en el ámbito del medio ambiente contribuirá a alcanzar* los siguientes objetivos: (...) *el fomento de medidas a escala internacional destinadas* a hacer frente a los problemas regionales o mundiales del medio ambiente, y en particular *a luchar contra el cambio climático*"[528].

Pues bien, a continuación, se expondrá un análisis de la regulación en distintos acuerdos con terceros celebrados por la Unión Europea en relación con la persecución del objetivo consistente en *la protección y mejora de la calidad del medio ambiente.* Entre ellos, el acuerdo celebrado con los países ACP, celebrado en el año 2000, prevé, en su artículo 32, *medio ambiente y recursos naturales,* que "en el ámbito de la protección del medio ambiente y la utilización segura y la gestión duradera de los recursos naturales, la cooperación tenderá a: a) integrar el principio de una gestión duradera del medio ambiente en todos los aspectos de la cooperación al desarrollo y apoyar los programas y los proyectos aplicados por los distintos participantes en este ámbito; b) crear o reforzar las capacidades medioambientales, científicas y técnicas, humanas e institucionales, de todos los sectores interesados con la protección del medio ambiente; c) apoyar medidas y proyectos específicos destinados a abordar problemas sensibles de gestión sostenible, así como las cuestiones vinculadas a compromisos regionales e internacionales actuales y futuros en materia de los recursos naturales y minerales (...)"[529].

---

528 La cursiva es mía.

529 Acuerdo de Asociación entre los Estados de África, del Caribe y del Pacífico, por una parte, y la Comunidad Europea y sus Estados

Este último acuerdo, en cambio, no regula la lucha contra el cambio climático como uno de los ámbitos de la cooperación articulada en virtud de dicho acuerdo. Igualmente ocurre en el caso del acuerdo celebrado con Azerbaiyán en 1996 que, en su artículo 56 (*medio ambiente*), dispone, en su apartado primero, que "teniendo presente la Carta Europea de la Energía y la Declaración de la Conferencia de Lucerna de 1993, el Tratado de la Carta de la Energía y, en particular, su artículo 19, así como el Protocolo de la Carta de la Energía sobre la eficacia energética y aspectos medioambientales relacionados, *las Partes desarrollarán y fortalecerán su cooperación en materia de medio ambiente y de sanidad*" y, asimismo, en su apartado segundo, que "*el objeto de la cooperación será combatir el deterioro del medio ambiente* y, en particular: el control efectivo de los niveles de contaminación y la evaluación del medio ambiente; un sistema de información sobre el estado del medio ambiente, combatir la contaminación del aire y del agua a nivel local, regional y transfronterizo, la restauración ecológica, una producción y utilización de la energía sostenible, eficiente y efectiva ambientalmente, la seguridad ecológica de las instalaciones industriales, la clasificación y utilización segura de los productos químicos, la calidad del agua, la reducción de residuos, su reciclaje y su eliminación segura, y la aplicación del Convenio de Basilea, el impacto ambiental de la agricultura, erosión del suelo y contaminación química, la protección y renovación de los bosques, la conservación de la biodiversidad, de las áreas protegidas y la utilización y gestión sostenibles de los recursos biológicos, la planificación de la explotación del suelo, incluida la construcción y la planificación urbana, la utilización de instrumentos económicos y fiscales, el cambio climático global, la educación y conciencia

---

miembros, por otra firmado en Cotonú el 23 de junio de 2000, *DOCE*, L 317, de 15 de diciembre de 2000, *op. cit.*

sobre el medio ambiente, la asistencia técnica relativa a la rehabilitación de zonas afectadas por la radiactividad y los problemas sociales y sanitarios conexos, la aplicación del Convenio de Espoo sobre la evaluación del impacto ambiental en un contexto transfronterizo"[530]. Prácticamente idéntico al precepto citado es el artículo 54, sobre *medio ambiente y sanidad*, del acuerdo de cooperación celebrado el mismo año, en 1996, con Uzbekistán[531].

Por su parte, el acuerdo de cooperación concluido con México un año más tarde que el anteriormente apuntado, en 1997, regula en su artículo 34 la *cooperación en materia de medio ambiente y recursos naturales* contemplando, en su apartado primero, que "todas las medidas de cooperación que inicien en virtud del presente Acuerdo, las Partes deberán tener en cuenta la

---

530 Acuerdo de colaboración y de cooperación entre las Comunidades Europeas y sus Estados miembros, por una parte, y la República Azerbaiyana, por otra, *DOCE*, L 246, de 17 de septiembre de 1999, *op. cit.* Por su parte, el apartado tercero de este artículo 56 prevé que "la cooperación se llevará a cabo especialmente mediante: la planificación para la gestión de las catástrofes y otras situaciones de emergencia, el intercambio de información y de expertos, que englobará la información y los expertos sobre transferencia de tecnologías limpias y la utilización segura y limpia para el medio ambiente de la biotecnología, actividades de investigación conjuntas, la mejora de la legislación acercándola a las normas comunitarias, la formación medioambiental y el fortalecimiento de la legislación, la cooperación a nivel regional, incluida la cooperación en el marco de la Agencia Europea del Medio Ambiente, y a nivel internacional, el desarrollo de estrategias, especialmente respecto a los problemas globales y climáticos y también con vistas a conseguir un desarrollo sostenible, estudios de impacto medioambiental, el seguimiento ecológico". La cursiva es mía.

531 Acuerdo de Colaboración y de Cooperación por el que se establece una colaboración entre las Comunidades Europeas y sus Estados miembros, por una parte, y la República de Uzbekistán por otra, *DOCE*, L 229/3, de 31 de agosto de 1999, *op. cit.*

necesidad de preservar el medio ambiente y los equilibrios ecológicos". Además, el apartado segundo de este precepto recoge el compromiso de las partes para "*desarrollar la cooperación para prevenir el deterioro ambiental; fomentar la conservación y el aprovechamiento sustentable de los recursos naturales; desarrollar, difundir e intercambiar información y experiencias sobre legislación ambiental; estimular la utilización de incentivos económicos para promover su cumplimiento; fortalecer la gestión ambiental en los distintos niveles de gobierno; promover la formación de recursos humanos, la educación en temas de medio ambiente y la ejecución de proyectos de investigación conjunta; y desarrollar canales para la participación social*"[532]. De este modo, cabe advertir cómo la promoción de este objetivo de la Unión está regulada desde una perspectiva múltiple, imbricando la cooperación en materia de medio ambiente con los ámbitos legal, económico, institucional o educativo.

Muy similar al acuerdo inmediatamente comentado en lo relativo a la promoción de la protección del medio ambiente es el acuerdo celebrado con Nepal en 1995, que además lo contempla como uno de los objetivos de la cooperación en su artículo segundo que establece que "los principales objetivos del Acuerdo son la ampliación y el refuerzo de los diversos aspectos de la cooperación entre las Partes, en particular: (...) d) apoyar la protección del medio ambiente y el aprovechamiento sostenible de los recursos naturales"[533]. En una línea similar a los acuerdos celebrados en la década de los 90, el artículo 12 de este acuerdo, sobre *cooperación en el ámbito del medio ambiente*, dispone, en su apartado primero, que "las Partes reconocen

---

532 Acuerdo de asociación económica, concertación política y cooperación entre la Comunidad Europea y sus Estados miembros, por una parte, y los Estados Unidos Mexicanos, por otra, *DOCE*, L 276/45, de 28 de octubre de 2000, *op. cit.* La cursiva es mía.

533 Acuerdo de Cooperación entre la Comunidad Europea y el Reino de Nepal, *DOCE*, L 137/15, de 8 de agosto de 1996, *op. cit.*

que *es imperativo considerar la protección del medio ambiente como parte integrante de la cooperación económica y para el desarrollo.* Además, *recalcan la importancia de los problemas del medio ambiente y de un desarrollo sostenible y, reconociendo el valor de la labor realizada en los foros internacionales, manifiestan su deseo de cooperar para proteger y mejorar el medio ambiente,* prestando especial atención a la contaminación del agua, del suelo y del aire, la erosión, la desforestación y la gestión sostenible de los recursos naturales"[534].

Muy similar a este acuerdo en lo relativo a la protección del medio ambiente es el concluido con otro Estado asiático, Pakistán, en 2001, que regula en su artículo quinto la cooperación ambiental, vinculándola con la cooperación al desarrollo, el cual dispone que las "Partes reconocen *la necesidad de tener en cuenta la protección del medio ambiente como parte integrante de la cooperación económica y de la cooperación al desarrollo.* Además, *destacan la importancia de los problemas ambientales y su voluntad de cooperar en la protección y mejora del medio ambiente, dando especial importancia a la contaminación de las aguas, del suelo y del aire, la erosión, la deforestación y la gestión sostenible de los recursos naturales, teniendo en cuenta la labor efectuada en los foros internacionales.* Se prestará especial atención a: a) la gestión sostenible de los ecosistemas forestales; b) la protección y conservación de los bosques naturales; c) la

534 *Ibidem.* La cursiva es mía. Este artículo se completa con el apartado segundo que dispone: "se prestará especial atención a: a) la protección y conservación de los bosques naturales, desarrollo de la gestión sostenible y medidas contra la erosión del suelo; b) la importancia de la interdependencia entre la energía y el medio ambiente; c) la búsqueda de soluciones prácticas y eficaces a los problemas energéticos de las zonas rurales; d) la protección del medio urbano; e) la prevención y atenuación de la contaminación industrial; f) el impacto del turismo en el medio ambiente".

prevención de la contaminación industrial; d) la protección del medio urbano"[535].

También vincula la persecución del objetivo de la protección del medio ambiente con la promoción del objetivo de la cooperación al desarrollo el acuerdo celebrado en 1994 con Sri Lanka[536]. En función del artículo 15 de este último acuerdo (*medio ambiente*), "las Partes contratantes *reconocen que la protección del medio ambiente será parte integrante de la cooperación económica y la cooperación para el desarrollo.* Además, subraya la importancia de los temas medioambientales y su voluntad de crear en el marco del presente Acuerdo, una cooperación para proteger y mejorar el medio ambiente asimilando el trabajo realizado en reuniones internacionales"[537]. De manera muy interesante, el acuerdo de cooperación celebrado en 1997 con Yemen relaciona la pobreza con la degradación

---

535 Acuerdo de Cooperación entre la Comunidad Europea y la República Islámica de Pakistán sobre colaboración y desarrollo, *DOUE*, L 378/23, de 23 de diciembre de 2004, *op. cit.* La cursiva es mía. El apartado segundo de este precepto quinto del acuerdo de cooperación con Pakistán prevé que la "cooperación en este ámbito consistirá principalmente en: a) reforzar y mejorar los organismos de protección del medio ambiente; b) desarrollar la legislación y mejorar la normativa; c) promover la investigación, la formación y la información; d) realizar estudios y programas piloto y suministrar asistencia técnica".

536 Acuerdo de Cooperación entre la Comunidad Europea y la República Democrática Socialista de Sri Lanka para la colaboración y el desarrollo, *DOCE*, L, 85/32, de 19 de abril de 1995, *op. cit.*

537 La cursiva es mía. El apartado segundo de este precepto dispone lo siguiente: "Se prestará especial atención a: a) la gestión sostenible de los ecosistemas naturales; b) la protección y conservación de los bosques naturales; c) el fortalecimiento de las organizaciones forestales; d) la búsqueda de soluciones prácticas a los problemas de la energía en el campo y la ciudad; e) la prevención de la contaminación industrial; f) la protección del entorno urbano".

medioambiental. Así, en el artículo séptimo de este acuerdo (intitulado *cooperación en materia de medio ambiente*) las Partes "*reconocen que la pobreza está estrechamente vinculada a la degradación ambiental*" y, por consiguiente, "el objetivo principal de la cooperación ambiental entre las Partes -dentro de sus respectivas competencias- será el de favorecer un crecimiento económico sostenible y un desarrollo social, privilegiando la protección del medio ambiente natural, incluido el medio marino, y la lucha contra la degradación ambiental y, en particular, contra la desertificación"[538].

En este sentido, los acuerdos *euromediterráneos* estudiados siguen la línea de los comentados hasta el momento en el sentido de que contemplan como uno de los ámbitos de la cooperación la protección y mejora de la calidad del medio ambiente, aunque no hacen referencia a la lucha contra el cambio climático. De este modo, el acuerdo concluido con Túnez en 1995 dispone, en su artículo 48, que la "*cooperación aspira a prevenir la degradación del medio ambiente y a mejorar su calidad, a proteger la salud de las personas y a utilizar racionalmente los recursos naturales para asegurar un desarrollo duradero*"[539]. Ese mismo año se adoptó otro

---

538 Acuerdo de Cooperación entre la Comunidad Europea y la República del Yemen, *DOCE*, L 72/18, de 11 de marzo de 1998, *op. cit.* La cursiva es mía. Este precepto prosigue detallando que "la cooperación en la materia consistirá principalmente en: crear las estructuras administrativas, normativas e informativas necesarias para una gestión racional del medio ambiente; cooperar para el desarrollo de fuentes energéticas sostenibles y no contaminantes, así como para encontrar soluciones a los problemas de polución urbana e industrial; promover la cooperación y la coordinación regional; intercambiar información y conocimientos especializados, en particular en el ámbito de la transferencia de tecnología ambiental adecuada; organizar programas de formación y de asesoramiento y el desarrollo de redes".

539 Acuerdo Euromediterráneo por el que se crea una asociación entre las Comunidades Europeas y sus Estados miembros, por una parte,

acuerdo euromediterráneo, en este caso con Israel, que regula la protección del medio ambiente, si bien no incluyendo como tal la lucha contra el cambio climático, estableciendo en su artículo 50, apartado primero, que las "Partes fomentarán la cooperación en tareas encaminadas a prevenir la degradación del medio ambiente y el control de la contaminación, así como a garantizar la utilización racional de los recursos naturales como medio hacia el desarrollo sostenible y el fomento de proyectos medioambientales regionales"[540]. Muy similares a estos acuerdos en lo atinente a la persecución exterior del objetivo de la protección y mejora de la calidad del medio ambiente son, igualmente, otros dos acuerdos euromediterráneos; me refiero al concluido

---

y la República de Túnez, por otra, *DOCE*, L 97/2, de 30 de marzo de 1998, *op. cit.* La cursiva es mía. Este artículo, además, especifica que las "Partes acuerdan cooperar fundamentalmente en los ámbitos: a) de la calidad de los suelos y las aguas; b) de las consecuencias del desarrollo, fundamentalmente industrial (seguridad de las instalaciones, residuos en particular); c) del control y la prevención de la contaminación marina".

540 Acuerdo Euromediterráneo por el que se crea una asociación entre las Comunidades Europeas y sus Estados miembros, por una parte, y el Estado de Israel, por otra, *DOCE*, L 147/3, de 21 de junio de 2000, *op. cit.* El apartado segundo de este artículo pormenoriza que "La cooperación se centrará principalmente en los temas siguientes: desertificación, calidad de las aguas mediterráneas y control de la prevención de la contaminación marina, gestión de residuos, salinización, gestión medioambiental de zonas costeras sensibles, educación y toma de conciencia medioambientales, empleo de herramientas avanzadas de gestión medioambiental, métodos de control y vigilancia medioambiental como los sistemas de información sobre el medio ambiente (EIS) y la evaluación del impacto medioambiental, repercusiones del desarrollo industrial sobre el medio ambiente en general y seguridad de las instalaciones industriales en particular, impacto de la agricultura sobre la calidad del suelo y de las aguas".

en el año 2000 con Marruecos[541] y al acuerdo celebrado en 2002 con Líbano[542].

En fin, entre los últimos acuerdos celebrados por la Unión Europea con terceros que incluyen la protección del medio ambiente entre los ámbitos de la cooperación, aunque sin hacer referencia explícita a la lucha contra el cambio climático, cabe mencionar los acuerdos de estabilización y asociación celebrados con Estados balcánicos como Montenegro (adoptado en 2007), Bosnia y Herzegovina (adoptado en 2008) o Serbia (adoptado también en 2008). El primero de ellos, dispone en su artículo 111, intitulado *medio ambiente*, que "las Partes desarrollarán y consolidarán su *cooperación en las tareas vitales de lucha contra el deterioro del medio ambiente para mejorar el entorno y contribuir a la sostenibilidad medioambiental*" y que, "en especial, las Partes establecerán una cooperación con el objetivo de consolidar estructuras y procedimientos administrativos para *asegurar la planificación estratégica de cuestiones medioambientales y la coordinación entre los actores relevantes, haciendo especial hincapié en*

---

541 Acuerdo Euromediterráneo por el que se crea una asociación entre las Comunidades Europeas y sus Estados miembros, por una parte, y el Reino de Marruecos, por otra, *DOCE*, L 70/2, de 18 de marzo de 2000, *op. cit.* Véase el artículo 48 (*medio ambiente*) de este acuerdo, que prevé: "La cooperación aspira a prevenir la degradación del medio ambiente y a mejorar su calidad, a proteger la salud de las personas y a utilizar racionalmente los recursos naturales para asegurar un desarrollo sostenible (...)".

542 Acuerdo Euromediterráneo de Asociación entre la Comunidad Europea y sus Estados miembros, por una parte, y la República Libanesa, por otra, *DOUE*, L 143/2, de 30 de mayo de 2006, *op. cit.* Véase el artículo 45 (*medio ambiente*) de este acuerdo que prevé, en su apartado primero, de manera muy similar, que "las Partes fomentarán la cooperación para prevenir el deterioro del medio ambiente, controlar la contaminación y asegurar el uso racional de los recursos naturales, con objeto de garantizar un desarrollo sostenible (...)".

la armonización de la legislación de Montenegro con el acervo comunitario. La cooperación también podrá centrarse en el desarrollo de estrategias para reducir considerablemente la contaminación del aire y el agua a escala local, regional y transfronteriza, establecer un marco para la producción y el consumo eficaces, limpios, sostenibles y renovables de la energía, y realizar evaluaciones del impacto medioambiental y evaluaciones medioambientales estratégicas. Se prestará una atención especial a la ratificación y aplicación del Protocolo de Kyoto"[543]. El segundo y el tercero, los celebrados un año después, de un lado, con Bosnia y Herzegovina y, del otro, con Serbia, parten de la misma aproximación para la protección del medio ambiente por cuanto el artículo 108 del acuerdo con Bosnia y Herzegovina y el 111 del acuerdo con Serbia son idénticos al inmediatamente mencionado artículo 111 del acuerdo de estabilización y asociación con Montenegro[544].

Los primeros acuerdos de cooperación en los que se incluye una regulación específica de la lucha contra el cambio climático, como parte de la persecución del objetivo de la Unión consistente en proteger y mejorar la calidad del medio ambiente, fueron adoptados en el año 2012. Por tanto, son posteriores a la última gran reforma de los Tratados operada en virtud del

---

543 Acuerdo de Estabilización y Asociación entre las Comunidades Europeas y sus Estados miembros, por una parte, y la República de Montenegro, por otra, *DOUE*, L 108/3, de 29 de abril de 2010, *op. cit.* La cursiva es mía. Además, este acuerdo configura la protección del medio ambiente en otros múltiples ámbitos específicos de la cooperación.

544 Acuerdo de Estabilización y Asociación entre las Comunidades Europeas y sus Estados miembros, por una parte, y Bosnia y Herzegovina, por otra, *DOUE*, L 164, de 30 de junio de 2015, *op. cit.*; y Acuerdo de Estabilización y Asociación entre las Comunidades Europeas y sus Estados miembros, por una parte, y la República de Serbia, por otra, *DOUE*, L 278/16, de 18 de octubre de 2013, *op. cit.*

Tratado de Lisboa. Dichos acuerdos fueron los celebrados en dicho año con: 1) los Estados de Centroamérica; 2) Estados miembros de la Comunidad Andina (Colombia y Perú); y, 3) Filipinas.

En el primero de ellos, el acuerdo concluido con los Estados de Centroamérica, prevé que las partes promoverán un diálogo en el ámbito del medio ambiente, el cual "*estará destinado, entre otras cosas, a combatir la amenaza del cambio climático,* la conservación de la biodiversidad, la protección y la gestión sostenible de los bosques para, entre otras cosas, reducir las emisiones derivadas de la deforestación y la degradación de los bosques, la protección de los recursos hídricos y marinos, las cuencas y los humedales, la investigación y el desarrollo de combustibles alternativos y tecnologías de energías renovables, y la reforma de la gobernanza medioambiental con miras a aumentar su eficiencia"[545]. No obstante, el Título V de este acuerdo, sobre *medio ambiente, desastres naturales y cambio climático,* regula pormenorizadamente la lucha contra el cambio climático en el marco de la cooperación sobre medioambiente que se implementa en virtud de este acuerdo entre los Estados de Centroamérica y la Unión Europea. El aparado tercero del artículo 50 prevé que la cooperación comprende, en particular, "*cuestiones globales, como el cambio climático, la destrucción de la capa de ozono, la desertificación, la deforestación, la conservación de la biodiversidad y la bioseguridad*" y, en este contexto, "*la cooperación intentará facilitar iniciativas conjuntas en los ámbitos de mitigación y adaptación*

[545] Artículo 20, apartado segundo, del Acuerdo por el que se establece una Asociación entre la Unión Europea y sus Estados miembros, por un lado, y Centroamérica, por otro, *DOUE,* L 346/3, de 15 de diciembre de 2012, *op. cit.* La cursiva es mía. Como se expuso, este acuerdo fue adoptado el 29 de junio de 2012 y está siendo objeto de aplicación provisional con Honduras, Nicaragua, Panamá, Costa Rica, El Salvador y Guatemala.

a los efectos adversos del cambio climático, incluyendo el fortalecimiento de los mecanismos del mercado de carbono"[546].

Aún más específico en su regulación sobre la lucha contra el cambio climático es el acuerdo celebrado con Colombia y Perú, miembros de la Comunidad Andina, que, en su artículo 275 (intitulado sobre *cambio climático*), -"teniendo en cuenta la *Convención Marco de las Naciones Unidas sobre Cambio Climático* (en adelante la 'CMNUCC') y el *Protocolo de Kyoto*, las Partes reconocen que el cambio climático es un tema de preocupación común y global que requiere la más amplia cooperación posible de todos los países y su participación en una respuesta internacional efectiva y apropiada, para el beneficio de las generaciones presentes y futuras de la humanidad"[547]- prevé que las "Partes están resueltas a *mejorar sus esfuerzos relativos al cambio climático, los cuales son liderados por los países desarrollados, incluyendo a través de la promoción de políticas nacionales e iniciativas internacionales convenientes para mitigar y adaptarse al cambio climático, sobre la base de la equidad y conforme con sus responsabilidades comunes pero diferenciadas y respectivas capacidades y sus condiciones sociales y económicas, y teniendo en cuenta en particular las necesidades, circunstancias, y la alta vulnerabilidad frente a los efectos adversos del cambio climático de aquellas Partes que sean países en desarrollo*"[548]. A mayor abundamiento, en dicho precepto la Unión Europea y Colombia y Perú "reconocen que el efecto del cambio climático puede afectar su desarrollo actual o futuro y en consecuencia, resaltan la importancia de aumentar y

---

546 *Ibidem*, la cursiva es mía.

547 Esta cursiva es original.

548 Acuerdo Comercial entre la Unión Europea y sus Estados miembros por una parte, y Colombia y el Perú, por otra, *DOUE*, L 354, de 21 de diciembre de 2012, *op. cit.* La cursiva es mía.

apoyar los esfuerzos de adaptación, especialmente en aquellas Partes que sean países en desarrollo"[549].

El tercero de estos tres acuerdos celebrados en 2012 que, por primera vez, recogen expresamente la lucha contra el cambio climático en el marco de la cooperación que instauran en materia de medio ambiente, como decía, es el acuerdo con Filipinas. Dicho acuerdo prevé, como un *principio general* en su artículo primero, apartado tercero, que "*las Partes confirman su compromiso de cara a fomentar el desarrollo sostenible, cooperar para afrontar los retos del cambio climático y contribuir al logro de los objetivos de desarrollo acordados a escala internacional,* incluidos los contenidos en los Objetivos de Desarrollo del Milenio"[550]. Además de considerar que el medio ambiente y los recursos naturales, incluido el cambio climático, constituyen un objetivo de la cooperación en tanto que sector de

---

549 Artículo 275, apartado tercero, *ibidem.* Este artículo también dispone lo siguiente: "4. Considerando el objetivo global de una transición rápida a economías bajas de carbono, las Partes promoverán el uso sostenible de recursos naturales y promoverán medidas de comercio e inversión que promuevan y faciliten el acceso, la difusión y el uso de las mejores tecnologías disponibles para la producción y uso de energías limpias, y para la mitigación y adaptación al cambio climático. 5. Las Partes acuerdan considerar acciones para contribuir a alcanzar objetivos de mitigación y adaptación frente al cambio climático a través de políticas de comercio e inversión, entre otras: (a) facilitando la eliminación de obstáculos de comercio e inversión para el acceso a, la innovación, el desarrollo y el despliegue de bienes, servicios y tecnologías que puedan contribuir a la mitigación o adaptación, teniendo en cuenta las circunstancias de los países en desarrollo; (b) promoviendo medidas para la eficiencia energética y las energías renovables que respondan a necesidades ambientales y económicas y minimicen los obstáculos técnicos al comercio".

550 Acuerdo Marco de Colaboración y Cooperación entre la Unión Europea y sus Estados miembros, por una parte, y la República de Filipinas, por otra, *DOUE,* L 343/3, de 22 de diciembre de 2017, *op. cit.* La cursiva es mía.

interés mutuo para las Partes[551], este acuerdo prescribe que la reducción del impacto del cambio climático y la gestión de sus consecuencias representa uno de los objetivos que aspita a conseguir el diálogo sobre la cooperación al desarrollo[552].

En adelante, todos los acuerdos celebrados por la Unión Europea con terceros Estados regulan la lucha contra el cambio climático en el marco de la proyección exterior del objetivo de la Unión de proteger el medio ambiente. En este sentido, los acuerdos de estabilización y asociación celebrados en 2014 incluyen este objetivo entre los propios de la cooperación. Me estoy refiriendo, en primer lugar, al acuerdo de asociación con Georgia que, entre otras disposiciones, prevé que la "cooperación se propondrá atenuar el cambio climático y adaptarse al

551 Artículo segundo, letra h), *ibidem.*

552 Así se recoge en el artículo 29, *cooperación para el desarrollo,* de este acuerdo: "1. El principal objetivo de la cooperación para el desarrollo es fomentar un desarrollo sostenible que contribuya a reducir la pobreza y a lograr los objetivos de desarrollo acordados internacionalmente, incluidos los Objetivos de Desarrollo del Milenio. Las Partes mantendrán regularmente un diálogo sobre cooperación para el desarrollo en función de sus respectivas prioridades y ámbitos de interés común. 2.El diálogo sobre cooperación para el desarrollo deberá, entre otros objetivos: a) promover el desarrollo humano y social; b) buscar un crecimiento económico integrador y sostenible; c) promover la sostenibilidad medioambiental y la adecuada gestión de los recursos naturales, incluida la promoción de buenas prácticas; d) reducir el impacto del cambio climático y gestionar sus consecuencias; e) mejorar la capacidad de lograr una integración más profunda en la economía mundial y en el sistema comercial internacional; f) promover la reforma del sector público, particularmente en el ámbito de la gestión de las finanzas públicas, para mejorar la prestación de servicios sociales; g) establecer procesos de adhesión a los principios de la Declaración de París sobre la eficacia de la ayuda, el Programa de Acción de Accra y otros compromisos internacionales cuyo objetivo es mejorar el suministro y eficacia de la ayuda". *Ibidem.*

mismo y fomentar medidas a nivel internacional, entre otros en los siguientes ámbitos: a) atenuación del cambio climático; b) adaptación al cambio climático; c) comercio de carbono; d) investigación, desarrollo, demostración, implantación y difusión de tecnologías seguras y sostenibles de adaptación y de baja emisión de carbono, e e) integración de las consideraciones climáticas en las políticas sectoriales"[553]. Prácticamente idéntico a esta disposición es el artículo 93 del acuerdo de asociación (incardinado en el capítulo 17 titulado *acción por el clima*) adoptado con Moldavia en 2014[554].

También en 2014 la Unión Europea celebró un acuerdo de asociación con Ucrania que recoge, en su artículo 360, que "las Partes desarrollarán y estrecharán su cooperación en cuestiones ambientales, con lo que contribuirán al objetivo a largo plazo del desarrollo sostenible y la economía verde" y que "se espera que una mayor protección del medio ambiente aporte beneficios a los ciudadanos y las empresas de Ucrania y de la UE, entre otras cosas gracias a la mejora de la salud pública, la conservación de los recursos naturales, el aumento de la eficiencia económica y medioambiental, la integración del medio ambiente en otros ámbitos de política y el aumento de la producción resultante del uso de las tecnologías modernas. La cooperación se llevará a cabo tomando en consideración los intereses de las Partes sobre la base de la igualdad y los beneficios mutuos, teniendo en cuenta al mismo tiempo la interdependencia existente entre las Partes en materia de medio ambiente

---

553 Artículo 308 del Acuerdo de Asociación entre la Unión Europea y la Comunidad Europea de la Energía Atómica y sus Estados miembros, por una parte, y Georgia, por otra, *DOUE*, L 261, de 30 de agosto de 2014, *op. cit.*

554 Acuerdo de Asociación entre la Unión Europea y la Comunidad Europea de la Energía Atómica y sus Estados miembros, por una parte, y la República de Moldavia, por otra, *DOUE*, L 260/4, de 30 de agosto de 2014, *op. cit.*

y con arreglo a los acuerdos multilaterales afines"[555]. Asimismo, en su artículo 361, las Partes acuerdan que "*la cooperación debe tener como finalidad el mantenimiento, la protección, la mejora y la rehabilitación de la calidad del medio ambiente, la protección de la salud humana, la utilización prudente y racional de los recursos naturales y el fomento de medidas a nivel internacional encaminadas a abordar problemas regionales o mundiales de medio ambiente, entre otros en los siguientes ámbitos: a) cambio climático*; b) gobernanza medioambiental y cuestiones horizontales, incluidas la educación y la formación y el acceso a la información sobre medio ambiente y al proceso de toma de decisiones; (...)"[556].

Más tarde, en 2016, la Unión Europea celebró el acuerdo de asociación con Canadá que prevé que "una mayor cooperación es un elemento importante para avanzar en el cumplimiento de los objetivos del presente capítulo, y se comprometen a cooperar en asuntos medioambientales relacionados con el comercio de interés común, en ámbitos tales como: (...) *e) los aspectos del régimen internacional, presente y futuro, relativo al cambio climático relacionados con el comercio, y los programas y las políticas nacionales en materia de clima que guardan relación con la atenuación y la adaptación, tales como las cuestiones relativas a los mercados del carbono y los medios para atajar los efectos adversos del comercio en el clima*, así como los medios para promover la eficiencia energética y el desarrollo y la implantación de tecnologías de baja emisión de carbono y otras tecnologías respetuosas con el clima; (...)"[557]. Tan solo un año después,

---

555 Acuerdo de Asociación entre la Unión europea y sus Estados Miembros, por una parte, y Ucrania, por otra, *DOUE*, L 161/3, de 29 de mayo de 2014, *op. cit.*

556 *Ibidem*, la cusiva es mía.

557 Artículo 24.12, sobre *cooperación en materia de medio ambiente*, del Acuerdo Económico y Comercial Global (CETA) entre Canadá, por una parte, y la Unión Europea y sus Estados miembros, por otra, *DOUE*, L 11/23, de 14 de enero de 2017, *op. cit.* La cursiva es mía.

en 2017, la Unión concluyó un acuerdo de cooperación con Afganistán en el que, de manera mucho más sucinta, las Partes se comprometen a cooperar para introducir un alto nivel de protección del medio ambiente y, para ello, "a fomentar la conservación y la gestión de los recursos naturales y la diversidad biológica, incluidos los bosques, en aras del desarrollo sostenible y de la mitigación del cambio climático y la adaptación al mismo" y ponen de manifiesto su aspiración "a fortalecer la cooperación respecto a la mitigación del cambio climático y la adaptación al mismo, haciendo especial hincapié en los recursos hídricos"[558].

En fin, los acuerdos que la Unión Europea ha celebrado en el último lustro con terceros Estados recogen igualmente la lucha contra el cambio climático como uno de los objetivos a perseguir en el marco de la cooperación en materia de protección del medio ambiente. Así sucede con el acuerdo de cooperación concluido con Japón en el año 2018[559], con Singapur también

---

558 Artículo 43 del Acuerdo de Cooperación sobre Asociación y Desarrollo entre la Unión Europea y sus Estados miembros, por una parte, y la República Islámica de Afganistán, por otra, *DOUE*, L 67, 14 de marzo de 2017, *op. cit.*

559 Así, el apartado cuarto del artículo 16.4 (*acuerdos medioambiental multilaterales*) de este acuerdo dispone: "las Partes reconocen la importancia de alcanzar el objetivo último de la Convención Marco de las Naciones Unidas sobre el Cambio Climático, hecha en Nueva York el 9 de mayo de 1992 (denominada en lo sucesivo 'la CMNUCC') a fin de abordar la urgente amenaza del cambio climático y el papel del comercio a tal efecto. Las Partes reafirman sus compromisos de aplicar efectivamente la CMNUCC y el Acuerdo de París, hecho en París el 12 de diciembre de 2015 por la Conferencia de las Partes en la CMNUCC en su 21. o período de sesiones. Las Partes cooperarán para promover la contribución positiva del comercio en la transición hacia bajas emisiones de gases de efecto invernadero y hacia un desarrollo resiliente al clima. Las Partes se comprometen a trabajar juntas para emprender acciones destinadas a luchar contra

en 2018[560], con Vietnam en 2019[561], con Reino Unido en 2020 tras la retirada de dicho Estado como miembro de la Unión[562], o, ya en 2022, con Tailandia[563] y con Nueva Zelanda[564]. Entre las

---

el cambio climático y lograr el objetivo último de la CMNUCC y la finalidad del Acuerdo de París". Acuerdo entre la Unión Europea y Japón relativo a una Asociación Económica, *DOUE*, L330/3, de 27 de diciembre de 2018, *op. cit.*

560 Véanse los artículos 12.6, apartado tercero, y 12.10 del Acuerdo de Libre Comercio entre la Unión Europea y la República de Singapur, *DOUE*, L 294/3, de 14 de noviembre de 2019, *op. cit.*

561 Véase el artículo 13.6 (*cambio climático*) del Acuerdo de Libre Comercio entre la Unión Europea y la República Socialista de Vietnam, *DOUE*, L 186/3, de 12 de junio de 2020, *op. cit.*

562 Véase en particular el artículo 299 que da inicio al capítulo 1 sobre disposiciones generales del Título VIII del acuerdo, sobre energía, que dispone: "el presente título tiene como objetivo facilitar el comercio y la inversión entre las Partes en los ámbitos de la energía y las materias primas, así como mejorar la seguridad de suministro y la sostenibilidad medioambiental, especialmente contribuyendo a la lucha contra el cambio climático en estos ámbitos". Véase también el artículo 401 (*comercio y cambio climático*) del Acuerdo de Comercio y Cooperación entre la Unión Europea y la Comunidad Europea de la Energía Atómica, por una parte, y el Reino Unido de Gran Bretaña e Irlanda del Norte, por otra, *DOUE*, L 149/10, de 30 de abril de 2021, *op. cit.*

563 Cabe destacar de este acuerdo el apartado cuarto de su artículo 19.1, en virtud del cual "the Parties recognise the urgent need to address climate change, as outlined in the Intergovernmental Panel on Climate Change Special Report on Global Warming of 1.5°C, as a contribution to the economic, social and environmental objectives of sustainable development". Acuerdo de cooperación con Nueva Zelanda, que puede consultarse en: puede consultarse en: https://policy.trade.ec.europa.eu/eu-trade-relationships-country-and-region/countries-and-regions/new-zealand/eu-new-zealand-agreement/text-agreement_en, última consulta 21/06/2023.

564 Véase particularmente el artículo 38 (*cambio climático*) de este Acuerdo Marco Global de colaboración y cooperación entre la Unión Eu-

disposiciones al respecto de estos acuerdos puede destacarse, en mi opinión, el artículo 764 (sobre *lucha contra el cambio climático*) del Acuerdo de Comercio y Cooperación con Reino Unido que establece, en su apartado primero, que las "*Partes consideran que el cambio climático representa una amenaza existencial para la humanidad y reiteran su compromiso de fortalecer la respuesta mundial a esta amenaza. La lucha contra el cambio climático* provocado por el ser humano según se expone en el proceso de la Convención Marco de las Naciones Unidas sobre el Cambio Climático (CMNUCC) y, en particular, en el Acuerdo de París adoptado por la Conferencia de las Partes en la Convención Marco de las Naciones Unidas sobre el Cambio en su 21.er período de sesiones (en lo sucesivo, 'Acuerdo de París') *inspira las políticas internas y externas de la Unión y del Reino Unido*", que, "en consecuencia, cada una de las Partes respetará el Acuerdo de París y el proceso establecido por la CMNUCC y se abstendrá de realizar actos u omisiones que frustren materialmente el objeto y la finalidad del Acuerdo de París" y, en su apartado segundo, que las "Partes *promoverán la lucha contra el cambio climático en los foros internacionales, en particular mediante la colaboración con otros países y regiones con el fin de aumentar su nivel de ambición respecto de la reducción de la emisión de gases de efecto invernadero*"[565].

A la luz de lo expuesto, puede advertirse, al menos a título preliminar, la misma aproximación, mediante el empleo de una técnica legislativa muy similar, a la regulación de este objetivo en los últimos acuerdos celebrados por la Unión Europea. Al mismo tiempo, estos acuerdos ponen de manifiesto un compromiso claro de la Unión Europea con su objetivo consistente en la protección y mejora de la calidad del medio ambiente, que, desde 2012, incluye en este ámbito también la

---

ropea y sus Estados miembros, por una parte, y el Reino de Tailandia, por otra, *DOUE*, L 330/72, de 23 de diciembre de 2022, *op. cit.*

565 La cursiva es mía.

lucha contra el cambio climático. Por otro lado, el análisis de dichos acuerdos pone de relieve que la Unión Europea otorga una mayor significación a la persecución exterior, por la vía de estos acuerdos, de la protección y mejora de la calidad del medio ambiente que a la consecución de otros de sus objetivos, en particular, la cooperación al desarrollo.

Consideraciones finales

La Unión Europea, en tanto que organización internacional de integración, constituye uno de los actores que contribuye de manera más determinante al desarrollo del Derecho Internacional mediante la negociación, la celebración y la aplicación de múltiples acuerdos internacionales. En este sentido, como se ha puesto de manifiesto, la Unión Europea es parte en más de 1.000 tratados internacionales.

De entre ellos, en esta obra se han estudiado los acuerdos celebrados por la Unión Europea con terceros Estados. Dichos acuerdos responden a una tipología variada, de modo existen acuerdos de mera cooperación o de colaboración (que articulan la relación más elemental entre la Unión Europea y el tercer o los terceros Estados), acuerdos comerciales (adoptados en el marco de la Política Comercial Común y que se sitúan en una escala intermedia entre los acuerdos menos ambiciosos y los más comprehensivos) y acuerdos de asociación (que establecen el tipo de cooperación más estrecha que la UE mantiene con terceros Estados como, por ejemplo, los candidatos a la adhesión al proyecto de integración). Estos acuerdos pueden ser celebrados por la Unión Europea (si son atinentes únicamente a sus competencias exclusivas) o por la UE junto con sus Estados miembros (cuando los acuerdos incluyen ámbitos de competencias compartidas, en cuyo caso se denominan acuerdos mixtos).

Todos estos acuerdos hacen de la Unión Europea una potencia mundial en múltiples ámbitos, como el comercial o el normativo. En el plano comercial, como se ha señalado, la UE es la primera economía del mundo y representa más del 20% del producto interior bruto mundial, dependiendo del comercio exterior en torno a 30 millones de empleos en la Unión. Ahora bien, se prevé que el 90% del crecimiento económico mundial en el medio plazo tenga lugar fuera de Europa, por lo que la Unión Europea se sirve de estos acuerdos para articular unas relaciones comerciales que le permitan mantener su liderazgo económico. En lo referente a la condición de la Unión como potencia normativa, además del seguimiento de los instrumentos normativos de la Unión Europea por otros Estados como referencia en el ámbito internacional, debe destacarse su labor creativa en el marco del Derecho de los Tratados encaminada a proyectar hacia el exterior los valores y objetivos fundacionales de la Unión Europea.

Esta última faceta de la Unión se enmarca dentro de su acción exterior, que engloba, de acuerdo con el Tratado de la Unión Europea, tanto las competencias generales de la UE (sus *relaciones exteriores*) como las específicas de la Política Exterior y de Seguridad Común. Dicha acción exterior está inspirada en grandes principios recogidos en el artículo 21 del TUE como, entre otros, la democracia, el Estado de Derecho, la universalidad e indivisibilidad de los derechos humanos y de las libertades fundamentales o el respeto de la dignidad humana y de los principios de la Carta de las Naciones Unidas y del Derecho Internacional. Asimismo, este precepto indica los objetivos de la acción exterior de la Unión Europea entre los que se encuentran la defensa de sus *valores*, intereses y seguridad, el mantenimiento de la paz internacional, el apoyo a los países en desarrollo (esto es, la *cooperación al desarrollo*), el fomento del comercio internacional o la *protección del medio ambiente.*

Para llevar a cabo su acción exterior, resulta fundamental la existencia de su subjetividad jurídica internacional, afirmada en el artículo 47 del TUE. Esta personalidad jurídica internacional derivada, condicionada por la voluntad de los Estados miembros y limitada en cuanto a su alcance y contenido, es singular como ponen de manifiesto la delimitación compleja de las competencias exteriores entre la Unión Europea y sus Estados miembros, su participación en organizaciones y conferencias internacionales o su capacidad para ser sujeto activo y pasivo de la responsabilidad internacional. En todo caso, el elemento de la subjetividad jurídica internacional de la Unión Europea más importante para el objeto de estudio de esta obra es su poder para celebrar tratados internacionales, es decir, su *ius ad tractatum*.

Precisamente, el *ius ad tractatum* de la Unión Europea es particularmente amplio en comparación con otras organizaciones internacionales, que no disponen de una capacidad convencional semejante, ni cualitativa ni cuantitativamente. En la definición del *ius ad tractatum* de la Unión Europea ha sido esencial el Dictamen 2/2015 del Tribunal de Justicia de la Unión Europea, dado el 16 de mayo de 2017 a propósito de la celebración de un acuerdo comercial con Singapur. En función de este dictamen los acuerdos comerciales que negocie la Unión Europea con terceros no pueden ser celebrados como exclusivos cuando estos regulen inversiones extranjeras distintas de las directas, su protección, la solución de diferencias entre un inversor y un Estado y, también, normas de transparencia. Por consiguiente, si los acuerdos comerciales de la Unión Europea versan sobre alguna de estas materias deben concluirse como acuerdos mixtos.

Con relación al procedimiento de celebración de estos acuerdos por parte de la Unión Europea, el mismo se rige por el artículo 218 del Tratado de Funcionamiento de la Unión Europea. Conforme a este precepto, el Consejo de la Unión Europea autoriza la apertura de la negociación del acuerdo que suele recaer en la Comisión Europea. Por su parte, el Parlamento Europeo interviene en el proceso de celebración, bien mediante su aprobación (en los acuerdos de mayor significación y por mayoría de sus miembros), bien a través de la mera consulta (en los demás casos). Corresponde igualmente al Consejo la prestación del consentimiento por parte de la Unión Europea, con la que concluye el proceso de celebración de acuerdos por la Unión, si bien cualquier Estado miembro, así como el Consejo, la Comisión o el Parlamento, puede solicitar al Tribunal de Justicia de la Unión Europea un dictamen sobre la compatibilidad con los Tratados de cualquier acuerdo, que es previo a su conclusión y entrada en vigor. También, *a posteriori* cabe el control de la compatibilidad de un acuerdo internacional con el Derecho primario de la Unión Europea a través del recurso de anulación que cabe interponer contra la decisión del Consejo de concluir el acuerdo internacional.

Como ha afirmado el Tribunal de Justicia, a partir de la entrada en vigor del Acuerdo, sus disposiciones forman parte integrante del ordenamiento jurídico comunitario, de modo que los mismos se incorporan en el Derecho de la Unión Europea mediante un sistema de recepción automática y vinculan a las instituciones de la Unión y a sus Estados miembros.

La actividad convencional tan intensa que desarrolla la Unión Europea provoca que la clasificación de los acuerdos que ésta celebra resulta una labor compleja. En este sentido, los acuerdos se pueden clasificar en atención al tipo de competencia (existiendo acuerdos propios o exclusivos y acuerdos mixtos), al número de partes en el acuerdo (encontrando acuerdos bilaterales, en los que solo es parte la Unión Europea y un tercero, y acuerdos multilaterales) o al número de ámbitos materiales regulados (existiendo acuerdos globales, como los de asociación, los comerciales o los de cooperación, y específicos, celebrados en el ámbito pesquero, el aduanero o el científico). En todo caso, la Unión Europea está negociando o mantenerse acuerdos en vigor con Estados de todas las partes del mundo, tanto con los Estados del grupo de África, El Caribe y El Pacífico como con Estados miembros de la ASEAN, de la Comunidad Andina, del MERCOSUR, los integrantes de la Unión Por el Mediterráneo, otros tales como Japón, Canadá o Tailandia o con los países de los Balcanes candidatos a la adhesión (con los que la Unión Europea celebra acuerdos de estabilización y asociación).

El conjunto de estos acuerdos sirve a la Unión Europea como herramienta para el fomento de sus valores y principios, dando así cumplimiento al artículo 3 del Tratado de la Unión Europea en virtud del cual la UE tiene por finalidad la promoción de sus valores y, en sus relaciones con el resto del mundo, la Unión afirmará y promoverá sus valores. Entre estos valores se encuentran la democracia, el respeto de los derechos humanos, el Estado de Derecho, la igualdad o la dignidad humana. El Tribunal de Justicia de la Unión Europea ha reafirmado la relevancia y significación jurídicas de los valores, "normas fundacionales de la Unión y comunes a los Estados miembros". Pues bien, entre los instrumentos jurídicos de los que sirve la Unión Europea para proyectar y promover al exterior dichos valores, ocupan un lugar destacado las cláusulas convencionales que incluye en los acuerdos internacionales que celebra. Estas cláusulas permiten dejar de aplicar dichos tratados si se produce en el tercer Estado parte una violación grave, bien de los derechos humanos y de los principios democráticos, bien del Estado de Derecho.

Las primeras reciben la denominación de cláusulas de derechos humanos y democracia, que encuentran su primer antecedente en los Acuerdos de Yaundé, si bien la primera ocasión en que se introdujeron fue con ocasión del Convenio de Lomé IV de 1989, como respuesta a la constatación de la ausencia de mecanismos jurídicos para suspender las relaciones comerciales o de cooperación con un tercer Estado en el que estuvieran produciendo violaciones manifiestas de los derechos humanos. Desde entonces y a partir de la Comunicación sobre derechos humanos, democracia y política de cooperación al desarrollo (de 25 de marzo de 1991), el Consejo declaró que el respeto de los derechos humanos y de los principios democráticos suponía un elemento esencial de los acuerdos de la Comunidad Europea. Así, en los acuerdos de 1992 entre la Comunidad Europea y los Estados bálticos se incluyó la llamada "cláusula báltica", que permitía la suspensión inmediata del acuerdo en caso de incumplimiento del respeto de los derechos humanos. Esta "cláusula báltica" fue reemplazada por la denominada como "cláusula búlgara", que ampliaba el ámbito de aplicación e incluía, además de la posibilidad de suspender la aplicación del acuerdo, un mecanismo para la conciliación en caso de diferencias y para el mantenimiento del diálogo político.

Estas cláusulas de derechos humanos y democracia se han integrado en acuerdos celebrados con más de 100 Estados desde entonces, de ahí que, a mi juicio, quepa establecer entre las mismas las tres fases o generaciones siguientes: una primera etapa que incluye las cláusulas de los acuerdos celebrados en la década de los 90; una segunda en la que se advierte una evolución atinente a los acuerdos concluidos en la década del 2000; y, una tercera que comprende las cláusulas más recientes propias de los acuerdos adoptados a partir del año 2010 y hasta la fecha. A lo largo de estas etapas se produce una mejora de la técnica legislativa empleada, si bien la clave de su virtualidad radica en la configuración de la democracia y del respeto de los derechos humanos como elementos esenciales del acuerdo cuya violación habilita a cualquiera de las Pares a suspender la aplicación del mismo, ya sea con efecto inmediato o tras un procedimiento sucinto de consultas. Estas cláusulas forman parte de la gran mayoría de los acuerdos con terceros en los que la Unión Europea es parte, aunque cabe destacar que las mismas no se han incluido en algunos de los acuerdos más recientes, como los celebrados con Singapur o Vietnam.

En cuanto a la invocación de las cláusulas de derechos humanos y democracia como instrumento de condicionalidad negativa, debe colegirse que ésta ha sido considerablemente reducida. En este sentido, únicamente se han invocado tales cláusulas respecto de doce Estados, todos ellos pertenecientes al grupo de África, El Caribe y El Pacífico, a saber: Togo, Níger, Comoras, Guinea Bissau, Costa de Marfil, Haití, Fiyi, República Centroafricana, Liberia, Zimbabue, Guinea y Mauritania. Por consiguiente, se deduce una escasa correlación entre la invocación de estas cláusulas y los supuestos fácticos que podrían haber justificado su aplicación, sobre todo, considerando el número elevado de acuerdos que incorporan este tipo de cláusulas y las violaciones de la democracia y de los derechos humanos que acaecen en una cantidad no despreciable de los terceros Estados partes en esos acuerdos. A mayor abundamiento, la invocación de estas cláusulas, salvo en un caso, ha respondido a la violación de los principios democráticos (y no de los derechos humanos), lo que puede resultar paradójico en atención al rango distinto que ostentan ambos valores de acuerdo con el Derecho Internacional General. Esta incoherencia clara entre la ambición de estas cláusulas (de los acuerdos en los que se incluyen y de la política exterior en la que se enmarcan) debe, en mi opinión, ser matizada a la luz del conjunto de intereses en juego en la acción exterior de la Unión, del estado inacabado de la Política Exterior y de Seguridad Común y de la escasa aplicación generalizada entre los Estados de las medidas de condicionalidad negativa en materia de derechos humanos y democracia. En todo caso, creo que resulta deseable una mayor transparencia y rigor en la invocación y aplicación de estas cláusulas en aras de proporcionar una mayor coherencia, credibilidad y plasmación de la acción exterior de la Unión Europea.

Dentro de los valores recogidos en el artículo 2 del Tratado de la Unión Europea, el Estado de Derecho representa uno de los mayores objetos de preocupación en la UE, en relación tanto con los Estados miembros como con los terceros. El interés renovado de este valor para la Unión ha motivado la condicionalidad de la aplicación de los acuerdos celebrados con terceros al respeto del Estado de Derecho, aunque el surgimiento de la *cláusula Estado de Derecho* es posterior al de las cláusulas de derechos humanos y democracia. Como ha declarado el Tribunal Europeo de Derechos Humanos, "no puede existir una sociedad democrática sin que pluralismo, tolerancia y amplitud de espíritu encuentren su expresión práctica en un régimen constitucional que esté sometido al principio de la preeminencia del Derecho, que comparte esencialmente un control eficaz del ejecutivo, ejercido, sin perjuicio del control parlamentario, por un poder judicial independiente que asegure el respeto de la persona humana". En este sentido, la Comisión de Venecia identificó en 2011 como elementos constitutivos del Estado de Derecho la legalidad, la seguridad jurídica, la interdicción de la arbitrariedad, la existencia de tribunales independientes e imparciales, la tutela judicial efectiva y la igualdad ante la ley. Por su parte, la Comisión Europea, a la luz de la jurisprudencia del Tribunal de Justicia de la Unión Europea, ha afirmado que los elementos que conforman el valor europeo del Estado de Derecho son el principio de legalidad, la seguridad jurídica, la prohibición de la arbitrariedad de los poderes ejecutivos, la tutela judicial efectiva (incluyendo el respeto de los derechos humanos), la relación entre el derecho a un juicio justo y la separación de poderes y la igualdad ante la ley. Por tanto, el valor del Estado de Derecho hace una referencia a una dimensión tanto formal como material, de modo que la determinación de su vulneración se ve influenciada por aspectos como el principio de no intervención en los asuntos internos o la complejidad de precisar el grado de eficacia de una medida en la evolución del Estado de Derecho en un Estado.

Las cláusulas de derechos humanos y democracia, consolidadas a partir de la conocida como "cláusula búlgara", no incorporaban inicialmente el respeto del valor del Estado de Derecho. Este último no se incluyó como un elemento esencial de los acuerdos de la Unión Europea hasta el 12 de diciembre de 2000 con ocasión del acuerdo celebrado con los Estados de África, El Caribe y El Pacífico, que establecía en su artículo noveno que "el respeto de los derechos humanos, de los principios democráticos y *del Estado de Derecho*, en que se fundamenta la asociación ACP-UE, inspirará las políticas internas e internacionales de las Partes y *constituirá un elemento esencial* del presente Acuerdo". Desde esta primera *cláusula de Estado de Derecho* el respeto de este valor de la Unión Europea se ha incluido en una parte de los acuerdos celebrados por la UE con terceros, ya sea como elemento esencial del acuerdo, en el preámbulo o en otros puntos del articulado, mientras que el Estado de Derecho no forma parte de otros acuerdos celebrados por la Unión. Entre los acuerdos que incorporan el respeto del Estado de Derecho como un elemento esencial de los mismos cabe mencionar los celebrados con Montenegro, Afganistán, los Estados de Centroamérica, Bosnia y Herzegovina, los Estados miembros de la Comunidad Andina, Filipinas, Reino Unido, Serbia Tailandia o Ucrania. En cambio, puede resultar sorprendente que no contengan referencias al Estado de Derecho los acuerdos recientemente concluidos con Estados como Japón, Nueva Zelanda, Singapur o Vietnam.

Además de que existen menos cláusulas de Estado de Derecho que cláusulas de derechos humanos y democracia -lo que parece evidenciar un menor interés por el primer valor que por los segundos, con la consiguiente contradicción por cuanto los derechos humanos y la democracia difícilmente pueden realizarse sin un Estado de Derecho-, su invocación ha sido aún más reducida que en los casos de violaciones de los derechos humanos y de la democracia. Así, estas cláusulas de Estado de Derecho se han invocado tan solo respecto de cuatro Estados partes en acuerdos con la Unión Europea, a saber: Níger, Guinea Bissau, Costa de Marfil y Liberia. De entre ellos, únicamente en el supuesto de Liberia se ha suspendido la aplicación del acuerdo como consecuencia de la violación del valor europeo del Estado de Derecho, lo que constituye una nueva constatación de la falta de coherencia de la acción exterior de la Unión Europea considerando la ambición de la proyección *ad extra* de los valores y su muy limitada materialización en la práctica.

La persecución de los objetivos de la Unión Europea, que justifica su existencia y la atribución del ejercicio de competencias a la misma por parte de sus Estados miembros, está prevista en el artículo tercero del Tratado de la Unión Europea.

Dicho precepto configura un catálogo ambicioso de objetivos, entre los que pueden destacarse, a los efectos de este estudio, los recogidos en su apartado quinto, en virtud del cual "en sus relaciones con el resto del mundo, la Unión afirmará y promoverá sus valores e intereses y contribuirá a la protección de sus ciudadanos. Contribuirá a la paz, la seguridad, el desarrollo sostenible del planeta, la solidaridad y el respeto mutuo entre los pueblos, el comercio libre y justo, la erradicación de la pobreza y la protección de los derechos humanos, especialmente los derechos del niño, así como al estricto respeto y al desarrollo del Derecho internacional, en particular el respeto de los principios de la Carta de las Naciones Unidas". Este artículo tercero se complementa con lo dispuesto en los artículos 21 y 23 del Tratado de la Unión Europea, el primero de los cuales establece que "la Unión definirá y ejecutará políticas comunes y acciones y se esforzará por lograr un alto grado de cooperación en todos los ámbitos de las relaciones internacionales con el fin de: (…) f) contribuir a elaborar medidas internacionales de protección y mejora de la calidad del medio ambiente y de la gestión sostenible de los recursos naturales mundiales, para lograr el desarrollo sostenible". Entre estos objetivos, el estudio realizado se ha centrado en la cooperación al desarrollo, entre otras razones porque la Unión Europea (junto con sus Estados miembros) es la primera potencia mundial en ayudas al desarrollo, y en la protección del medio ambiente, ámbito mundial en ayudas al desarrollo, y en la protección del medio ambiente, ámbito en el que la UE es igualmente una potencia normativa y que constituye uno de sus grandes objetivos estratégicos (como pone de manifiesto, entre otras políticas, el Pacto Verde Europeo).

La cooperación al desarrollo de la Unión Europea constituye uno de los pilares de su acción exterior que ésta ejerce en coordinación con sus Estados miembros y con los objetivos de desarrollo acordados en el marco de las Naciones Unidas y de otros foros internacionales competentes. En este orden de ideas, la erradicación de la pobreza representa el objetivo principal y horizontal de la cooperación al desarrollo de la Unión Europea, a la que se añaden las dimensiones económicas, sociales y medioambientales del desarrollo sostenible junto con los vínculos entre el desarrollo y otras políticas tales como la paz, la seguridad, la ayuda humanitaria, la migración o el clima. Así, la UE está tratando de liderar a escala internacional la transición del modelo de regulación tradicional del comercio internacional a un modelo regulatorio nuevo centrado en el comercio internacional sostenible ajustado a los Objetivos de Desarrollo Sostenible y al Pacto Verde Europeo.

A este respecto, la cooperación al desarrollo constituye un elemento recurrente en los acuerdos celebrados por la Unión Europea con terceros. En un primer momento, en los acuerdos adoptados en la década de los 90 la cooperación al desarrollo aparece especificada para los distintos ámbitos en los que se desarrolla, incluyéndose con esta formulación en los acuerdos concluidos con Venezuela, Sri Lanka, Nepal o Yemen. A partir del acuerdo celebrado con Pakistán en 2001 y hasta la adopción del acuerdo con Afganistán en 2017, la persecución en el ámbito exterior de este objetivo no se ha llevado a cabo directamente mediante una regulación expresa de la cooperación al desarrollo, sino que se ha articulado a través de la promoción del desarrollo sostenible (con referencia a los Objetivos de Desarrollo del Milenio) como un principio inspirador de los acuerdos, del fomento de la cooperación a nivel regional o del establecimiento de obligaciones bilaterales con los Estados desarrollados con objeto de aumentar las políticas de desarrollo desplegadas por dichos países. De este modo, la persecución de este objetivo en los acuerdos concluidos con terceros por la Unión Europea se circunscribe fundamentalmente a acuerdos bilaterales con Estados en vías de desarrollo, previéndose específicamente para los ámbitos sectoriales en los que tiene lugar esta cooperación.

Las políticas en el ámbito del medio ambiente representan una de las prioridades de la Política Exterior de la Unión Europea y, de acuerdo con el artículo 191 (apartado primero) del Tratado de Funcionamiento de la Unión Europea, "contribuirá a alcanzar los siguientes objetivos: la conservación, la protección y la mejora de la calidad del medio ambiente, la protección de la salud de las personas, la utilización prudente y racional de los recursos naturales, el fomento de las medidas a escala internacional destinadas a hacer frente de los problemas regionales o mundiales del medio ambiente y en particular a luchas contra el cambio climático". A este respecto, las políticas de la Unión Europea, alineadas con los Objetivos de Desarrollo Sostenible, instauran una actuación permanente en aras de la protección medioambiental y contra el cambio climático, como ponen de relieve, entre otras estrategias de la Unión, la titulada *Para una Europea sostenible de aquí a 2030* o la *Estrategia sobre la Biodiversidad de aquí a 2030*. Por consiguiente, la UE ostenta una posición de liderazgo en las negociaciones de acuerdos multilaterales para la protección del medio ambiente, si bien este estudio ha prestado una especial atención a la contribución de la Unión Europea a la preservación del medio ambiente a través de las cláusulas convencionales que incorpora en los acuerdos bilaterales.

A mayor abundamiento, la previsión de la persecución del objetivo de la Unión Europea -consistente en la protección y mejora de la calidad del medio ambiente- es una constante en los acuerdos celebrados por la misma con terceros, constituyendo uno de los elementos de la cooperación instaurada por medio de tales acuerdos. De manera muy interesante, la protección del medio ambiente está recogida en todos los acuerdos con terceros que ha concluido la Unión Europea, de modo que este objetivo tiene una relevancia mayor en la acción exterior convencional de la UE que otros como la cooperación al desarrollo y, también, que determinados valores de la Unión como el Estado de Derecho. De este modo, la protección y mejora de la calidad del medio ambiente se prevé en los acuerdos de cooperación de primera generación, como el existente con los Estados de África, El Caribe y El Pacífico, en los acuerdos de estabilización y asociación con Estados candidatos a la adhesión, como el celebrado con Serbia, o en los acuerdos más recientes.

Precisamente, estos últimos acuerdos, los más recientes, regulan junto la protección del medio ambiente la lucha contra el cambio climático. Así, los primeros acuerdos que incorporaron la lucha contra el cambio climático como parte del objetivo de la preservación del medio ambiente fueron adoptados en 2012, por tanto, con posterioridad a la entrada en vigor del Tratado de Lisboa. Y es que, como se indicó, el artículo 191 del Tratado de Funcionamiento dispone que la política de la Unión en el ámbito del medio ambiente contribuirá a alcanzar, entre otros, el objetivo de la lucha contra el cambio climático. Pues bien, los acuerdos de fecha de adopción de 2012 que por primera vez establecen la mencionada lucha contra el cambio climático fueron los celebrados con los Estados de Centroamérica, con los Estados miembros de la Comunidad Andina (Colombia y Perú) y con Filipinas. Desde entonces, todos los acuerdos que ha celebrado la Unión Europea recogen este objetivo de lucha contra el cambio climático siguiendo, además, una técnica legislativa muy similar.

En suma, el estudio realizado ha tratado de poner de manifiesto el interés que, a mi juicio, revisten las cláusulas convencionales que adopta la Unión Europea tanto desde el punto de vista de la técnica normativa como, sobre todo, desde la perspectiva de los valores y de los objetivos de la UE que dichas cláusulas permiten proyectar al exterior, es decir, a los terceros Estados partes en los acuerdos comerciales, de cooperación o de asociación. Asimismo, estas cláusulas de derechos humanos y democracia, de Estado de Derecho, de cooperación al desarrollo o de medio ambiente y cambio climático contribuyen a reafirmar la condición de potencia normativa de la Unión Europea y se insertan en el marco e la labor creativa que la Unión despliega empleando los mecanismos que le brinda el Derecho de los Tratados.

Sin embargo, la virtualidad de tales cláusulas se ha visto considerablemente limitada en la práctica. A la luz de las tres décadas de vigencia de estas medidas de condicionalidad negativa cabe colegir la escasa, prácticamente ínfima, invocación y, por tanto, aplicación de estas cláusulas. Esta redunda en la incoherencia patente de la acción exterior de la Unión Europea, habida cuenta de la discrepancia manifiesta entre la ambición de la misma (que aspira a proyectar *ad extra* sus valores y objetivos) y la plasmación limitada de estos loables fines en la realidad de estos Estados terceros. Ahora bien, no es menos cierto que la Unión Europea correría el riesgo de aislarse en el ámbito internacional en caso de llevar a cabo una aplicación estricta de estas cláusulas convencionales, factor que, aunque no justifique su actuación, puede ayudar a comprenderla mejor.

En todo caso, considero que, en aras de aumentar la coherencia en este ámbito de la acción exterior de la UE, resulta necesario el establecimiento de unas medidas de condicionalidad con una formulación más precisa, que definan pormenorizadamente los parámetros de los casos en los que la Unión Europea está habilitada a dejar de aplicar sus acuerdos para forzar al tercer Estado a respetar los valores de la Unión. Asimismo, con relación a la persecución exterior de los objetivos sería pertinente una mayor involucración de las demás potencias mundiales, de manera que la Unión Europea no sea el único gran actor internacional comprometido con dichos objetivos con la consiguiente desventaja competitiva en el ámbito internacional. En fin, mediante esta doble línea de actuación puede que la Unión Europea consiga aunar las dos grandes aspiraciones de su política exterior, de un lado, mantener y reforzar su liderazgo en el mundo como gran adalid de los valores occidentales y, del otro, continuar siendo una potencia comercial que garantice la existencia y las ventajas para sus ciudadanos del mercado común europeo.

Bibliografía

1. MONOGRAFÍAS, OBRAS COLECTIVAS Y MANUALES

ALCAIDE FERNÁNDEZ, J., y CASADO RAIGÓN, R. (eds.), *Curso de Derecho de la Unión Europea*, Tecnos, Madrid, 2018.

BAIGORRI JALÓN, J., ELVERT, J. (eds.), *La modernización y gobernanza del Proyecto Europeo en un marco plural con valores y objetivos compartidos*, Peter Lang, Berna, 2021.

BENEYTO PÉREZ, J. M. (dir.), *Tratado de Derecho y Políticas de la Unión Europea. Tomo IX. Acción exterior de la UE*, Thomson Reuters Aranzadi, Pamplona, 2017.

- *Acuerdos comerciales de nueva generación de la Unión Europea. Implicaciones para España*, Thomson Reuters Aranzadi, Pamplona, 2022.

BLANC ALTEMIR, A. (dir.), *La Unión Europea, promotora del libre comercio. Análisis e impacto de los principales acuerdos comerciales*, Thomson Reuters Aranzadi, Pamplona, 2020.

- *Las relaciones comerciales de la Unión Europea con el resto del mundo. Un análisis desde la postpandemia y la agresión rusa a Ucrania*, Thomson Reuters Aranzadi, Pamplona, 2023.

BOLLO AROCENA, M. D., y JIMÉNEZ PINEDA, E., (dirs.), *El Derecho Internacional y Europeo contemporáneos ante la agresión rusa a Ucrania*, Tirant Lo Blanch, Valencia, 2023.

BOU FRANCH, V. (dir.), *Introducción al Derecho de la Unión Europea*, Thomson Reuters, Pamplona, 2014.

CABRERA GIRÁLDEZ, M., *Hacia una ciudadanía compartida en la Unión Europea basada en sus valores*, Tesis Doctoral, Universidad Nacional de Educación a Distancia, 2021.

CANDELA SORIANO, M., *Los derechos humanos, la democracia y el estado de derecho en la acción exterior de la Unión Europea: evolución, actores, instrumentos y ejecución*, Dykinson, Madrid, 2006.

CARMONA CONTRERAS, A. M. (coord.), *La Unión Europea en perspectiva constitucional*, Thomson Reuters Aranzadi, Pamplona, 2008.

CASANOVAS, O., y RODRIGO, A. J., *Compendio de Derecho Internacional Público*, Tecnos, Madrid, 2016.

CORTEN, O., KLEIN, P., (eds.), *The Vienna Conventions on the Law of Treaties. A commentary. Volume I*, Oxford University Press, Oxford, 2011.

CORTÉS MARTÍN, J. M., y PÉREZ-PRAT DURBÁN, L. (dirs.), *Un mundo en continua mutación: desafíos desde el Derecho internacional y el Derecho de la Unión Europea: Liber Amicorum Lucía Millán Moro*, Thomson Reuters Aranzadi, Pamplona, 2022.

DE CARRERAS, F., *El Estado de Derecho como sistema*, Centro de Estudios Constitucionales, Madrid, 1996.

DE LA GUARDIA, E., *Derecho de los tratados internacionales*, Ábaco, Buenos Aires, 1997.

DÍAZ GARCÍA, E., *Estado de Derecho y sociedad democrática*, Taurus, 2010.

DIEZ-HOCHLEITNER, J., *La posición del Derecho internacional en el ordenamiento comunitario*, MCGrawHill, Madrid, 1998.

DÖRR, O., SCHMALENBACH, K., (eds.), *Vienna Convention on the Law of the Treaties. A commentary*, Springer, Nueva York, 2018.

EECKHOUT, P., LÓPEZ ECUDERO, M. (eds.), *The European Unión's External Action in Times of Crisis*, Hart Publishing, Portland, 2016.

GARCÍA DE ENTERRÍA, E., GONZÁLEZ CAMPOS, J., MUÑOZ MACHADO, S. (eds.), *Tratado de Derecho Comuni-*

tario Europeo. Estudio sistemático desde el Derecho Español, tomo IIII, Civitas, Madrid, 1986.

GOVARE, I., HANF, D. (eds.), *Scrutinizing Internal and External Dimensions of European Law, Liber Amicorum Paul Demaret, Vol. II*, P.I.E. Peter Lang, Bruselas, 2013.

GUTIÉRREZ ESPADA, C., CERVELL HORTAL, M. J., *La adaptación al Tratado de Lisboa (2007) del sistema institucional decisorio de la Unión, su acción exterior y personalidad jurídica*, Comares, Granada, 2010.

HINOJO ROJAS, M., *¿Un paso más en la cooperación entre la Unión Europea y Marruecos? El nuevo Acuerdo de pesca de 2019*, Thomson Reuters Aranzadi, Pamplona, 2020.

HINOJO ROJAS, M., y GARCÍA GARCÍA-REVILLO, M., *La protección del medio ambiente en el Derecho Internacional y en el Derecho de la Unión Europea*, Tecnos, Madrid, 2016.

INNERARITY, D., AYMERICH, I. (coords.), *Derechos Humanos y políticas públicas europeas*, Paidós, Barcelona, 2016.

JANER TORRENS, J. D., *La promoción de los derechos humanos y de los principios democráticos en las relaciones exteriores de la Unión Europea: mecanismos jurídicos*, Atelier, Barcelona, 2005.

KELLERBAUER, M., KLAMERT, M., TOMKIN, J. (eds.), *The EU Treaties and the Charter of Fundamental Rights: A Commentary*, Oxford University Press, Oxford, 2019.

LINDE PANIAGUA, E., y BACIGALUPO SAGGESE, M. (dirs.), *Políticas de la Unión Europea*, Colex, La Coruña, 2008.

LIÑÁN NOGUERAS, D. J., MARTÍN RODRÍGUEZ, P. J. (dirs.), *Estado de Derecho y Unión Europea*, Tecnos, Madrid, 2018.

MANERO SALVADOR, A., *Los tratados de libre comercio de Estados Unidos y de la Unión Europea*, JM Bosch Editor, Barcelona, 2018.

MANGAS MARTÍN, A., LIÑÁN NOGUERAS, D. J., *Instituciones y Derecho de la Unión Europea*, Tecnos, Madrid, 2020.

MARTÍN RODRÍGUEZ, P. J., *El Estado de Derecho en la Unión Europea,* Marcial Pons, Madrid, 2021.

MARTÍN Y PÉREZ DE NANCLARES, J. (coord.), *El Tratado de Lisboa. La salida de la crisis constitucional,* Iustel, Madrid, 2008.

MARTÍNEZ CAPDEVILA, C., *Los acuerdos internacionales de la Unión Europea en el tercer pilar,* Thomson Civitas, Madrid, 2009.

MARTÍNEZ CAPDEVILA, C., y MARTÍNEZ PÉREZ, E. J. (dirs.), *Retos para la acción exterior de la Unión Europea,* Tirant Lo Blanch, Valencia, 2017.

MOLINA DEL POZO, C. F., *Derecho de la Unión Europea. 2º Edición,* Colección Jurídica General, Editorial Reus, Madrid, 2015.

ORTEGA GÓMEZ, M., y AÑOVEROS TERRADAS, B. (dirs.), *Las políticas de la Unión Europea en el siglo XXI,* J. M. Bosch Editor, Barcelona, 2017.

ÖZDAN, S., *The Human Rights Challenge to Immunity in International Law,* Palgrave Macmillan Cham, 2022.

PASCUAL VIVES, F. J., *El derecho de los tratados en la jurisprudencia comunitaria,* Tirant lo Blanch, Valencia, 2009.

PASTOR RIDRUEJO, J.A., *Curso de Derecho Internacional Público y Organizaciones Internacionales,* Tecnos, Madrid, 2016.

PÉREZ LUÑO, A., *La seguridad jurídica,* Ariel, Barcelona, 1991.

PIGRAU SOLÉ, A., *et al.* (dirs.), *La comunidad internacional ante el desafío de los objetivos de desarrollo sostenible. XXIX Jornadas de la Asociación Española de Profesores de Derecho Internacional y Relaciones Internacionales,* Tirant Lo Blanch, Valencia, 2023.

PUEYO LOSA, J., y JORGE URBINA, J. (coords.), *La gobernanza marítima europea. Retos planteados por la reforma de la política pesquera común,* Thomson Aranzadi, Pamplona, 2016.

REMIRO BROTÓNS, A., *Derecho Internacional. Curso general,* Tirant Lo Blanch, Valencia, 2010.

REUTER, P., *Introducción al Derecho de los Tratados,* Fondo de Cultura Económica, México, 1999.

SÁENZ DE SANTAMARÍA, P. A., *Sistema de Derecho Internacional Público,* 6ª Edición, Thomson Reuters Aranzadi, 2020.

SALINAS DE FRÍAS, A., y MARTÍNEZ PÉREZ, E. J. (dirs.), *La Unión Europea y la protección de los derechos fundamentales,* Tirant Lo Blanch, Valencia, 2018.

SÁNCHEZ RAMOS, B. (ed.), *La Unión Europea como actor global. Algunas cuestiones analizadas desde el Tratado de Lisboa,* Tirant Lo Blanch, Valencia, 2013.

SÁNCHEZ SÁNCHEZ, V. M. (ed.), *Derecho de la Unión Europea,* Huygens, Barcelona, 2017.

SANTOS VARA, J., WESSEL, R. A. (eds.), *The Routledge handbook on the international dimension of Brexit,* Routledge, Londres, 2021.

SANZ CABALLERO, S. (dir.), *La Unión Europea y el reto del Estado de Derecho,* Thomson Reuters Aranzadi, Pamplona, 2022.

SOBRINO HEREDIA, J. M., y OANTA, G. A. (eds.), *La construcción jurídica de un espacio marítimo común europeo,* J. M. Bosch Editor, Barcelona, 2020.

TAMS, C. J., TZANAKOPOULOS, A., ZIMMERMANN, A., RICHFORD, A.E. (eds.), *Research Handbook on the Law of Treaties,* Elgar, Cheltenham, 2014.

TORRECILLAS MARTÍNEZ, A., *La crisis del Estado de Derecho en la Unión Europea: el caso polaco,* Tirant Lo Blanch, Valencia, 2023.

WEATHERILL, S., *Law and Values in the European Union,* Oxford University Press, Oxford, 2016.

2. ARTÍCULOS EN REVISTAS Y CAPÍTULOS DE LIBRO

ABBONDANZIERI, C., FLORENCIA GUZMÁN, M., "El rol de los países participantes del Comité de Ayuda al Desarrollo (CAD). Perspectivas para un análisis en el marco de las transformaciones globales", *Estudios internacionales: Revista del Instituto de Estudios Internacionales de la Universidad de Chile, vol. 199 (Mayo-Agosto)*, 2021, pp. 9-32.

ALBERDI BIDAGUREN, J., "Instrumentos y políticas de la cooperación europea al desarrollo para el fomento de la democracia y los derechos humanos en terceros países", en INNERARITY, D., AYMERICH, I. (coords.), *Derechos Humanos y políticas públicas europeas*, Paidós, Barcelona, 2016, pp. 69-88.

ALCAIDE FERNÁNDEZ, J., "La Unión Europea, promotora del multilateralismo: la prevención y resolución de los conflictos internacionales", en BLANC ALTEMIR, A. (dir.), *Las relaciones comerciales de la Unión Europea con el resto del mundo. Un análisis desde la postpandemia y la agresión rusa a Ucrania*, Thomson Reuters Aranzadi, Pamplona, 2023, pp. 73-90.

ALDECOA LUZÁRRAGA, F., "La diplomacia europea. El servicio europeo de acción exterior", en BENEYTO PÉREZ, J. M. (ed.), *Tratado de Derecho y Políticas de la Unión Europea. Tomo IX. Acción exterior de la UE*, Thomson Reuters Aranzadi, Pamplona, 2017, pp. 133-187.

ANDRÉS SÁENZ DE SANTAMARÍA, P., "La Unión Europea y el Derecho de los tratados: una relación compleja", *Revista Española de Derecho Internacional*, vol. 62, nº 2, 2016, pp. 51-102.

- "El Estado de Derecho en el sistema institucional de la Unión Europea: realidades y desafíos", en LIÑÁN NOGUERAS, D. J., MARTÍN RODRÍGUEZ, P. J. (dirs.), *Estado de Derecho y Unión Europea*, Tecnos, Madrid, 2018, pp. 129-156.

- "The European Union and the Law of Treaties: a fruitful relationship", *European Journal of International Law*, vol. 30, nº 3, 2019, pp. 721-751.

ARENAS MEZA, M., "Cláusula de derechos humanos en los acuerdos pesqueros de la UE", en PUEYO LOSA, J., y JORGE URBINA, J. (coords.), *La gobernanza marítima europea. Retos planteados por la reforma de la política pesquera común*, Thomson Aranzadi, Pamplona, 2016, pp. 265-292.

BIANCHI, A., "Humman rights and the magic of *jus cogens*", *European Journal of International Law*, vol. 19, nº 3, 2008, pp. 491-508.

BLANC ALTEMIR, A., "Introducción: la Unión Europea, adalid del libre comercio ante el neoproteccionismo de la era Trump", en BLANC ALTEMIR, A. (ed.), *La Unión Europea, promotora del libre comercio. Análisis e impacto de los principales acuerdos comerciales*, Thomson Reuters Aranzadi, Pamplona, 2020, pp. 23-48.

- "Las relaciones comerciales de la Unión Europea en tiempos de postpandemia y de la agresión rusa a Ucrania", en BLANC ALTEMIR, A. (dir.), *Las relaciones comerciales de la Unión Europea con el resto del mundo. Un análisis desde la postpandemia y la agresión rusa a Ucrania*, Thomson Reuters Aranzadi, Pamplona, 2023, pp. 27-52.

BULTERMAN M., "Procedure for Implementation of Article 366a of the Lome Convention", *Netherlands Quarterly for Human Rights*, vol. 2, 1999, pp. 204-206.

CANDELA SORIANO, M., "L'Union européenne et la protection des droits de l'homme dans la coopération au développement: le rôle de la conditionnalité politique", *Revue trimestrielle des droits de l'homme*, vol. 52, 2002, pp. 875-900.

CANO LINARES, Mª Á., "La cooperación al desarrollo, cooperación técnica y ayuda humanitaria", en BENEYTO PÉREZ, J. M. (ed.), *Tratado de Derecho y Políticas de la Unión Europea.*

Tomo IX. Acción exterior de la UE, Thomson Reuters Aranzadi, Pamplona, 2017, pp. 255-301.

CISNEROS CRISTÓBAL, P., "Los acuerdos de estabilización y asociación entre la Unión Europea y los Balcanes Occidentales", en BLANC ALTEMIR, A. (dir.), *Las relaciones comerciales de la Unión Europea con el resto del mundo. Un análisis desde la postpandemia y la agresión rusa a Ucrania,* Thomson Reuters Aranzadi, Pamplona, 2023, pp. 197-216.

COPPELLI ORTIZ, G., "Acuerdos de la Unión Europea con Chile y MERCOSUR", en BLANC ALTEMIR, A. (dir.), *Las relaciones comerciales de la Unión Europea con el resto del mundo. Un análisis desde la postpandemia y la agresión rusa a Ucrania,* Thomson Reuters Aranzadi, Pamplona, 2023, pp. 375-389.

CORTÉS MARTÍN, J. M., "Sobre la responsabilidad internacional de la unión europea: ¿el control normativo sobre los estados miembros como *lex specialis*?", en CORTÉS MARTÍN, J. M., y PÉREZ-PRAT DURBÁN, L. (dirs.), *Un mundo en continua mutación: desafíos desde el Derecho internacional y el Derecho de la Unión Europea: Liber Amicorum Lucía Millán Moro,* Thomson Reuters Aranzadi, Pamplona, 2022, pp. 147-171.

COS SÁNCHEZ, P., "Impacto comercial de la aplicación del acuerdo económico y comercial global (CETA). Efectos de la pandemia Covid-19", en BLANC ALTEMIR, A. (dir.), *Las relaciones comerciales de la Unión Europea con el resto del mundo. Un análisis desde la postpandemia y la agresión rusa a Ucrania,* Thomson Reuters Aranzadi, Pamplona, 2023, pp. 281-302.

DE CASTRO RUANO, J. L., "La UE frente a un multilateralismo en crisis", en BLANC ALTEMIR, A. (dir.), *Las relaciones comerciales de la Unión Europea con el resto del mundo. Un análisis desde la postpandemia y la agresión rusa a Ucrania,* Thomson Reuters Aranzadi, Pamplona, 2023, pp. 55-72.

DÍAZ-SILVEIRA SANTOS, C., "La cláusula de derechos humanos y democráticos en las relaciones entre la UE y América

Latina y el Caribe", *Revista Electrónica Iberoamericana-ALCUE*, vol. 1, nº 1, pp. 101-115.

DÍEZ-HOCHLEITNER RODRÍGUEZ, J., "La nueva política comercial de la Unión Europea desborda el marco de sus competencias. Comentarios preliminares al Dictamen 2/15 del TJUE", *Revista de Derecho Comunitario Europeo*, vol. 57, 2017, pp. 403-429.

ERLBACHER, F., "Article 216 TFEU", en KELLERBAUER, M., KLAMERT, M., TOMKIN, J. (eds.), *The EU Treaties and the Charter of Fundamental Rights: A Commentary*, Oxford University Press, Oxford, 2019, pp. 1643-1652.

- "Article 218 TFEU", en KELLERBAUER, M., KLAMERT, M., TOMKIN, J. (eds.), *The EU Treaties and the Charter of Fundamental Rights: A Commentary*, Oxford University Press, Oxford, 2019, pp. 1658-1672.
- "Article 219 TFEU", en KELLERBAUER, M., KLAMERT, M., TOMKIN, J. (eds.), *The EU Treaties and the Charter of Fundamental Rights: A Commentary*, Oxford University Press, Oxford, 2019, pp. 1673-1675.

FAJARDO DEL CASTILLO, T., "La política Exterior de la Unión Europea en materia de medio ambiente", en BENEYTO PÉREZ, J. M. (ed.), *Tratado de Derecho y Políticas de la Unión Europea. Tomo IX. Acción exterior de la UE*, Thomson Reuters Aranzadi, Pamplona, 2017, pp. 303-379.

FERNÁNDEZ LIESA, C. R., "La Unión Europea como sujeto de la Comunidad Internacional", en BENEYTO PÉREZ, J. M. (ed.), T*ratado de Derecho y Políticas de la Unión Europea. Tomo IX. Acción exterior de la UE*, Thomson Reuters Aranzadi, Pamplona, 2017, pp. 25-79.

FERNÁNDEZ PONS, X., "La Unión Europea y la promoción del desarrollo sostenible a través del comercio internacional", en PIGRAU SOLÉ, A., *et al.* (dirs.), *La comunidad internacional ante el desafío de los objetivos de desarrollo sostenible.*

XXIX Jornadas de la Asociación Española de Profesores de Derecho Internacional y Relaciones Internacionales, Tirant Lo Blanch, Valencia, 2023, pp. 289-310.

FLORIN JURJE, V., "La defensa del Estado de Derecho en la Unión Europea: la reforma judicial de Polonia", *CEFLegal: Revista práctica de Derecho,* vol. 227, 2019.

FUENTETAJA PASTOR, J. A., "La política exterior y de seguridad común", en LINDE PANIAGUA, E., y BACIGALUPO SAGGESE, M. (dirs.), *Políticas de la Unión Europea,* Colex, La Coruña, 2008, pp. 966-1066.

GAJA, G., "A 'new' Vienna Convention on Treaties between States and International Organizations: a critical commentary", *British Yearbook of International Law,* vol. 58, nº 1, 1987, pp. 253-269.

GARCÍA ANDRADE, P., "La base jurídica de la celebración de acuerdos internacionales por parte de la UE: entre la PESC y la dimensión exterior del espacio de libertad, seguridad y justicia. Comentario a la sentencia del Tribunal de Justicia de 14 de junio de 2016, asunto c-263/14, Parlamento c. Consejo", *Revista General de Derecho Europeo,* vol. 50, 2015, pp. 128-160.

GARCÍA GARCÍA-REVILLO, M., "Las competencias de la Unión Europea en relación el Derecho del Mar: reflexiones en torno a una cuestión compleja", en SOBRINO HEREDIA, J. M., y OANTA, G. A. (eds.), *La construcción jurídica de un espacio marítimo común europeo,* J. M. Bosch Editor, Barcelona, 2020, pp. 115-135.

GARCÍA LUPIOLA, A., "El Pacto Verde Europeo. Adopción y puesta en marcha en un complejo contexto", *Unión Europea Aranzadi,* vol. 2, 2023.

GONZÁLEZ ALONSO, L. N., "La Unión Europea en su laberinto: definiendo el nuevo equilibrio institucional en materia de acción exterior", en MARTÍNEZ CAPDEVILA, C., MARTÍNEZ PÉREZ, E. J. (dirs.), *Retos para la acción exterior de la Unión Europea,* Tirant Lo Blanch, Valencia, 2017, pp. 199-224.

GONZÁLEZ-ORÚS, J. M., "Acuerdos comerciales de nueva generación de la Unión Europea: Origen, rasgos y valoración", en BENEYTO PÉREZ, J. M. (ed.), *Acuerdos comerciales de nueva generación de la Unión Europea. Implicaciones para España*, Thomson Reuters Aranzadi, Pamplona, 2022, pp. 21-44.

GOSALBO BONO, R., "Insuficiencias jurídicas e institucionales de la acción exterior de la Unión Europea", *Revista General de Derecho Europeo*, vol. 50, 2015.

GRANELL TRÍAS, F., "La cooperación al desarrollo de la Unión Europea", en ORTEGA GÓMEZ, M., y AÑOVEROS TERRADAS, B. (dirs.), *Las políticas de la Unión Europea en el siglo XXI*, J. M. Bosch Editor, Barcelona, 2017, pp. 627-654.

GUEVARA CORTÉS, D., "Tratados comerciales y cooperación medioambiental en la acción contra el cambio climático. Perspectivas desde la Unión Europea", en BLANC ALTEMIR, A. (ed.), *La Unión Europea, promotora del libre comercio. Análisis e impacto de los principales acuerdos comerciales,* Thomson Reuters Aranzadi, Pamplona, 2020, pp. 219-239.

HURTADO OCAÑA, I., "La Política Comercial Común", en BENEYTO PÉREZ, J. M. (ed.), *Tratado de Derecho y Políticas de la Unión Europea. Tomo IX. Acción exterior de la UE*, Thomson Reuters Aranzadi, Pamplona, 2017, pp. 189-253.

IRURETAGOIEÑA AGIRREZABALAGA, I., "La política de inversiones internacionales de la Unión Europea: a propósito de los fantasmas que habitan los nuevos tratados de libre comercio e inversión europeos", *Cursos de derecho internacional y relaciones internacionales de Vitoria-Gasteiz*, 2017, pp. 113-188.

- "Por fin un poco de luz en el farragoso debate competencial en el marco de los nuevos tratados de comercio e inversión de la Unión Europea. Dictamen 2/15 del Tribunal de Justicia de la Unión Europea", *La Ley Unión Europea*, vol. 50, 2017.

JENSANA TANEHASHI, A., "Evolución del Acuerdo de Partenariado Económico UE-Japón y sus consecuencias para España", en BENEYTO PÉREZ, J. M. (dir.), *Acuerdos comerciales de nueva generación de la Unión Europea. Implicaciones para España,* Thomson Reuters Aranzadi, Pamplona, 2023, pp. 81-101.

JIMÉNEZ GARCÍA, F., "Medidas restrictivas en la Unión Europea: entre las sanciones y el unilateralismo europeo", en MARTÍNEZ CAPDEVILA, C., y MARTÍNEZ PÉREZ, E. J. (dirs.), *Retos para la acción exterior de la Unión Europea,* Tirant Lo Blanch, Valencia, 2017, pp. 509-534.

KEUKELEIRE, S., "European Foreign Policy Beyond Lisbon", en GOVARE, I., HANF, D. (eds.), *Scrutinizing Internal and External Dimensions of European Law, Liber Amicorum Paul Demaret, Vol. II,* P.I.E. Peter Lang, Bruselas, 2013, p. 831-840.

KEUKELEIRE, S., y G. MÜLLER, G., "The Multiple Dimensions the EU Foreign Policy: action, discourse, participation, and coordination in a multilateral and globalised world', *European Review of International Relations,* vol. 3, nº 2, 2016, pp. 86-94.

KLAMERT, M., "Article 3", en KELLERBAUER, M., KLAMERT, M., TOMKIN, J. (eds.), *The EU Treaties and the Charter of Fundamental Rights: A Commentary,* Oxford University Press, Oxford, 2019, pp. 31-34.

LIÑÁN NOGUERAS, D. J., "La internacionalización del Estado de Derecho y la Unión Europea: una traslación categorial imperfecta", en LIÑÁN NOGUERAS, D. J., y MARTÍN RODRÍGUEZ, P. J. (dirs.), *Estado de Derecho y Unión Europea,* Tecnos, Madrid, 2018, pp. 39-69.

- "Un nuevo discurso estratégico para la política exterior europea", *Revista de Derecho Comunitario Europeo,* vol. 56, nº 1, 2017, pp. 11-24.

LIÑÁN NOGUERAS, D. J., HINOJOSA MARTÍNEZ, L. M., "Human rights conditionality in the external trade of the

European Union: legal and legitimacy problems", *Columbia Journal of European Law*, vol. 7, nº 3, 2001, pp. 307-336.

LÓPEZ JURADO ROMERO DE LA CRUZ, C., "El Estado de Derecho en la Acción exterior de la Unión Europea en los Balcanes occidentales", en LIÑÁN NOGUERAS, D. J., MARTÍN RODRÍGUEZ, P. J. (dirs.), *Estado de Derecho y Unión Europea,* Tecnos, Madrid, 2018, pp. 425-448.

MANGAS MARTÍN, A., "Algunos aspectos del Derecho derivado en el Tratado de Lisboa: categorización de los actos, indeterminación de los tipos de actos, bases jurídicas y jerarquía", *Revista General de Derecho Europeo,* vol. 18, 2009.

MARCO MARCO, J. J., "La situación del Estado de Derecho en la Unión Europea. Especial referencia al caso de España", en SANZ CABALLERO, S. (dir.), *La Unión Europea y el reto del Estado de Derecho,* Thomson Reuters Aranzadi, Pamplona, 2022, pp. 181-205.

MÁRQUEZ CARRASCO, C., "La implementación de los principios rectores de las Naciones Unidas sobre empresas y derechos humanos por medio de los planes nacionales de acción", *Revista de Responsabilidad Social de la Empresa,* nº 20, 2015, pp. 55-87.

MARTÍN MARTÍNEZ, M., "La acción exterior de la Unión Europea", en ALCAIDE FERNÁNDEZ, J., y CASADO RAIGÓN, R. (eds.), *Curso de Derecho de la Unión Europea,* Tecnos, Madrid, 2018, pp. 357-380.

MARTÍN PASCUAL, E., "El pacto verde europeo, ¿posible salida verde de la crisis de la Covid-19?", *Revista General de Derecho Europeo,* vol. 51, 2020.

MARTÍN Y PÉREZ DE NANCLARES, J., "El TJUE pierde el rumbo en el dictamen 2/13: ¿merece todavía la pena la adhesión de la UE al CEDH?", *Revista de Derecho Comunitario Europeo,* vol. 19, nº 50, 2015, pp. 825-869.

- "La Unión Europea como comunidad de valores: a vueltas con la crisis de la democracia y del Estado de Derecho", *Teoría y Realidad Constitucional*, vol. 43, 2019, pp. 121-159.
- "Valores y Tribunal de Justicia de la Unión Europea: jurisprudencia reciente en materia de estado de Derecho", en CORTÉS MARTÍN, J. M., y PÉREZ-PRAT DURBÁN, L. (dirs.), *Un mundo en continua mutación: desafíos desde el Derecho internacional y el Derecho de la Unión Europea: Liber Amicorum Lucía Millán Moro*, Thomson Reuters Aranzadi, Pamplona, 2022, pp. 721-742.

MARTÍNEZ CAPDEVILA, C., BLÁZQUEZ NAVARRO, I., "La incidencia del artículo 40 TUE en la acción exterior de la UE", *Revista Jurídica de la Universidad Autónoma de Madrid*, nº 28, 2013, pp. 197-219.

MILLÁN MORO, L., "El Tribunal de Justicia de las Comunidades Europeas como Tribunal Constitucional europeo", en CARMONA CONTRERAS, A. M. (coord.), *La Unión Europea en perspectiva constitucional*, Thomson Reuters Aranzadi, Pamplona, 2008, pp. 149-184.

MOLTÓ ARIBAU, M., "Relaciones comerciales entre la Unión Europea y Singapur y Vietnam. Efecto de la COVID19 y de los nuevos acuerdos", en BLANC ALTEMIR, A. (dir.), *Las relaciones comerciales de la Unión Europea con el resto del mundo. Un análisis desde la postpandemia y la agresión rusa a Ucrania*, Thomson Reuters Aranzadi, Pamplona, 2023, pp. 473-493.

NIEDRIST, G., "Las cláusulas de derechos humanos en los tratados de libre comercio de la Unión Europea", *Anuario Mexicano de Derecho Internacional*, vol. XI, 2011, pp. 463-485.

OLESTI RAYO, A., "La protección de los derechos humanos en la política de cooperación al desarrollo de la UE", en SALINAS DE FRÍAS, A., MARTÍNEZ PÉREZ, E. J. (dirs.), *La Unión Europea y la protección de los derechos fundamentales*, Tirant Lo Blanch, Valencia, 2018, pp. 365-386.

ORTIZ HERNÁNDEZ, E., "Los acuerdos UE-Singapur y UE-Vietnam", en BLANC ALTEMIR, A. (ed.), *La Unión Europea, promotora del libre comercio. Análisis e impacto de los principales acuerdos comerciales,* Thomson Reuters Aranzadi, Pamplona, 2020, pp. 169-192.

OTTAVIO, Q., "The European Green Deal, a Gateway to strategic energy autonomy?", *Cuadernos europeos de Deusto,* vol. 68, 2023, pp. 69-87.

PALOMARES AMAT, M, SÁNCHEZ SÁNCHEZ, V. M., "Fuentes del Derecho de la Unión (I): Tratados, principios generales y Acuerdos internacionales", en SÁNCHEZ SÁNCHEZ, V. M. (ed.), *Derecho de la Unión Europea,* Huygens, Barcelona, 2017, pp. 143-158.

PASCUAL VIVES, F., "El futuro del arbitraje de inversión en los acuerdos internacionales celebrados por la Unión Europea", *Revista Electrónica de Estudios Internacionales,* vol. 33, nº 2, 2017, pp. 1-35.

PASTOR PALOMAR, A., "Efectos de los acuerdos internacionales en el derecho de la UE: práctica reciente y perspectiva de España", en BENEYTO PÉREZ, J. M. (ed.), *Tratado de Derecho y Políticas de la Unión Europea. Tomo IX. Acción exterior de la UE,* Thomson Reuters Aranzadi, Pamplona, 2017, pp. 81-132.

PEROTTLO, G., "Il Green Deal europeo e il sistema delle risorse proprie", *European papers: a journal on law and integration,* vol. 7, nº 1, 2022, pp. 385-398.

PODADERA RIVERA, P., GARASHCHUK, A., "Las relaciones entre la UE y el Reino Unido después del Brexit: ¿Debería considerarse el Reino Unido como nuevo socio estratégico de la UE?", en BLANC ALTEMIR, A. (dir.), *Las relaciones comerciales de la Unión Europea con el resto del mundo. Un análisis desde la postpandemia y la agresión rusa a Ucrania,* Thomson Reuters Aranzadi, 2023, pp. 93-113.

POLAK, P. R., "Understanding Art. 50 TEU in light of Brexit: an unrestricted right to withdraw?", en BAIGORRI JALÓN,

J., ELVERT, J. (eds.), *La modernización y gobernanza del Proyecto Europeo en un marco plural con valores y objetivos compartidos*, Peter Lang, Berna, 2021, pp. 317-339.

PONS RAFOLS, X., "La Unión Europea y la promoción del estado de derecho", en MARTÍNEZ CAPDEVILA, y C., MARTÍNEZ PÉREZ, E. J. (dirs.), *Retos para la acción exterior de la Unión Europea*, Tirant Lo Blanch, Valencia, 2017, pp. 509-534.

POZO SERRANO, P., "La política exterior y de seguridad común", en BOU FRANCH, V. (dir.), *Introducción al Derecho de la Unión Europea*, Thomson Reuters, Pamplona, 2014, pp. 443-477.

PRESTA NOVELLA, D., "Las relaciones comerciales de la UE con Colombia, Perú y Ecuador", en BLANC ALTEMIR, A. (dir.), *Las relaciones comerciales de la Unión Europea con el resto del mundo. Un análisis desde la postpandemia y la agresión rusa a Ucrania*, Thomson Reuters Aranzadi, Pamplona, 2023, pp. 359-373.

RABAN, O., "The rationalisation of policy on the relation between democracy and the rule of law", *New York University Journal of Legislation and Public Policy*, nº 1, vol. 18, 2015, pp. 45-66.

REMIRO BROTONS, A., "Las relaciones exteriores de las Comunidades Europeas", en GARCÍA DE ENTERRÍA, E., GONZÁLEZ CAMPOS, J., MUÑOZ MACHADO, S. (eds.), *Tratado de Derecho Comunitario Europeo. Estudio sistemático desde el Derecho Español, tomo IIII*, Civitas, Madrid, 1986, pp. 637-708.

ROLDÁN BARBERO, F. J., "El Estado de Derecho y la Acción exterior de la UE", en LIÑÁN NOGUERAS, D. J., MARTÍN RODRÍGUEZ, P. J. (dirs.), *Estado de Derecho y Unión Europea*, Tecnos, Madrid, 2018, pp. 231-262.

RUIZ CAMPILLO, X., "El papel de la Unión Europea en las negociaciones sobre el cambio climático", *Revista UNISCI*, vol. 39 (octubre), 2015, pp. 105-126.

SALINAS DE FRÍAS, A., "Estado de Derecho o 'Rule of Law': valor de base y principio de acción del Consejo de Europa", en LIÑÁN NOGUERAS, D. J., y MARTÍN RODRÍGUEZ, P. J. (dirs.), *Estado de Derecho y Unión Europea,* Tecnos, Madrid, 2018, pp. 89-125.

- "La Unión Europea", en ALCAIDE FERNÁNDEZ, J., y CASADO RAIGÓN, R. (eds.), *Curso de Derecho de la Unión Europea,* Tecnos, Madrid, 2018, pp. 81-102.

SANTAOLALLA MONTOYA, C., "Tratados de libre comercio y afección a derechos fundamentales, ¿mito o realidad?", en SALINAS DE FRÍAS, A., y MARTÍNEZ PÉREZ, E. J. (dirs.), *La Unión Europea y la protección de los derechos fundamentales,* Tirant Lo Blanch, Valencia, 2018, pp. 139-148.

SCHMALENBACH, K., "Capacity of States to conclude treaties", en DÖRR, O., SCHMALENBACH, K., (eds.), *Vienna Convention on the Law of the Treaties. A commentary,* Springer, Nueva York, 2018, pp. 99-110.

SCHORKPOF, F., "Value Constitutionalism in the European Union", *German Law Journal,* vol. 21, nº 5, 2020, pp. 956-967.

SEGURA SERANO, A., "Renovación y crisis de la política comercial común de la Unión Europea: el Dictamen 2/15", *Revista General de Derecho Europeo,* vol. 43, 2017, pp. 100-151.

SERRANO LEAL, C., "El '*Comprehensive economic and trade agreement*' (CETA) con Canadá. Implicaciones para España", en BENEYTO PÉREZ, J. M. (dir.), *Acuerdos comerciales de nueva generación de la Unión Europea. Implicaciones para España,* Thomson Reuters Aranzadi, Pamplona, 2022, pp. 45-79.

SOBRINO HEREDIA, J. M., "La personalidad jurídica de la Unión Europea", en MARTÍN Y PÉREZ DE NANCLARES, J. (coord.), *El Tratado de Lisboa. La salida de la crisis constitucional,* Iustel, Madrid, 2008, pp. 333-348.

- "La personalidad jurídica internacional de la Unión Europea tras el Tratado de Lisboa", en SÁNCHEZ RA-

MOS, B. (ed.), *La Unión Europea como actor global. Algunas cuestiones analizadas desde el Tratado de Lisboa,* Tirant Lo Blanch, Valencia, 2013, pp. 17-47.

SOTILLO LORENZO, J. Á., "Un nuevo Consenso Europeo para el Desarrollo: la política europea de cooperación en crisis", *Revista General de Derecho Europeo,* vol. 43, 2017.

TURP, D., ROCH, F., "Conclusion and entry into force of Treaties", en CORTEN, O., KLEIN, P., (eds.), *The Vienna Conventions on the Law of Treaties. A commentary. Volume I,* Oxford University Press, Oxford, 2011, pp. 22-24.

VON DANWITZ, T., "The rule of law in recent jurisprudence of the ECJ", *Fordham International Law Journal,* vol. 37, nº 5, 2014, p. 1311-1347.

WARD, A., "Frameworks for cooperation between the European Union and third states: a viable matrix for uniform human rights standards?", *European Foreign Afairs Review, nº 3,* 1998.

WEBB, P., "Treaties and international organizations: uneasy analogies", en TAMS, C. J., TZANAKOPOULOS, A., ZIMMERMANN, A., RICHFORD, A.E. (eds.), *Research Handbook on the Law of Treaties,* Elgar, Cheltenham, 2014, pp. 567-596.

WERQUIN, J.-B., "Los acuerdos mixtos celebrados por la Unión Europea: problemas y soluciones en cuanto a la participación de los Estados miembros en acuerdos de libre comercio", *Revista europea e iberoamericana de pensamiento y análisis de derecho, ciencia política y criminología,* vol. 6, nº 1, 2018, pp. 139-167.

WESEL, R., A., y BLOCKMAN, S., "The legal status and influence of decisions of international organizations and other bodies in the European Union", en EECKHOUT, P., LÓPEZ ECUDERO, M. (eds.), *The European Unión's External Action in Times of Crisis,* Hart Publishing, Portland, 2016, pp. 223-248.

TRATADOS INTERNACIONALES

Acuerdo de Yaundé I, de julio de 1963, DOCE, 93/1431, de 11 de junio de 1964.

Acuerdo de Yaundé II, de julio de 1969, DOCE, L 282/2, de 28 de diciembre de 1970.

Convenio sobre el Comercio Internacional de Especies Amenazadas de Fauna y Flora Silvestres, adoptado el 3 de marzo de 1973, BOE nº 181, de 30 de julio de 1986, pp. 27045-27067.

Acuerdo de Asociación entre las Comunidades Europeas y sus Estados miembros, por una parte, y el grupo de los denominados países ACP (África, Caribe y Pacífico), por otra, renovado en tres ocasiones desde su celebración en 1975 (Lomé II, 1979; Lomé III, 1985; Lomé IV, 1989).

Acuerdo de Cooperación entre la Comunidad Económica Europea, por una parte, y los países parte de la Carta del Consejo de Cooperación para los Estados árabes del Golfo (Emiratos Árabes Unidos, Bahréin, Arabia Saudita, Omán, Catar y Kuwait), por otra, DOCE, L 54/1, de 25 de febrero de 1989.

Convenio sobre la Diversidad Biológica, en vigor desde el 29 de diciembre de 1993, BOE nº 27, de 1 de febrero de 1994, pp. 3113-3125.

Acuerdo de Cooperación entre la Comunidad Europea y la República Democrática Socialista de Sri Lanka para la colaboración y el desarrollo, DOCE, L, 85/32, de 19 de abril de 1995.

Acuerdo marco interregional de cooperación entre la Comunidad Europea y sus Estados miembros, por una parte, y el Mercado Común del Sur y sus Estados partes, por otra, DOCE, L 69, de 19 de marzo de 1996.

Acuerdo de Cooperación entre la Comunidad Europea y el Reino de Nepal, DOCE, L 137/15, de 8 de agosto de 1996.

Acuerdo de Colaboración y Cooperación por el que se establece una colaboración entre las Comunidades Europeas y sus Estados miembros, por una parte, y la Federación de Rusia, por otra, DOCE, L 327/3, de 28 de noviembre de 1997.

Acuerdo de Cooperación entre la Comunidad Europea y la República del Yemen, DOCE, L 72/18, de 11 de marzo de 1998.

Acuerdo Euromediterráneo por el que se crea una asociación entre las Comunidades Europeas y sus Estados miembros, por una parte, y la República de Túnez, por otra, DOCE, L 97/2, de 30 de marzo de 1998.

Acuerdo Marco de Cooperación entre la Comunidad Económica Europea y el Acuerdo de Cartagena y sus países miembros, la República de Bolivia, la República de Colombia, la República del Ecuador, la República del Perú y la República de Venezuela, DOCE, L 127/11, de 29 de abril de 1998.

Acuerdo de Colaboración y de Cooperación por el que se establece una colaboración entre las Comunidades Europeas y sus Estados miembros, por una parte, y la República de Uzbekistán por otra, DOCE, L 229/3, de 31 de agosto de 1999.

Acuerdo de colaboración y de cooperación entre las Comunidades Europeas y sus Estados miembros, por una parte, y la República Azerbaiyana, por otra, DOCE, L 246, de 17 de septiembre de 1999.

Acuerdo de cooperación entre la Comunidad Europea y el Reino de Camboya, DOCE, L 269, de 19 de octubre de 1999.

Acuerdo Euromediterráneo por el que se crea una asociación entre las Comunidades Europeas y sus Estados miembros, por una parte, y el Reino de Marruecos, por otra, DOCE, L 70/2, de 18 de marzo de 2000.

Acuerdo Euromediterráneo por el que se crea una asociación entre las Comunidades Europeas y sus Estados miembros, por una parte, y el Estado de Israel, por otra, DOCE, L 147/3, de 21 de junio de 2000.

Acuerdo de asociación económica, concertación política y cooperación entre la Comunidad Europea y sus Estados miembros, por una parte, y los Estados Unidos Mexicanos, por otra, DOCE, L 276/45, de 28 de octubre de 2000.

Acuerdo de Asociación entre los Estados de África, del Caribe y del Pacífico, por una parte, y la Comunidad Europea y sus Estados miembros, por otra firmado en Cotonú el 23 de junio de 2000, DOCE, L 317, de 15 de diciembre de 2000.

Acuerdo Marco sobre comercio y cooperación entre la Comunidad Europea y sus Estados miembros, por una parte, y la República de Corea, por otra, DOCE, L 90/46, de 30 de marzo de 2001.

Acuerdo de Cooperación entre la Comunidad Europea y la República Popular de Bangladesh sobre colaboración y desarrollo, DOCE, L 118, de 27 de abril de 2001.

Acuerdo Euromediterráneo por el que se crea una asociación entre las Comunidades Europeas y sus Estados miembros, por una parte, y el Reino Hachemita de Jordania, por otra, DOCE, 129/3, de 15 de mayo de 2002.

Acuerdo Euromediterráneo por el que se establece una Asociación entre las Comunidades Europeas y sus Estados miembros, por una parte, y la República Árabe de Egipto, por otra, DOUE, L304/19, de 30 de septiembre de 2004.

Acuerdo de Cooperación entre la Comunidad Europea y la República Islámica de Pakistán sobre colaboración y desarrollo, DOUE, L 378/23, de 23 de diciembre de 2004.

Acuerdo Euromediterráneo por el que se establece una asociación entre la Comunidad Europea y sus Estados miembros, por una parte, y la República Argelina Democrática y Popular, por otra, DOUE, L 265/2, 10 de octubre de 2005.

Acuerdo Euromediterráneo de Asociación entre la Comunidad Europea y sus Estados miembros, por una parte, y la República Libanesa, por otra, DOUE, L 143/2, de 30 de mayo de 2006.

Acuerdo de Estabilización y Asociación entre las Comunidades Europeas y sus Estados miembros, por una parte, y la República de Montenegro, por otra, DOUE, L 108/3, de 29 de abril de 2010.

Acuerdo por el que se establece una Asociación entre la Unión Europea y sus Estados miembros, por un lado, y Centroamérica, por otro, DOUE, L 346/3, de 15 de diciembre de 2012.

Acuerdo Comercial entre la Unión Europea y sus Estados miembros por una parte, y Colombia y el Perú, por otra, DOUE, L 354, de 21 de diciembre de 2012.

Acuerdo de Estabilización y Asociación entre las Comunidades Europeas y sus Estados miembros, por una parte, y la República de Serbia, por otra, DOUE, L 278/16, de 18 de octubre de 2013.

Acuerdo de Asociación entre la Unión europea y sus Estados Miembros, por una parte, y Ucrania, por otra, DOUE, L 161/3, de 29 de mayo de 2014.

Acuerdo de Asociación entre la Unión Europea y la Comunidad Europea de la Energía Atómica y sus Estados miembros, por una parte, y Georgia, por otra, DOUE, L 261, de 30 de agosto de 2014.

Acuerdo de Asociación entre la Unión Europea y la Comunidad Europea de la Energía Atómica y sus Estados miembros, por una parte, y la República de Moldavia, por otra, DOUE, L 260/4, de 30 de agosto de 2014.

Acuerdo de Estabilización y Asociación entre las Comunidades Europeas y sus Estados miembros, por una parte, y Bosnia y Herzegovina, por otra, DOUE, L 164, de 30 de junio de 2015.

Acuerdo Económico y Comercial Global (CETA) entre Canadá, por una parte, y la Unión Europea y sus Estados miembros, por otra, DOUE, L 11/23, de 14 de enero de 2017.

Acuerdo de Cooperación sobre Asociación y Desarrollo entre la Unión Europea y sus Estados miembros, por una parte, y la República Islámica de Afganistán, por otra, DOUE, L 67, 14 de marzo de 2017.

Acuerdo Marco entre la Unión Europea y sus Estados miembros, por una parte, y Australia, por otra, DOUE, L 237/7, de 15 de septiembre de 2017.

Acuerdo Marco de Colaboración y Cooperación entre la Unión Europea y sus Estados miembros, por una parte, y la República de Filipinas, por otra, DOUE, L 343/3, de 22 de diciembre de 2017.

Acuerdo de Asociación Global y Reforzado entre la Unión Europea y la Comunidad Europea de la Energía Atómica y sus Estados miembros, por una parte, y la República de Armenia, por otra, DOUE, L 23/4, de 26 de enero de 2018.

Acuerdo entre la Unión Europea y Japón relativo a una Asociación Económica, DOUE, L330/3, de 27 de diciembre de 2018.

Acuerdo de Libre Comercio entre la Unión Europea y la República de Singapur, DOUE, L 294/3, de 14 de noviembre de 2019.

Acuerdo de Libre Comercio entre la Unión Europea y la República Socialista de Vietnam, DOUE, L 186/3, de 12 de junio de 2020.

Acuerdo de Comercio y Cooperación entre la Unión Europea y la Comunidad Europea de la Energía Atómica, por una parte, y el Reino Unido de Gran Bretaña e Irlanda del Norte, por otra, DOUE, L 149/10, de 30 de abril de 2021.

Acuerdo Marco Global de colaboración y cooperación entre la Unión Europea y sus Estados miembros, por una parte, y el Reino de Tailandia, por otra, DOUE, L 330/72, de 23 de diciembre de 2022.

JURISPRUDENCIA

1. TRIBUNAL DE JUSTICIA DE LA UNIÓN EUROPEA

Sentencia de 30 de abril de 1974, R. & V. Haegeman contra Estado belga, o 181/73, ECLI:EU:C:1974:41.

Dictamen del Tribunal de Justicia de 4 de octubre de 1979, ECLI:EU:C:1979:224.

Sentencia de 26 de marzo de 1987, Preferencias arancelarias generalizadas, asunto 45/86.

Sentencia de 30 de septiembre de 1987, asunto 12/86, Meryem Demirel c. Ville de Schwäbisch Gmünd, ECLI:EU:C:1987:400.

Dictamen del Tribunal de Justicia de 15 de noviembre de 1994, ECLI:EU:C:1994:384.

Sentencia de 12 de diciembre de 1995, Administración de Finanzas del Estado y Chiquita Italia S.P.A., C-469/93, ECLI:EU:C:1995:435.

Dictamen del Tribunal de Justicia 3/94, de 13 de diciembre de 1995, ECLI:EU:C:1995:436.

Dictamen del Tribunal de Justicia de 6 de diciembre de 2001, ECLI:EU:C:2001:664.

Sentencia de 29 de abril de 2004, Comisión c. Consejo, C-338/01, ECLI:EU:C:2004:253.

Sentencia de 25 de febrero 2010, Brita, C-386/08.

Sentencia de 6 de mayo de 2014, Asunto C-43/12, Comisión/ Parlamento Europeo y Consejo, Intercambio transfronterizo de información sobre infracciones de tráfico en materia de seguridad vial, ECLI:EU:C:2014:298.

Sentencia de 15 de septiembre de 2016, Klyuyev/Consejo, T-340/14, EU:T:2016:496.

Sentencia de 15 de septiembre de 2016, Yanukovych/Consejo, T-346/14, EU:T:2016:497.

Dictamen 2/15 del Tribunal de Justicia (Pleno) de 16 de mayo de 2017, ECLI:EU:C:2017:376.

Sentencia del Tribunal General de 8 de noviembre de 2017, Klymenko/Consejo, T-245/15, EU:T:2017:792.

Sentencia de 27 de septiembre de 2018, Ezz y otros/Consejo, T-288/15, EU:T:2018:619.

Sentencia del Tribunal General de 22 de marzo de 2018, Stavytskyi/Consejo, T-242/16, EU:T:2018:166.

Sentencia del Tribunal General de 11 de julio de 2018, Klyuyev/Consejo, T-240/16, EU:T:2018:433.

Sentencia del Tribunal General de 22 de noviembre de 2018, Saleh Thabet/Consejo, T-274/16 y T-275/16, EU:T:2018:826.

Sentencia de 10 de diciembre de 2018, Asunto C-621/18, Wightman y otros, ECLI:EU:C:2018:999.

Sentencia del Tribunal General de 30 de enero de 2019, Stavytskyi/Consejo, T-290/17, EU:T:2019:37.

Dictamen 1/17, de 30 de abril de 2019, ECLI:EU:C:2019:72.

Sentencia de 20 abril de 2021, Repubblika, C-896/19, EU:C:2021:311.

Sentencia de 22 de junio de 2021, Asunto C-872/19 P, Venezuela/Consejo, Afectación de un Estado tercero, ECLI:EU:C:2021:507.

Sentencia de 16 de febrero de 2022, Asunto C-156/21, Hungría contra Parlamento Europeo y Consejo de la Unión Europea, ECLI:EU:C:2022:97.

2. TRIBUNAL EUROPEO DE DERECHOS HUMANOS

Sentencia de 26 de abril de 1979, Sunday Times c. Reino Unido, Serie A, nº 30, p. 526.

3. CORTE INTERNACIONAL DE JUSTICIA

Réparation des dommages subis au service des Nations Unies, Avis consultatif, C.I.J. Recueil 1949, p. 174.

OTROS DOCUMENTOS

Anuario de la Comisión de Derecho Internacional, vol. II, parte primera, 1977.

Comisión Europea, "Documento De Reflexión Para Una Europa Sostenible De Aquí A 2030", de 30 de enero de 2019, que puede consultarse en https://commission.europa.eu/system/files/2019-03/rp_sustainable_europe_es_v2_web.pdf, última consulta 16/06/2023.

Commission Européenne pour la démocratie par le droit, *Liste des critères de l'état de droit,* adoptée par la Commission de Venise à sa 106 session plénière (Venise, 11-12 mars 2016), *CDL-AD (2016)007, Etude nº 711/2013*, Estrasburgo, 18 de marzo de 2016.

Comprender las políticas de la Unión Europea, Cooperación internacional y desarrollo, p. 3, puede consultarse en: https://european-union.europa.eu/priorities-and-actions/actions-topic/development-and-cooperation_es, última consulta 07/03/2023.

Comunicación de la Comisión relativa al cierre de las consultas con Togo en aplicación del artículo 366 bis del Convenio de Lomé, DOCE 11-1998.

Comunicación de la Comisión al Consejo sobre la apertura de consultas con Guinea-Bissau en virtud del artículo 366 bis del Convenio de Lomé, COM (1999) 361.

Comunicación de la Comisión al Consejo sobre el inicio de consultas con Guinea-Bissau en aplicación del artículo 96 del Acuerdo de Cotonú, COM (2003) 824 final.

Comunicación de la Comisión al Consejo y al Parlamento Europeo "Un nuevo marco de la UE para reforzar el Estado de Derecho", COM (2014) 158 final, Estrasburgo, 11 de marzo de 2014.

Comunicación de la Comisión al Parlamento Europeo, al Consejo, al Comité Económico y Social Europeo y al Comité de las Regiones, "Próximas etapas para un futuro europeo sostenible Acción europea para la sostenibilidad", COM/2016/0739 final, de 22 de noviembre de 2016, que puede consultarse en https://eur-lex.europa.eu/legal-content/ES/TXT/?uri=CELEX%3A52016DC0739, última consulta 16/06/2023.

Comunicación de la Comisión al Parlamento Europeo, al Consejo, al Comité Económico y Social Europeo y al Comité de las Regiones, "Estrategia de la UE sobre la biodiversidad de aquí a 2030 Reintegrar la naturaleza en nuestras vidas", COM/2020/380 final, de 20 de mayo de 2020, que puede consultarse en https://eur-lex.europa.eu/legal-content/ES/TXT/?uri=celex%3A52020DC0380, última consulta 17/06/2023.

Decisión 131/2001/ce del Consejo sobre la suspensión parcial de ayudas a Haití, de 29 de enero de 2001, DOCE, L 48, de 17 de febrero de 2001.

Decisión 334/2001/CE del Consejo sobre la suspensión y/o reorientación de las ayudas a la República de las Islas Fiyi, DOCE, L 120, de 28 de abril de 2001.

Decisión del Consejo, de 15 de noviembre de 2004, relativa a la conclusión del procedimiento de consulta con la República

Togolesa en virtud del artículo 96 del Acuerdo de Cotonú, DOCE, L 349/17, de 25 de noviembre de 2004.

Declaración conjunta del Consejo y los representantes de los Gobiernos de los Estados miembros reunidos en el seno del Consejo, del Parlamento Europeo y de la Comisión Europea, de 7 de junio de 2017, DOUE, 2017/C 210/01.

Fichas técnicas del Parlamento Europeo sobre la Unión Europea: la Unión Europea y sus socios comerciales, puede consultarse en: http://www.europarl.europa.eu/atyourservice/es/displayFtu.html?ftuId=FTU_6.2.1.html, última consulta 05/03/2023.

Fichas temáticas del Parlamento Europeo sobre la Unión Europea. La política europea de vecindad, puede consultarse en https://www.europarl.europa.eu/factsheets/es/sheet/170/la-politica-europea-de-vecindad, última consulta 06/03/2023.

Informe anual de 2022 al Consejo Europeo sobre los objetivos de la UE en materia de ayuda al desarrollo, 18 de julio de 2022, que puede consultarse en https://data.consilium.europa.eu/doc/document/ST-11303-2022-INIT/es/pdf, última consulta 08/06/2023.

Parlamento Europeo, "La política de medio ambiente: principios generales y marco básico", de marzo de 2023, que puede consultarse en https://www.europarl.europa.eu/factsheets/es/sheet/71/la-politica-de-medio-ambiente-principios-generales-y-marco-basico#:~:text=La%20pol%C3%ADtica%20medioambiental%20europea%20se,la%20pol%C3%ADtica%20de%20medio%20ambiente, última consulta 16/06/2023.

Protocolo (n° 7) sobre los privilegios y las inmunidades de la Unión Europea, DOUE C 326, de 26 de octubre de 2012.

Regulación del Consejo (CE) nº 310/2002 sobre ciertas medidas restrictivas a Zimbabue, DOCE, L 50, de 21 de febrero de 2002.

Resolución del Parlamento Europeo, de 7 de octubre de 2020, sobre el establecimiento de un mecanismo de la UE para la democracia, el Estado de Derecho y los derechos fundamentales (2020/2072(INI)).

Resolución del Parlamento Europeo, de 10 de marzo de 2022, sobre el Estado de Derecho y las consecuencias de las resoluciones del TJUE (2022/2535(RSP)).